JN436620

김승봉의 도보여행기

베트남, 약속의 땅을 걷다

– 호치민에서 하노이까지 –

신세림출판사

김승봉의 도보여행기

베트남, 약속의 땅을 걷다

– 호치민에서 하노이까지 –

감사의 글

첫걸음은 늘 설레는 마음으로 시작한다. 그래서 힘이 든 줄도 모르고 앞만 보고 힘차게 걸어가게 된다. 그러나 그 노정 속에서 뭔가 조금씩 알아가게 되면, 처음 시작했을 때의 신선했던 마음은 점점 시들해지고 들떠 있던 마음에는 고통과 아픔이 서서히 밀려들기 시작한다. 뒤를 돌아보면 아득한 길들이 끝없이 이어져 있고, 희노애락의 감정들이 원시적인 모습으로 덧칠해져 있다.

호치민에서 하노이까지 남북으로 길게 이어진 1번 국도를 따라 배낭 하나 둘러메고 혼자서 기도하는 마음으로 걸으며 많은 사람들을 만나보고, 그들의 삶 속으로 들어가 그들의 호흡을 몸소 느껴보겠다는 그럴싸한 결의를 갖고서 시작했던 도보여행. 시간이 흐를수록 가중되는 고통과 그만두고 싶은 생각이 무수히 밀려들었다. 찌는 듯한 무더위와 열악한 숙박시설, 예상할 수 없는 날씨 등 여러 가지 상황들이 발걸음을 더욱 무겁게 하는 것 같았다. 무릎이 너무나도 아파서 중도에 포기한 채 집으로 되돌아와야 했던 순간들도 있었고, 아픈 발을 절뚝거리며 눈물을 흘리며 걸었던 구간도 있었다. 숨이 막힐 것만 같았던 도로 위를 걸으며 이러다가 죽을 수도 있겠구나 하는 생각을 한 적도 몇 차례 있었다.

하지만, 도로 위에서 만나게 되는 밝고 환한 어린애들의 웃는 모습이 여름날의 냉수처럼 내게 힘과 용기를 불어 넣어주기도 하였다. 잠시 멈춰서서 가늘게 불어오는 바람을 맞아보거나 낯선 사람들의 손짓에 감사와 기쁨으로 답을 해주다 보면 세상은 아름다운 곳이라는 것, 그래서 살 만한 곳이라는 사실을 깨달아가면서 나를 새롭게 보게 되고, 이웃들을 다시금 생각해 보게 되고, 전쟁과 상처로 얼룩진 이 땅 베트남을 있는 모습 그대로 받아들일 수 있는 마음의 여백을 확장시켜 나갈 수 있게 된 것 같다.

그럼에도 불구하고, 마지막 구간이었던 빙(Vinh)에서 하노이(Ha Noi)까지의 구간은 정말 엄두가 나지 않았다. 사람들은 많이 걸어서 이제 이력이 생겼을 테니 가볍게 걸을 수 있지 않겠느냐고 생각할지 모르지만, 걸을수록 걷는다는 것이 더 어렵고 힘든 일이라는 사실은 오랜 시간 걸어 본 사람만이 알 수 있으리라. 시간이 지나가도 결코 익숙해지지 않는다는 것, 초발심(初發心)을 붙들고 날마다 새롭게 시도하고 도전해야 한다는 점에서 도보여행은 신앙생활과 흡사하다는 생각이 든다.

그러나 감사한다. 힘들어서 감사하고, 아파서 감사하고, 상황들이 결코 쉽지 않아서 더욱 감사한다. 그로 인하여 가난한 마음으로 하나님을 바라볼 수 있었기 때문이다. 3년 반 동안, 8차례에 걸쳐 시도했던 도보여행 기간 동안 걸음마다 함께 하셨던 하나님의 은총에 감사드린다.

베트남에서 살아온 지도 어언 10년이라는 세월이 지나갔다. 10년 동안 한결같은 마음으로 기도하며 함께 해주신 안양대영교회의 한성도 목사님과 모든 교우님들께 깊은 감사를 드립니다. 나의 영원한 삶의 반려자이며 동역자인 사랑하는 아내 신인숙과 하나님께서 귀한 선물로 주신 딸 하민이와 아들 일현이, 늘 기도하며 내게 힘과 용기를 불어넣어준 가족이 있어서 얼마나 감사한지….

닝빙(Ninh Binh)에서부터 하노이까지 약 120킬로미터의 구간을 동행해 주신 장돈희 집사님과 기도로 힘을 보태주고 흔쾌히 축하와 격려의 글을 써주신 여러 선후배 동역자들께 깊은 감사를 드립니다. 그리고 호치민에서 하노이까지의 완주를 축하해 주기 위해 하노이 역까지 마중 나와 종착지인 바딩(Ba Dinh) 광장까지 함께 걸어주신 이중렬 장로님과 하노이 CBMC의 회원들께도 깊은 감사를 드립니다.

2013년 8월

김 승 봉

축하와 격려의 글들

베트남은 남북으로 길게 뻗은 나라입니다. 북쪽의 하노이에서 남쪽의 사이공까지 비행기로 두 시간이나 걸립니다. 서울에서 바다 건너 제주도까지 비행기로 40분 걸린다는 것을 생각하면 베트남의 남쪽 끝에서 북쪽 끝까지 국도(國道)를 따라 걸어간다는 것은 엄두가 나지 않는 일입니다. 국도라 해도 인도와 차도가 잘 구분이 되어 있지 않고 오토바이들이 언제 어디에서 끼어들지 모르기 때문에 길을 걸을 때 여간 조심해야 하는 것이 아닙니다.

이 책은 엄두가 나지 않는, 위험한 그 일에 나선 김승봉 선교사가 일곱 차례에 나누어 베트남 국토(國土)를 순례하면서 보고 느끼고 깨달은 것을 일기처럼 기록한 것입니다. 책 속에서 그를 따라 함께 길을 걷다보면, 베트남의 역사와 문화에 대해서 배우게 되는 것은 물론이고, 선교란 하나님과 동행(同行)하는 것임을 깨닫게 됩니다. 선교지 뿐만 아니라, 우리의 인생에서 일어나는 모든 문제들은 우리가 하나님보다 앞서 걷거나 하나님과 동떨어져서 걸어가는 데서 생겨난다는 것을 일깨워주는 것입니다.

태원수 (하노이 한인교회 담임목사)

김승봉, 그는 구도자이다.

하나님에 대한 철저한 구도자이다. 아버지의 도를 더 깊이 찾고 싶어 하는 구도자이다. 그의 글속에 하나님에 대한 절절한 사랑의 고백이 담겨 있다. 내가 누구인 줄을 아는 분으로서 나를 찾아 와 주신 하나님에 대한 응답의 삶으로 자기 안에 하나님의 형상이 드러나기를 고민하며 사는 구도자이다.

호치민에서 하노이까지. 직선거리로만 1,700km인데, 그 길을 걸었다. 베트남의 한낮은 열대우림기후의 뜨거운 태양이 사람의 살갗을 쉽게 익혀 버린다. 그런데 그는 그 길을 혼자서 걸었다. 자신의 한계를 시험하기 위한 길은 아니었을 것이다. 부르심에 대해 철저히 응답하기 위해, 그 일환으로 하나님을 더욱 경험하고 싶어 그 길을 걸었으리라.

그는 또한 순례자이다.

이 땅에서의 삶이 전부가 아닌 영원을 믿는 자로서, 그의 걸음은 하나님과의 만남 안에서 그 영원을 향한 발걸음이었을 것이다. 뜨거운 열기의 아스팔트 위에서 자신의 한계를 끊임없이 경험하며 하나님을 찾고 또 찾았을 거라는 생각이 든다. 이 땅을 향한 하나님 아버지의 마음을 이해하고, 담고, 사랑하는 영적탐색의 시간이 되었으리라 생각한다. 현대의 모든 이기가 가져다주는 하나님과의 멀어짐에서 자신을 온전히 드러내고, 단독자로 하나님을 만나려는 길 위의 사람이 되었을 것이다.

그는 문학자이다.

그의 시를 읽은 적이 있다. 나도 시를 좋아하고 나름 자작시를 즐겨 짓고 스스로 흡족해 하는 사람이기는 하지만, 그의 시와 글 속에 담긴 인생의 무게는 표현 그 자체만으로도 그의 내면이 어떠한지를 가늠해 보게 된다. 안식년 때 하와이에서 체험한 짙고 깊은 바다 속 같은 깊이가 있다. 그리고 그 삶의 무게를 누구나 읽기 쉽게 담아낸다는 것은 쉬운 작업만은 아닌데, 그는 술술 글을 풀어간다. 이 책도 그렇게 읽혀지리라 짐작한다.

베트남 땅에 예수님이 머무셨던 광야가 있었다면 그는 광야로 나갔을 것이다. 아무 것도 없는 그 광야에서 그는 하나님만을 바라며, 하나님을 향한 사랑의 고백을 쏟으며, 아버지의 뜻이 베트남 땅에 이루어지기를 기도하였을 것이다. 스스로 자신을 그 뜨거운 아스팔트 위의 열기 속에 가두고, 이 땅의 백성들을 영원하신 하나님 앞에 올려드리는 기도를 드렸으리라. 그 기도가 이 땅에 이루어질 것이다.

김덕규(한아봉사회 베트남 지부장)

베트남에서는 걷는 사람을 찾기가 쉽지 않다. 오토바이의 물결 속을 자동차가 힘겹게 빠져 나가고 가끔씩 학생들이 탄 자전거가 보일 뿐이다. 폭염 속에서 매연을 마시면서 걷는다는 것은 상상하기 힘든 일이다.

그런데 호치민에서 하노이까지 1,800km를 걸은 사람이 있다. 그는 왜 혼자서 그 먼 길을 걸었을까? 무슨 생각을 하면서 무슨 마음을 가지고 그 길을 걸었을까? 우리는 김승봉의 여행기에서 하나님 아버지의 마음을 느낄 수 있다. 사망의 그늘에 앉아 부르짖는 베트남 영혼들을 향한 하나님의 사랑을 느낄 수 있다.

지금도 하나님이 주신 땅을 걸으며 하나님의 영혼을 찾고 있는 김승봉. 그의 여행기를 통해 다시 한 번 우리의 사명을 확인해 볼 수 있다.

김대식(하노이 사랑의교회 담임목사)

베트남을 사랑하는 한 사람으로서 호치민에서 하노이까지 걸으며 보고 듣고 느낀 것을 책으로 발간한 저자의 노력에 찬사를 보낸다. 베트남의 기후와 교통문화를 충분히 알고 있기에 이 거리를 도보로 여행한다는 것이 얼마나 어렵고 힘들다는 것을 잘 알고 있다. 나 또한 이러한 생각을 가져보지 않았던 것은 아니었지만 감히 실천에 옮길 생각을 해보지도 못했던 것을 과감히 도전한 저자에게 부러움과 더불어 감사의 말을 전하고 싶다.

동역자의 한 사람으로서 김승봉을 생각하면 선지자적인 공의를 떠올리곤 한다. 이 글 가운데도 그러한 저자의 선지자적 공의가 드러나 보인다. 제목을 통해서도 그렇고, 호치민에서 하노이까지 홀로 걸으면서 저자가 보고 느낀 것을 여정과 더불어 서술하고 있는 형식을 보면 여행안내서(?)가 아닐까 생각하겠지만, 나는 이 글이 저자의 풍부한 상식과 성경지식, 그리고 고뇌와 사색이 녹아 있어 독자로 하여금 숙고하게 하는 신앙서가 아닐까 생각해 본다.

또한 상황 속에 주어지는 하나님의 메시지를 선지자적 시선을 가지고 숙고하는 저자는 독자로 하여금 많은 것을 생각하게 한다. 저자도 본문에서 고백하고 있지만, 평상시에는 쉽게 인식하지도 못하고 지나치는 사소한 것들이 실제로는 얼마나 귀하고 소중한지 그리고 감사한지를 느끼게 되는 책이 아닐까 싶다. 이 책을 통해 많은 독자들이 저자와 함께 호치민에서 하노이까지 걸으면서 함께 보고 듣고 묵상할 수 있기를 소망하며, 독자를 향한 하나님의 음성을 듣기를 갈망한다.

조계진(글로벌케어 베트남 지부장)

우리가 새로운 곳에 가서 정탐을 할 때 가장 가까이에서 현장을 이해하기 위해서는 걸으면서 보는 것이 최고일 것이라고 생각한다. 그런 의미에서 호치민에서 하노이까지 도보로 여행을 한 김승봉 선생님은 베트남의 남부지역부터 북부지역까지 베트남을 가장 가까이에서 들여다본 최초의 사역자가 아닐까 생각한다. 책을 읽으면서 쉽지 않은 여건인데도 불구하고, 베트남 영혼들을 향한 뜨거운 사랑과 열정이 있었기에 가능했으리라 생각하게 되었다.

의지의 한국인인 김승봉 선생님에게 박수를 보내며 개인적으로 많은 도전을 받았다. 그래서 그런지 그 길을 걸으며 묵상했던 책이 나오길 누구보다 기다렸는지도 모른다. 한 걸음 한 걸음씩 베트남을 향해 전진하는 김승봉 선생님께서 호치민에서 하노이까지의 여정을 기록하여 『베트남, 약속의 땅을 걷다』라는 제목의 책으로 묶게 된 것을 진심으로 축하한다.

이보용(굿네이버스 베트남 지부장)

호치민에서 하노이까지 베트남 종단, 베트남에 사는 이라면 누구나 하고픈 대장정을 김승봉 선생이 이루었다. 산야를 눈으로 보고 발로 직접 밟으며 묵상을 통해 글로 생산해 내었다. 꽃망울이 터치며 향기를 내뿜듯이 발바닥 곳곳에서 물집이 터질 때마다 그 상처는 기도가 되고 시가 되었다.

아버지의 사랑과 축복이 이 땅 베트남 사람들에게 흘러가기를 원하며 한 걸음 한 걸음 내디뎠을 김승봉 선생의 베트남 땅을 향한 사랑과 바램이 이 책을 읽는 독자들의 마음에도 그대로 전달될 것이다.

박성준(베트남을 사랑하는 사람)

베트남은 남북으로 약 1,800km에 달하는 S자 형태의 긴 나라이다. 남부는 열대기후이고 북부는 아열대 기후로, 기후의 차이가 확연히 날 만큼 남북의 길이가 멀다. 뿐만 아니라, 많은 관광지가 개발되었지만 아직 숨은 비경이 많은 나라이다. 보통 관광지를 둘러보고 이동할 경우 버스나 기차로 다닌다. 그러다보니 관광지가 아닌 지역은 그냥 지나친다. 그러나 지나치는 그곳에 진짜 현지의 문화와 삶이 존재한다.

저자는 혼자서 배낭 하나만 둘러메고 발로 걸어서 여행했다. 자동차를 타고 하는 여행이라면 그냥 지나쳐버리고 말았을 그곳을 온 몸으로 체험하면서 현지의 느낌과 분위기를 생생하게 글로 표현하고 있다. 도로 위에서 느끼는 저자 자신의 육체적 고통과 한계를 극복하면서 뜨거운 뙤약볕 아래 한 걸음씩 앞으로 내딛는 모습이 손에 잡히는 듯하다. 그 고통 가운데 평상시는 무심코 지나치는 한 줄기의 바람에 감사하는 순수한 마음도 잘 표현되고 있다.

외롭게 길을 걸으면서 자연을 새롭게 발견하고, 자신을 되돌아보며, 인생을 알아가는 도보여행기이다. 많은 것들을 생각하게 하는 글이다. 저자는 시인으로 글도 깔끔하게 잘 다듬었고 군데군데 시적인 표현이 나타나곤 한다. 일독을 권한다.

최의교(GCS 베트남 소장)

현장을 사는 시인다운 발상이었다. 처음 베트남을 걷겠다고 했을 때 왠지 미소가 나왔다. 나도 걷고 싶었기 때문이다. 그러나 어디 걷는 게 쉽기나 한가? 자전거나 오토바이가 더 낫지 않을까? 정말 깃발 높이 꽂고 오토바이로 호치민에서 하노이까지 일주할 수 있으리라.

그러나 걷는다는 것은 과거로 돌아가는 것이다. 마치 베트남의 역사 속으로 들어가는 듯한 느긋함이 느껴진다. 걸어야 생각이 많이 난다. 이전 어릴 적 생각도 많이 났을 것이고, 외국인이라고 생떼를 쓰는 사람으로 인해 기분 나쁜 시간도 있었을 것이다.

그러나 걸으면서 이 모든 것이 해결되고 새로운 생각으로의 도약이 있었을 것이다. 그래서 이 책이 탄생될 수 있었다. 함께 걷지는 않았지만, 왠지 그 감격과 느낌을 이 책을 통해 전달받는다. 그래서 이 책이 나에게도 특별하다. 베트남을 사랑하는 모든 이에게 이 책은 특별할 것이다. 우리는 이 책을 통해서 가슴으로 베트남을 사랑하는 마음을 공감하기 원한다. 작은 탄생을 축하하며….

이원상(베트남을 사랑하는 사람)

이 책은 저자의 베트남 순례여행기다. 저자가 한 걸음 한 걸음 내딛는 발걸음마다 새로운 베트남 땅의 지평이 열린다. 저자는 이 순례여행을 통해 베트남 땅과 사람들에 대한 이해를 넓혔고, 그가 믿는 믿음 안에서 하나님을 발견했으며, 자신의 한계상황을 만날 때마다 자신을 돌아보며 고뇌하고 성찰하는 시간들을 가졌다.

나는 십년을 넘게 베트남에 살면서 베트남을 많이 안다고 생각했지만 이 책을 읽으면서 그러한 생각이 교만이었음을 깨닫는다. 나에게도 여전히 낯선 베트남, 그러나 이 책과 함께 베트남 순례여행에 동참하면서 저자가 경험한 풍부한 베트남 땅과 사람들에 대한 이해, 저자가 만난 하나님의 은혜, 저자 자신을 돌아보며 성찰한 겸손함을 함께 배우게 된다.

이 책이 베트남 땅을 더 깊이 이해하며, 베트남의 영혼을 진심으로 사랑하기를 원하는 모든 이들에게 길잡이가 될 것이다.

나성계(베트남을 사랑하는 사람)

김승봉 선생이 장장 1,800km에 달하는 베트남 국토를 도보로 종단한다는 이야기를 들었을 때, 그가 진심으로 하는 소린가 하는 의구심이 들었습니다. 오토바이도 아니고 도보로 평균 낮기온이 34도를 넘는 길을 걷는다는 것은, 베트남 사람들이 듣는다면 제정신이 아니라고 생각할 일이기 때문이었습니다. 하지만 틈나는 대로 꾸준히 자신이 계획했던 일정에 따라 도보여행을 떠나는 것을 보면서 참 대단한 일을 하고 있다는 생각이 들었습니다.

김승봉 선생이 쓴 도보여행기를 읽으면서 저는 그가 도보여행을 통해 기도로 베트남 땅을 덮고 있다는 생각이 들었습니다. 길에서 만나는 다양한 사람들, 음식, 문화, 지리적인 특징들, 그리고 잠시 다리를 쉬면서 듣게 되는 베트남 사람들의 일상이야기들이 모두 다 베트남을 향한 기도의 제목들이 되었을 것입니다.

기도하는 마음으로 기록한 이 글을 통해 많은 분들이 베트남에 대해 더 깊이 이해하는 계기가 되기를 바랍니다.

박선종(KFHI 베트남 CE)

하노이 시내를 잠시라도 걸어본 사람들이라면 알 것이다, 베트남에서 먼 길을 도보로 이동한다는 것이 얼마나 힘든 일인지를. 그런데 호치민에서 하노이까지 먼지와 매연으로 가득한, 위험하기 짝이 없는 도로를 혼자서 걸어서 간다는 것은 생명을 담보하는 일이라 할 수 있는데, 저자는 이것을 홀로 감행한 것이다.

무엇인가에 미치지 않으면 할 수 없는 일이다. 비가 내리는 날에도, 바람이 부는 날에도 걷고 또 걸었다. 한낮의 기온이 40도가 넘는 날에도 뜨거운 아스팔트 위를 묵묵히 걷는다는 것은 보통의 사람들이라면 감행할 생각도 하지 않았으리라. 누가 시켜서도 아니고 돈이나 명예가 생기는 것도 아닌데….

베트남이라는 나라에 온 이상 이 사람들을 더 많이 품기 위해 시작된 발걸음. 그리고 정말로 사랑하기 위해 걷고 또 걸었다. 이곳 베트남을 더 알기 위하여, 또한 스스로의 생각과 마음을 정리하기 위해 시작된 발걸음이다.

이 글은 차를 타고 이동하고 안락한 숙소와 식당에서 지내며 쓴 글이 아니라, 그야말로 발로 밟고 몸으로 확인하면서 쓴 기록인 것이다. 베트남 촌부들의 삶을 바라보며 남부에서 북부에 이르는 1번 국도의 주변 풍경을 하나하나 기록으로 남긴 것이다. 이 땅의 민초들의 삶과 열악한 환경들을 기독인의 관점으로 투사하여 잔잔한 목소리로 그려내고 있다. 특별함이 아닌 평범한 가운데 다가오는 자유와 행복을 이야기하는 저자의 뜨거운 열정을 느낄 수 있을 것이다.

성기헌(월드 투게더 베트남 지부장)

이번에 김승봉 선생님께서 베트남 선교 10년을 기념하면서 책을 출판하게 된 것을 진심으로 축하드립니다. 이 책은 저자가 호찌민에서 하노이까지 홀로 걸으면서 기도하는 가운데 보고 듣고 느낀 것들을 정리한 것으로써, 앞으로 베트남 선교와 베트남 여행에 대한 많은 정보와 유익을 가져다 줄 것으로 생각합니다.

남쪽 호찌민으로부터 북쪽 하노이까지는 약 1,800km나 되는 먼 거리입니다. 이 긴 거리를 혼자서 걷는다는 것은 결코 쉬운 것이 아닙니다. 먼저 베트남을 사랑하는 마음이 있어야 하고, 그 땅을 위한 간절한 중보기도의 마음이 있어야 합니다. 또한 걷는 가운에 찾아오는 고독을 이겨내야 하고, 다른 여러 가지 어려운 일들을 이겨내야만 합니다. 그러한 어려운 과정들을 다 이겨내고 이번에 이렇게 책까지 출판하게 되어 너무 감사하고, 개인적으로 얼마나 기대가 되고 흥분이 되는지 모릅니다.

박세영(베트남을 사랑하는 사람)

차례

김승봉의 도보여행기
베트남, 약속의 땅을 걷다

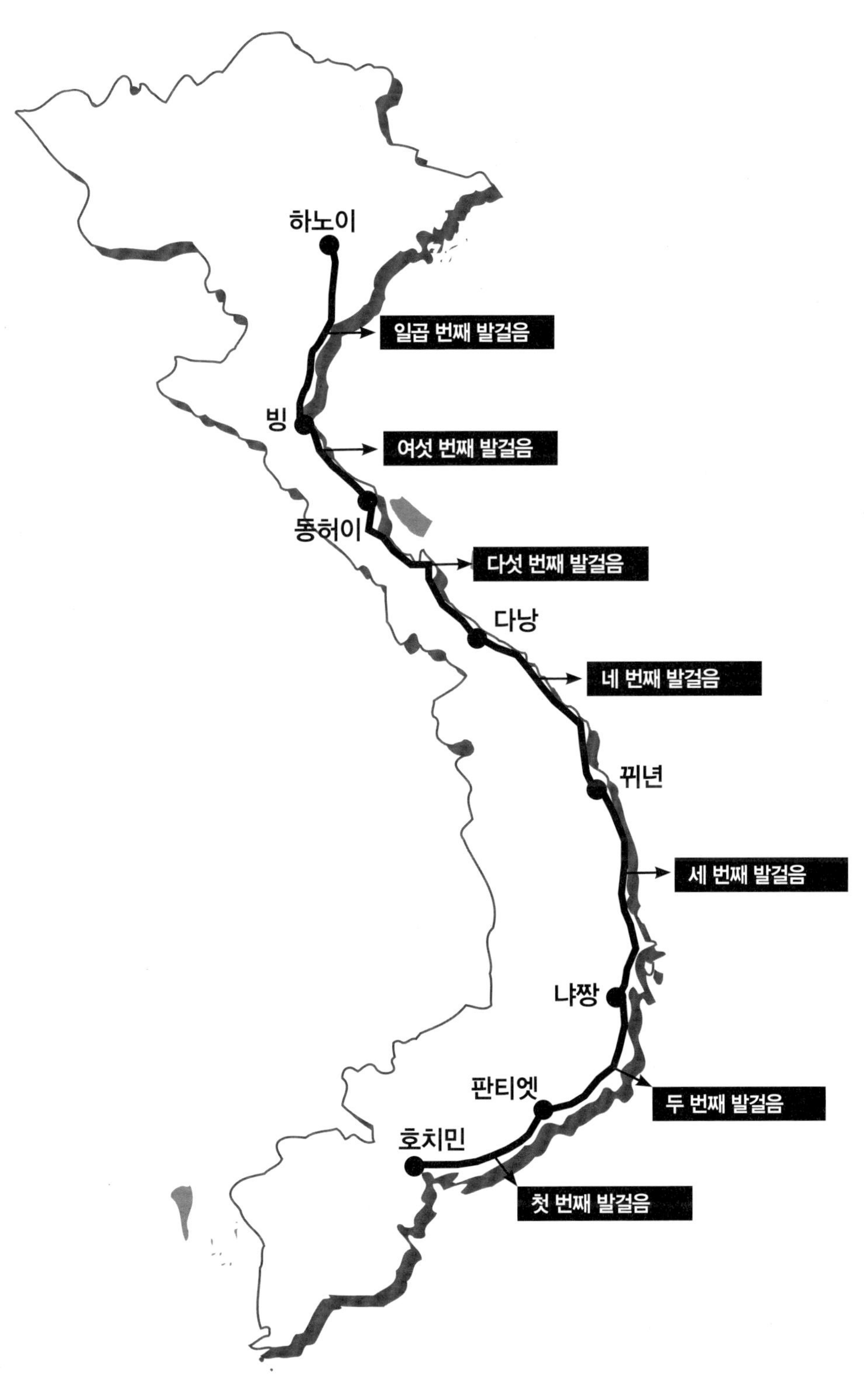
하노이
일곱 번째 발걸음
빙
여섯 번째 발걸음
동허이
다섯 번째 발걸음
다낭
네 번째 발걸음
꿔년
세 번째 발걸음
냐짱
판티엣
두 번째 발걸음
호치민
첫 번째 발걸음

첫 번째 발걸음

호치민(Ho Chi Minh)에서 판티엣(Phan Thiet)까지

여행일시 : 2012년 2월 23일~3월 2일

호치민(Ho Chi Minh)에서 판티엣(Phan Thiet)까지

여행일시 : 2012년 2월 23일~3월 2일

"인간에 대한 하나님의 사랑은
인간 안에 그 근거가 있는 것이 아니라,
오직 하나님 그분에게 있다."
— 디트리히 본회퍼(Dietrich Bonhoeffer) —

무릎을 꿇었다. 1975년 4월 30일 남부 베트남이 북부 베트남에게 무릎을 꿇음으로써 비로소 베트남은 세계사 속에 어엿한 통일국가로 자리매김을 하게 되었다. 그리고 베트남 최대의 도시인 사이공(Sai Gon)은 베트남의 위대한 민족 지도자인 호치민(Ho Chi Minh)이라는 이름으로 바뀌게 되었다.

무릎을 꿇는 행위는 그 누구에게도 떳떳하거나 자랑스러운 행위일 수 없겠지만, 신앙인들은 스스로 주님 앞에 무릎을 꿇는 행위를 통하여 하나님께 복종할 것을 약속한다. 무릎을 꿇어야만 비로소 주님과 하나가 될 수 있고, 주님과 동행할 수 있기 때문이다. 일찍이 오스왈드 챔버스(Oswald Chambers)는 "자신이 무지하다는 것을 분명히 아는 것이 예수님과 동행하는 비결"이라고 말한 적이 있는데, 무릎을 꿇는 행위는 자신의 무기력함을 인정하는 행위라고 할 수 있을 것이다.

한때는 한 나라를 다스리는 대통령궁으로서의 위용을 마음껏 뽐냈을 통일궁(Dinh Thong Nhat) 앞에서 나는 먼저 하나님께 무릎을 꿇었다. 내게 여전히 남아있는 자아와 그릇된 습관들과 헛된 욕망들을 더욱 더 내려놓아야 한다는 아픈 마음을 조심스럽게 드러내면서 하나님의 긍휼과 자비만을 구했다. 나아가 오랜 전쟁과 가난으로 아픔과 절망 속에 젖어 있는 베트남 사람들의 구원을 생각하며 기도를 드렸다. 그리고 나의 첫걸음을 내딛었다. 한 걸음 한 걸음 철저히 주님께 복종하면서 수도 하노이까지 혼자서 걸어가게 될 것이다.

지금 베트남은 눈부신 발전을 하고 있다. 특별히 하노이와 호치민을 비롯한 대도시들을 중심으로 외형적인 면에서의 성장은 정말 놀라울 정도이다. 그러한 성장의 이면에는 늘 골 깊은 어둠이 빛의 세기만큼 짙게 드리워지게 마련이다. 어떻게든 이 땅에서 살아가고 있는 더 많은 사람들이 경제 성장의 혜택을 누리게 되기를 바라는 마음이다. "늘 이윤을 행복의 잣대로 삼으려는 이들에게는 사악함이 따르게 마련"이라고 했던 체 게바라(Che Guevara)의 말이 문득 떠오르기도 하지만….

동서고금의 인간들이 움켜쥐려고 발버둥치는 권력의 무상함에 대해서 생각하면서 통일궁을 둘러싸고 있는 울타리를 한 바퀴 돌았다. 그리고 호치민의 중심을 가로지르고 있는 응우웬티밍카이(Nguyen Thi Minh Khai) 길을 따라 걷기 시작했다. 무수하게 밀려다니는 오토바이 때문에 길을 건널 때마다 바짝 긴장하지 않으면 안 된다. 이렇듯 무수한 오토바이의 물결은 어디서부터 시작하는 것일까? 그리고 이 흐름은 어디까지 이어지는 것일까? 끊이지 않고 이어지는 긴 물결을 바라보고 서 있노라면 현기증이 일어날 정도인데, 도시는 도대체 어떠한 힘으로 그 모든 움직임과 소음을 받아주고 품어주기까지 하는 것인지 모르겠다.

아침 6시. 이른 아침에 출발하였는데 얼마 걷지 않아서 온 몸이 땀으로 흠뻑 젖는다. 협소한 도로 사정으로 인하여 마음 편하게 걸을 수 있는 최소한의 보행 공간조차 기대할 수 없는 혼잡한 도시를 한시라도 빨리 벗어나고 싶은 마음뿐이다. 도시의 주변으로부터 끊임없이 밀려드는 오토바이 물결을 거슬러 걸어가노라니 숨이 막힐 지경이다.

사이공 다리를 건너는 동안 도로의 빈 공간이라고는 한 치도 찾아볼 수 없을 정도로 빽빽하게 꼬리를 물고 이어지는 오토바이를 탄 사람들의 행렬을 몇 차례 우두커니 서서 지켜보기도 하였다. 이미 30도를 넘어선 뜨거운 햇빛 아래서 한 걸음씩 걸어 나가는 내 발길도 무수한 사람들의 행렬처럼 도로에서 금방 지워져버리고 잊혀지게 될 것이다.

땀을 흘린 만큼 부지런히 소금을 탄 물을 보충해 주어야 한다. 그리고 서두르지 않고 천천히 걸어가야 한다. 도로는 생각보다 넓은 편이지만, 동나이(Dong Nai) 다리에 이르기까지 꼬리에 꼬리를 문 차량들은 도무지 제 속도를 낼 수가 없다. 성질 급한 운전기사들은 쉴 새 없이 신경질적으로 경적만 울려댄다. 복잡할수록 차선은 무시되고, 어떤 차량들은 갓길로까지 밀려나와 오토바이들에게 위협을 가하기도 한다. 마음에 여유를 갖고 서로 질서를 지킨다면 도로의 흐름이 훨씬 원활해질 텐데, 나 하나만을 먼저 생각하느라 전체의 유익을 쉽게 잊어버리는 베트남 사람들의 순진함이 안타깝게 느껴진다. 도로변마다 여기저기 버려진 쓰레기 더미에서 풍겨 나오는 악취는 심하게 코를 찌른다.

도로변의 작은 식당에 들러 점심으로 국수(Bun bo Hue) 한 그릇을 시켜 먹었다. 그런데 국수 한 그릇에 8만 동이라니 기가 막혔다.

'2만동이면 충분한 가격인데, 외국인이라 바가지를 씌우려는 작태라니….'

기분이 좋지 않았지만, 처음 겪어본 일이 아니라서 크게 속아주기로 하였다.

'자식까지 보고 있는데, 남을 속이면서까지 돈을 벌려고 애쓰는 아버지의 갸륵한 모습을 그 아들은 어떻게 생각할 것인지….'

한동안 씁쓸한 마음이 지워지지 않는다. 사람마다 약점이 있고, 민족마다 부족한 면이 있을 것이다. 베트남 사람들은 보편적으로 거짓말을 너무 쉽게 하고, 자신의 잘못에 대해서 전혀 부끄러워할 줄 모르는 것 같다.

쉬지 않고 흘러내리는 땀을 닦아가며 동나이 다리를 건넜다. 도로의 양 옆에는 컨테이너 상자들이 산더미처럼 쌓여 있다. 다리의 오른편에 있는 동나이 항구에서 선적되어 세계 각국으로 보내질 수출품들을 담은 소중한 상자들일 것이다.

다리를 건너 1킬로미터 남짓 걸으니 오른편에 대형 마트가 서 있다. 정오의 더위를 피하기 위해 이곳에 있는 패스트푸드점에서 점심을 먹고 나서 책을 읽으며 한동안 휴식을 취했다. 다시 일어나 걷기 시작하니 해가 등 뒤로 자리를 바꾸기는 했지만, 무덥기는 마찬가지여서 몇 걸음 옮기지 않아 땀이 쏟아지기 시작한다. 도로를 가득 채운 채 제 속도를 내지 못하던 차량들이 어디로 흩어져버렸는지 도로 위는 조금 한산한 편이다. 그리고 자동차들의 속도 역시 몰라볼 정도로 빨라졌다.

비엔화(Bien Hoa)에 도착하여 숙소를 잡았다. 애초에 조금만 걸으며 더위에 적응해 나가야겠다고 생각했지만, 숙소를 쉽게 찾을 수 없어서 무겁고 아픈 발걸음을 계속해서 옮겨야만 했다. 짐을 풀고 나니 도리어 피로가 몰려든다. 길 위에서는 여러 가지 상황들과 맞닥뜨리다 보니 제 몸의 아픔에 대해서는 크게 신경을 쓸 여유조차 없었던 모양이다. 계속해서 땀을 흘리고, 쉴 새 없이 물을 마시고, 끊임없이 걸음을 옮겼다.

마음의 여유를 갖고 커피 한 잔을 마시며 걸어온 시간들을 되새겨 본다. 힘이 들었지만 이곳까지 오게 된 것에 감사하고, 내일 다시 걸을 수 있다는 기대와 자신감이 있어서 감사한다. 홀로 음악을 들으며 책을 읽는 저녁 시간, 망중지한(忙中之閑)의 낙을 누리는 기쁨이야 이 만한들 족하지 않은가!

출발하기 전부터 마음이 무겁다. 이른 아침에 미적거리다가 짐을 챙겨 둘러메고 길에 올라서니 해가 마치 중천에 떠 있는 것처럼 햇살이 따갑게 쏟아져 내린다. 무더운 날씨 속을 걷는다고 해서 내게 무슨 유익이 있는 것도 아닐 테고, 이러한 나의 행위를 누군가에게 떠들어 대며 박수갈채를 받고 싶은 마음이 있는 것도 아니다. 순전히 내 스스로에게 도전을 하고 싶을 뿐이다. 얼마나 잘 견디어 낼 수 있을 것인지, 그리고 첫걸음을 내딛었을 때의 마음가짐으로 마지막 걸음을 마칠 수 있을 것인지 날마다 확인하게 될 것이다. 나를 감시하는 존재도, 나에게 끊임없이 용기와 힘을 불어 넣어줄 존재도 오직 나 하나뿐이다. 물론 나의 모든 계획과 걸음 속에 함께 하시는 하나님의 존재를 부인할 수는 없다. 홀로 싸우는 이 도전을 통하여 실상은 주님께 더욱 가까이 나아가고 싶은 마음이 간절하다.

동나이 성의 주도(主都)인 비엔화부터 이어지는 도로를 따라 걸어가노라면 유별나게 자주 눈에 띄는 건물이 바로 천주교 성당들이다. 동나이 지역은 베트남에서 가장 많은 천주교인들이 살고 있는 곳이다. 원래 북부 베트남에서 신앙생활을 하던 사람들이었는데, 남북이 분단되면서 신앙의 자유를 찾아 많은 사람들이 이곳 동나이 지역으로 이주하여 지금에 이르고 있다.

신앙의 자유를 찾아서 월남한 사람들. 먼 조상 적부터 내려온 정든 고향을 등지고 낯선 곳에서 새로운 삶을 일구며 살아가야 했을 그들의 아픔과 수고를 다 헤아릴 수는 없으리라. 그래서 그들은 고향에 대한 향수와 시름을 달래고, 삶 속에서 겪어야 했을 신산(辛酸)의 고통을 달래기 위해 더욱 신앙생활에 정진했을 것이다. 그러한 결과로 마을 곳곳마다 거대한 규모의 성당이 자리를 잡게 되었으리라.

실향민들은 그들의 아픔과 꿈을 투사하기 위해 보다 눈에 띄는 위대한 건물을 짓기 위해 쉽게 하나가 되는 것 같다. 특히 특정한 종교나 신앙의 이름으로 행해지게 될 때에는 그 파급효과가 더욱 커지게 되는데, 미국에 있는 거대한 규모의 교회들 가운데 한인 교회들이 빠지지 않고, 우리나라의 대형 교회들 가운데 상당수가 이북에서 월남한 사람들이 중심이 되어 일구어낸 교회들이다.

어쩌면 아픔과 고통이 신앙생활을 하는 데 도움이 된다고 할 수 있을 것이다. 그 아픔과 고통을 아름다운 신앙의 꽃으로 활짝 피어나게 한 지역이라고 할 수 있는 동나이. 고난당한 것이 내게 유익이라는 시편 기자의 고백이 바로 '그들의 것'이 되었던 적이 한두 번이 아니었을 것이다.

이제 동나이 지역은 산업화에 박차를 가하고 있는 중이다. 많은 공장과 건물들이 즐비하게 들어서기 시작하고, 사람들의 움직임은 더욱 빨라지고 있다. 그러나 여전히 가난한 사람들이 더 많다. 아쉽게도 우뚝 솟은 우람하고 아름다운 성당들만큼 주변 지역 사람들의 가옥이나 삶의 모습은 밝아 보이지 않는다. 종교는 가난한 사람들 위에 군림하는 것이 아니라, 그들보다 더 낮은 곳으로 내려가 그들의 아픔을 감싸주고, 있는 모습 그대로 품어주는 것이어야 하리라.

연신 흐르는 땀을 닦아내다 보니 손수건이 흥건히 젖어 더 이상 효과를 발휘하지 못한다. 길 가에서 자주 만나게 되는 사탕수수를 마시며 휴식을 취해 보지만, 그늘에 앉아 있어도 땀은 계속해서 흘러나온다. 정오가 지나면서 해는 자주 구름에 가려 오전보다는 덜 따갑게 느껴진다. 그러다가 구름을 밀어내고 해가 고개를 들이밀면 감추어 두었던 더위를 한꺼번에 되돌려주려는 듯 더욱 무덥고 숨이 막혀온다. 그러는 사이, 나의 생각이나 나의 육체도 이러한 기후에 점점 더 적응해가는 것 같다. 그러나 발바닥에 물집이 잡히기 시작하고, 걸음을 옮길 때마다 통증이 묻어나오기 시작한다.

한 걸음, 또 한 걸음!

무더위 속을 그렇게 걸었다. 그리고 짱봄(Trang Bom)에 도착하였다. 배가 엄청나게 고프다. 걸을 때에는 아무 것도 먹고 싶은 생각이 들지 않았는데, 이제는 뭐든 먹고 싶은 생각이 강하게 되살아난다. 식욕이 이렇게 왕성하게 일어나는 것을 보니 오늘도 나는 건강하고, 행복한 사람이다. 하나님의 은혜는 곳곳에 있기 때문이다. 나는 분명히 살아 있다.

길 위에 발을 올려놓으면 더 이상 피할 방법이 없다. 간간이 지나가는 구름과 가끔씩 불어주는 바람이 얼마나 고마운지 모른다. 도로변에는 음료수를 팔기 위해 행상들이 줄지어 서서 급하게 지나가는 손님들의 선택을 기다리고 있다. 해먹에 누워 편안하게 잠에 빠져 있는 주인들도 있다. 그들에게는 꼭 팔아야 한다는 절박함이나 더 이상 잘 살아보겠다는 장밋빛 꿈과 같은 것도 없어 보인다. 양질의 햇살을 받아가며 무성하게 자라는 열대우림의 나무들처럼 하루하루 살아갈 뿐이다. 하루에 부여된 행복을 통째로 누릴 줄 아는 그들이야말로 진정 지혜로운 사람들인지도 모를 일이다.

계속해서 흘리는 땀 때문에 갈증이 자주 일어난다. 그때마다 가장 허름해 보이는 좌판이나 노인들이 벌여놓은 좌판을 찾아 사탕수수나 음료수를 마시며 휴식을 취한다. 작은 자들, 힘없는 자들에게 발길이 가는 이유가 무엇일까?

도로의 양편을 따라 고무나무들이 질서정연하게 줄을 서서 하늘을 향해 손을 흔들고 있다. 둥글게, 사선을 따라 흘러내린 하얀 색깔의 수액(樹液)의 자국이 멀리서 보아도 선명하다. 아픈 생채기를 통해 아낌없이 흘려주는 고무나무의 희생에 대해서 사람들은 조금이라도 고마운 마음을 갖고 있기나 한 것일까? 고귀한 것들, 유익한 것들은 모두 다 아픔과 긴 시간의 기다림이 만들어낸 것인데, 사람들은 쉽게 아픔의 시간들을 건너뛰려 하고, 황금알을 낳아주는 거위를 성급하게 잡아버리는 어리석음을 되풀이하곤 한다. 욕심 때문이리라.

아낌없이 주는 나무, 그 나무들의 장엄한 속삭임을 생각하며 한 걸음씩 발걸음을 내딛는다. "내게 큰 고통을 더하신 것은 내게 평안을 주려 하심이라."고 고백했던 히스기야 왕의 말이 귓가에 와 맴돈다. 신앙인에게 있어서 고난은 피해가야 할 장애물이 아니라, 믿음으로 넘어가야 할 소중한 과정이 아니겠는가? 내 믿음 안에도 죽음 없는 부활, 고난 없는 영광을 좇고자 하는 열망이 조금이라도 남아있다면, 이 걸음의 여정 속에서 하나 둘씩 떨쳐내 버려야 한다.

35도를 오르내리는 온도에 도로에서 올라오는 복사열까지 더해지면 말 그대로 숨이 차오를 정도다. 더욱이 오늘의 여정에는 완만하긴 하지만 오르막길이 자주 있어서 더욱 힘이 들었다. 1시간에 3킬로미터 이상을 걷는 것도 여간 힘든 일이 아닌데, 하루 종일 28킬로미터를 걸어야 했기 때문에 무더운 도로에서 거의 9시간을 넘게 걸었다고 할 수 있다.

게다가 롱카잉(Long Khanh) 근방의 1번 국도변에서는 쉴 만한 숙소를 찾지 못해 1번 국도에서 조금 떨어져 있는 시내에까지 걸어 들어가야 했다. 시내 안에서도 숙소를 잡기까지 1시간이 넘게 더 걸어 다녀야 했으니 피로가 극에 달하는 느낌이었다.

짐을 부리고 나서 하루 종일 걸어 아픈 다리를 정성껏 주물러주었다. 저녁에는 구약의 〈이사야〉를 읽었다. 또다시 맞이하게 되는 밤! 모든 행동을 멈추고 깊은 잠에 빠져들 수 있는 밤은 내게 참으로 귀중한 선물이다.

롱카잉은 상당히 생동감이 넘치는 도시다. 시내의 중심을 가로지르는 훙브엉(Hung vuong) 거리를 따라 계속 걸어가다 보면 1번 국도와 만나게 된다. 이곳에서도 눈에 띄는 것은 성당이다. 가는 곳마다 넓은 부지와 함께 제법 웅장한 모습으로 서 있는데, 이상하게도 주일을 제외하고는 인적을 찾아볼 수가 없다. 성전이든 사원이든, 언제든지 누구든지 쉽게 다가갈 수 있어야 할 텐데, 어느 정도 거리를 두고 있는 것은 아닌가 하는 아쉬운 생각이 들었다.

이른 아침, 아직은 열기가 오르기 시작하기 전에 부지런히 걷기로 했다. 처음 2시간 동안은 걸음의 속도를 조금 빠르게 해서 1시간에 5킬로미터씩 걸었다. 아침에는 바람이 조금씩 불어주어서 별로 힘이 든다는 느낌이 들지 않았다. 10킬로미터를 지난 지점부터는 보폭도 줄이고 걸음의 속도도 줄여나갔다. 평균 시속 3킬로미터 정도의 속도로 걸어 나갔다. 그래도 힘이 들 정도로 햇살이 따갑다. 그래서 휴식 시간을 좀 더 길게 잡았다.

정오의 무더위를 피해 도로에 바짝 달라붙어 있는 새롭게 단장한 휴게소에서 1시간 이상 동안 쉬었다. 넓은 휴게소를 찾아오는 손님들은 거의 없고, 직원들만 이곳저곳 왔다 갔다 할 뿐이다. 한낮의 무더위와 넓은 휴게소의 한적함 때문에 졸음이 밀려오기도 했지만, MP3로 음악을 들으며 마음의 휴식을 취했다.

오후가 되면 아스팔트에서 올라오는 열기 때문에 얼굴이 달아오르는 것 같다. 가끔씩 불어오는 바람과 손바닥만한 구름 한 점이라도 더없이 소중하고 고맙게 여겨진다. 평상시에는 미처 알지 못하고, 느끼지도 못했던 작고 사소한 것들이 실상은 얼마나 귀하고 소중한 존재인지 길에서 배울 수 있으니 이 또한 감사해야 할 것 같다.

한번은 넓은 성당의 뜨락을 천천히 거닐어 보기도 하였다. 본당을 중심으로 잘 조성된 나무들과 예쁘게 단장된 화단들, 그리고 넓은 공간이 평안함을 더해주는 것 같았다. 그늘진 곳에 놓여 있는 콘크리트 의자에 기대 앉아 혼자서 노래도 불러보고, 하나님의 은혜에 대해서도 깊이 생각해 보았다. 오가는 사람이 아무도 없어서 더욱 좋았다. 엷은 바람결이 막 피어난 꽃봉오리에서 상큼한 향기를 실어다 줄 뿐, 나는 철저하게 혼자였다.

자자이(Gia Ray), 쑤언록(Xuan Loc)이라고도 불리는 오늘의 목적지를 몇 킬로미터 남겨두고 왼편에 제법 높은 산이 든든한 모습으로 버티고 서서 고개를 내민다. 837미터에 달하는 쭈어찬(Chua Chan)이라는 산이다. 그동안 평지만을 바라보며 걸어왔던 터라 산을 바라보는 것만으로도 반가운 느낌이 들었다. 산을 보면 늘 오르고 싶은 마음이 일어나곤 한다. 무엇 때문일까? 이러한 상승의 욕구는 남들 위에 군림하려는 권력에의 의지이거나 절대자에게 더 가까이 나아가려는 신앙심의 표현일 것이다. 신앙이 왜곡되면 권력보다 더 무서운 병폐가 드러나기도 하는데, 이는 둘 다 상승의 욕구라는 한 뿌리에서 자란 줄기이기 때문인지도 모르겠다.

믿음은 한 순간이라도 방심하게 되면 곧바로 무너지게 마련이어서 지금도 사도 바울은 '선 줄로 생각한 자는 넘어질까 조심하라.'고 경고하고 있는 것이리라. 또한, 현대의 가장 해박한 지식인이며 역사가인 아놀드 토인비(Arnold J. Toynbee)는 "가장 좋은 것이 썩었을 때 그보다 더 나쁜 것은 없다."고 하였다.

자자이에 도착하여 숙소를 잡은 후에는 마을을 둘러보았다. 해가 넘어가고 땅거미가 드리워지기 시작하자 사람들의 발걸음은 더욱 빨라진다. 그리고 마을은 금방 정적에 휩싸이고 만다.

새벽 5시에 눈을 떴다. 오늘은 걸어야 할 구간의 길이가 좀 길기 때문에 일찍 서둘러서 출발하는 편이 나을 것이라는 판단 때문이었다. 아직은 어둠이 완전히 걷히지 않았지만, 사물들을 또렷하게 구별할 수는 있다. 이른 새벽부터 움직이는 사람들도 적지 않다. 해가 돋은 후에는 정말 빠른 속도로 떠올라 금방 대지를 환하게 비추고, 온도를 신속하게 끌어올린다.

첫 번째 휴식은 길옆에 있는 불교 사원의 한적한 나무 그늘에 앉아서 취했다. 한국의 불교와는 달리 베트남의 불교는 도교적인 분위기가 강한 편이고, 민간신앙적인 요소가 많이 가미되어 있다고 할 수 있다. 그래서 대부분의 사원들이 주택들과 맞붙어 있는 경우도 많고, 규모도 그리 크지 않고 평범해 보인다. 사방이 비교적 높은 담으로 둘러

막혀 있어서 세상과 구별된 느낌도 들어서 혼자서 쉬기에는 더할 나위 없이 좋다.

도로를 질주하는 차량들은 좀 더 빨리 가려는 욕심에 아찔한 느낌이 들 정도로 앞지르기를 하고, 좁은 길에서도 엄청난 과속을 한다. 어떤 차량들이 울려대는 경적 소리는 지나가는 사람을 깜짝 놀라게 할 만큼 요란하고, 적지 않은 공포감마저 들게 한다. 이러한 소음은 정말 싫다. 정말 적응이 되지 않는다. 길을 걷다가 깜짝 놀란 적이 한두 번이 아니다.

조그만 호수 옆에 자리를 잡은 오래된 나무 아래에서 한참 동안 쉬면서 가뭄에도 무성할 수밖에 없는 물가에 심어진 나무에 대해서 깊이 묵상하였다. 물은 낮은 곳으로 흘러 뭇 생명들을 살리고 키워낸다. 마찬가지로 겸손한 사람만이 사람을 살리고 키워낼 수 있을 것이라는 생각이 들었다.

쑤언훙(Xuan Hung)에 조금 못 미친 곳에서 특이한 두 개의 건물을 보았다. 도로를 사이에 두고 서로 빤히 바라보며 서 있는 성당과 이슬람 사원의 모습이 특이하다 못해 우스꽝스러워 보이기까지 했다. 서로 마주보며 서서 그들은 서로 같은 꿈을 꾸고 있는 것일까? 서로 다른 꿈을 꾸고 있는 것일까? 세계사를 늘 분쟁과 다툼으로 이끌었던 '평화'라는 말의 아이러니에 대해서 생각해 보았다.

'세상의 모든 전쟁이 평화라는 이름으로 자행되고 있으니….'

며칠 동안 걸으면서 주로 먹게 되는 음식이 대부분 면 종류이다. 어디서나 쉽게 먹을 수 있고, 국물이 있어서 수분을 보충할 수도 있기 때문에 별다른 생각 없이 자주 사 먹게 된다. 충분한 영양분을 공급받지 못한 상태에서 며칠 동안 계속되는 도보여행으로 인하여 기력은 점점 쇠약해져 가는 것을 느낄 수 있다.

'그래도 국수 한 그릇이면 어떠랴!'

지금껏 충분히 버틸 수 있는 체력을 주신 주님께 감사하며 먹을 때마다 국물 한 방울도 남기지 않고 알뜰하게 그릇을 비우곤 한다.

쑤언화(Xuan Hoa)를 지난 지점에서 충분히 긴 시간동안 쉬면서 주인아주머니와 많은 이야기를 나누었다. 낯선 외국인에게 뭐 그리도 궁금한 게 많은지, 끊임없이 물어오는 질문에 대답하다 보니 많은 시간이 흘러갔다. 내게는 침묵과 휴식이 필요했다. 시원한 얼음에 담근 코코넛 주스가 정말 맛있고, 해먹에 누워 눈을 감으니 시원한 바람이 불어와 더위를 식혀준다.

30킬로미터를 지나자 다리도 제법 아프고, 무엇보다도 머리가 무거워지는 것 같아 또 다시 쉬어야 했다. 마음 편하게 쉬다 보니 도로 위에 땅거미가 드리우기 시작한다. 발걸음을 재촉하여 오늘 머물 지점으로 예상했던 떤밍(Tan Minh)에 도착하였다. 그런데 어찌된 일인가? 숙소가 없는 것이 아닌가! 어쩌면 도시의 끝자락에서 찾게 될지도 모른다는 일말의 기대를 안고 계속해서 무거운 발걸음을 옮겼다. 도시는 끝이 나고, 숙소는 찾을 수가 없다. 해는 넘어가서 어둠이 찾아오려 하는데, 당황스럽기 그지없다. 이미 피로감이 강하게 몰려왔지만, 달리 방법이 없어 더 걸어가기로 마음을 먹었다. 그리고 힘차게 걷기 시작했다.

얼마 걸어 나가자 뜻밖에도 길옆에 커다란 교회가 서 있는 것이 아닌가! 한줄기 꿈을 안고 안으로 들어갔다. 이전까지 쭉 보아왔던 성당과 같은 큰 규모의 교회였다. 뜰도 상당히 넓은 편이다. 베트남 사람들이 하나님께 돌아오기를 기도하는 마음으로 사이공에서 하노이까지 걷고 있다는 나의 사정을 충분히 설명하고, 이곳에서 하루 밤 묵고 갈 수 있게 해달라고 도움을 청했지만, 애초에 기대했던 목적을 이루지는 못했다. 교회를 관리하고 있는 사람들이 친절하게 대해 주어서 고마웠지만, 이곳에서도 낯선 이방인이 쉴 수는 없다고 해서 아쉬웠다. 어떻게든 도와주려는 눈빛이 역력했지만, 그들로서도 어쩔 수 없는 모양이었다. 담임 목사님을 만나 어떻게든 도움을 받아보려고 했지만, 공교롭게도 부재중이어서 더욱 아쉬움이 많이 남았다.

무거운 발걸음을 옮겨 교회를 등지고 다시 도로 위로 올라설 때의 내 마음은 너무나도 서운하고 슬펐다. 내 아버지 집에도 내 몸 하나 쉴 곳이 없다는 사실 때문에 더욱 마음이 무거웠고, 부당하다는 것을 알면서도 내 마음속에서는 은근히 하나님께 화가 났다. 나의 성냄이 하나님 앞에서 전혀 합당하지 않다는 사실을 잘 알았지만, 그럼에도 불구하고, 나는 분명히 성을 내고 있었다. 바로 그것이 '나'라는 인간의 모습이다. 그러한 내 자신이 한없이 부끄러웠지만, 그래도 아버지께 응석을 부리고 싶었다.

마음을 고쳐먹고 다시 힘차게 걸었다. 얼마 걷지 않아 떤푹(Tan Phuc)이라는 곳에서 또 다시 교회를 만났다. 오래된 건물들은 낡고 허물어진 모습 그대로 방치되어 있고, 뒤편에 새로운 콘크리트 건물이 서 있었다. 그리고 도로의 맞은편에는 떤푹 시장이 자리 잡고 있었다.

이제 어둠이 깊이 찾아와 사물의 형태마저 구분할 수 없게 되었다. 정말 어떻게 해야 할지 막막해지기 시작했다. 인적이 거의 없는 허름한 길가 카페 앞에서 손을 들고 지나가는 차량들을 세워 타고 큰 도시로 이동하기로 마음을 먹었다. 그러나 차량들은 멈추지 않고 내달릴 뿐이었다. 나의 계획은 전혀 효과가 없었다. 앞으로 나아갈 수도, 그렇다고 뒤로 물러설 수도 없는 진퇴양난의 상황이 벌어진 것이다.

이상한 나의 행동을 지켜보던 카페의 일가족이 모두 함께 나와 내게 이것저것 묻는다. 그들이 내게 들려준 정보에 의하면, 앞으로 가든 뒤로 되돌아가든 10킬로미터 이상씩 더 가야 숙소를 찾을 수 있다는 것이었다. 결국 오토바이로 태워다 달라고 부탁할 수밖에 없었다. 다행이 흥정이 되어 5만동을 주기로 하고, 오토바이에 지칠 대로 지친 내 몸을 실었다.

'내일 아침 바로 이곳으로 다시 돌아와 걸음을 시작하리라.'

뙤약볕 아래서 40킬로미터를 넘게 걸어야 했던 날, 정말 힘들고 어려운 하루였다. 그래도 내 마음속에서는 내일이라는 꿈의 불길이 타오르고 있으니 감사해야 하겠다.

세옴(Xe om, 오토바이 택시)을 타고 어제 밤에 멈춰야만 했던 그 자리로 이동했다. 아침은 먹지 않았지만, 진한 베트남 커피를 한 잔 마셨다. 어제의 피로가 전혀 풀리지 않아 시작하기 전부터 온 몸이 무겁고 힘이 들었다. 쉬엄쉬엄 걸으면서 4,5킬로미터 간격에 따라 휴식을 취하면서 걸었지만, 발걸음이 유난히도 무거워서 쉴 때마다 상당히 긴 시간 동안 쉬었다.

정오 무렵에는 의자에 앉아 휴식을 취하는 동안 책을 읽다가 나도 모르게 잠에 빠져들고 말았다. 책을 손에 쥔 채로 불편한 의자에 앉아서 1시간이 넘게 낮잠을 잔 것이다. 육체의 한계를 더 이상 이겨낼 수 없었던 모양이다. 나무 그늘이 진 곳이면 어김없이 자리를 잡고 있는 간이 휴게소에는 오토바이를 타고 지나가는 사람들이 잠시 들렀다가 음료수나 사탕수수, 혹은 커피 등을 마시고 지나간다.

'바람처럼 왔다가 떠나가는 사람들….'

그늘진 의자에 앉아 있노라면 생각보다는 서늘한 바람이 불어와 더위를 식혀준다. 햇살은 따갑고 하늘은 참으로 맑고 깨끗하다. 이렇듯 구름 한 조각 찾을 수 없는 하늘을 쳐다보노라면 나도 모르게 자연에 대한 경외감을 느끼게 된다. 그 깊은 고요와 완전한 깨끗함은 분명히 절대적인 존재가 있음을 말해주기에 충분한 것 같다. 나는 그 절대적인 존재가 바로 하나님이라고 믿는다.

예레미야 선지자는 이렇게 증거한다. "여호와께서 그 권능으로 땅을 지으셨고 그의 지혜로 세계를 세우셨고 그의 명철로 하늘을 펴셨으며 그가 목소리를 내신즉 하늘에 많은 물이 생기나니 그는 땅 끝에서 구름이 오르게 하시며 비를 위하여 번개 치게 하시며 그 곳간에서 바람을 내시거늘…."

평등하게 햇살이 쏟아져 내리고, 일체의 편견도 없이 비가 내리고, 바람도 불어 모든 생명들을 자라게 한다. 그래서 나도 하나님의 계획 가운데 존재하게 된 것이라고 믿는다.

오늘 머물 목적지를 2,3킬로미터 정도 남겨두고 숙소를 찾지 못해 고생했던 어제의 기억 때문에 슬슬 걱정이 찾아들기 시작했다. 그러나 서두르지 않고 한 걸음씩 정직하게 옮겼다.

투언남(Thuan Nam)에 도착하니 몇 개의 냐응이(Nha Nghi, 여관)가 눈에 띈다. 얼마나 반가운지! 마음 편하게 짐을 내려놓을 수 있다는 사실에 더없이 감사의 마음이 들었다. 이곳은 꾸따(Cu Ta)라는 유원지로 가는 길목이라서 숙소가 많은 모양이다. 1번 국도에서 오른쪽으로 방향을 바꾸어 2킬로미터를 더 가면 꾸따라는 유원지가 나온다는 표지판이 도로변에 우뚝 서 있다.

일단 마음에 드는 숙소를 찾아 짐을 부려놓고, 해가 넘어가기 전에 마을 주변을 거닐었다. 그리고 쭝빗론(Trung vit lon) 4개와 내가 좋아하는 바잉세오(Banh xeo, 새우가 들어간 베트남식 찹쌀 빈대떡)를 한 접시 사 먹었다. 껍질 속에 들어있는 부화하기 직전의 새끼 오리를 통째로 네 마리를 먹고 나니 며칠 동안 제대로 먹지 못해 영양이 부실했었을 텐데, 오늘에야 어느 정도 영양을 보충하게 된 것 같다.

낯선 거리에도 어김없이 해는 넘어가고 있다. 저녁놀은 어느 하늘에서나 차분하고 아름답지만, 벅차고 아련한 그리움과 길고 가녀린 울림으로 다가온다. 하루의 마지막은 왜 이다지도 아름다운가! 이와 마찬가지로 뒷모습이 아름다운 삶을 살아야 값진 인생이라고 할 수 있으리라.

세상이 온통 정적에 휩싸인 평온한 시간, 잠시 내 자신의 모습을 되돌아본다. 평온할 때에, 그리고 혼자 있을 때에 자신의 마음을 다스리는 일은 참으로 어렵고 힘든 일이다. 이러한 때에도 오직 하나님만을 바라보며, 하나님만을 기대할 수 있다면 얼마나 좋을까? 마음이라는 것은 실체도 드러내지 않으면서 바람처럼, 물처럼 제멋대로 흘러가기도 하고, 구름처럼 허허롭게 사라져 버리기도 한다.

성경은 마음을 다스리는 일이 얼마나 어려운지, 용사가 성(城)을 지키는 것보다 더 어렵다고 하였다. 사람의 모든 말과 행동도 마음에서 비롯되는 것인데, 마음과는 다르게 말을 하기도 하고 행동을 하기도 한다. 이러한 모순의 사이에 서 있는 존재가 바로 인간이다.

하나님께 더욱 가까이 나아가고 싶은 마음속에도 하나님께서 가장 싫어하는 죄를 즐기고자 하는 마음이 있으니 참으로 이해할 수 없는 일이다. 어떻게 해야 나를 완전히 버리고, 오직 하나님만을 사랑할 수 있을 것인가? 과연 나의 의지와 결단과 노력으로 가능하기는 한 것일까? 어디까지 내가 힘써야 하고, 어디서부터 성령님의 도움을 받아야 하는 것일까? 성경을 알아갈수록, 그리고 하나님을 알아갈수록 더 이해할 수가 없으니 믿음이라는 것의 실체는 도대체 무엇이란 말인가?

늘 넘어지고, 실수하고, 동일한 죄를 반복해서 짓고, 뻔뻔하게 예수 그리스도의 이름을 부르며 하나님의 긍휼을 구하는 나의 모습을 볼 때마다 얼마나 실망스럽고 싫은지 모르겠다. 목사라는 직분, 그리고 선교사라는 직분과는 너무나도 동떨어진 삶을 살아가고 있는 것은 아닐까?

그렇다. 지금은 신앙인을 감싸고 있는 여러 종류의 직분들과 거창한 사명들, 온갖 허울과 미사여구들을 어둠 속에 다 던져버리고, 자비하신 하나님 앞에서 오직 하나님의 자녀로만 서고 싶을 뿐이다. 거룩하신 하나님의 임재 안에서 두려워 떨 수밖에 없는 연약한 내 모습, 오직 주님의 사랑과 긍휼을 의지하며 조용히 고개를 숙일 수밖에 없다.

짙은 어둠이 깊은 정적과 함께 서서히 다가와 온 세상을 감싸준다. 이제는 쉴 때가 되었다면서 살며시 내 마음을 감싸준다. 주님의 사랑이면 충분하다.

마음을 굳게 먹고 이번 도보여행의 모든 일정을 다 소화하려고 했는데, 오늘은 다른 날에 비해 발걸음이 더 무겁다. 마음은 이미 목적지인 판티엣(Phan Thiet)에 가 있는데, 걸음은 더디기만 한다. 그동안에도 햇볕이 강하게 내리쬐기는 했지만, 오늘의 날씨가 가장 무더운 것 같다.

그래도 처음 10킬로미터 구간까지는 순조롭게 잘 걸었다. 첫 번째 휴식을 취하는 중에는 진한 베트남 커피를 빈속에 마시는 여유도 부려보았고, 두 번째 휴식을 취하면서도 달콤한 사탕수수를 마시며 이제 20킬로미터만 더 걸어가면 이번 구간의 걸음을 끝마치게 된다는 기대감에 마음이 조금은 부풀어 있었던 게 사실이었다.

그러나 두 번째 휴식을 마치고 다시 일어나 걷기 시작하자 곧바로 온 몸에 힘이 빠지고 걸음이 무거워져 한 걸음, 한 걸음 옮기기가 여간 어려운 게 아니었다. 갑자기 신발에 무거운 납덩어리라도 달아맨 것 같은 느낌이었다. 가끔씩 바람이 불어주긴 하지만, 무더운 날씨 때문에 열에 달궈진 바람이 얼굴 가득 불어올 때면 순간적으로 숨이 막히는 것 같기도 했다. 1킬로미터를 전진해 나가기가 결코 수월하지 않았다. 물을 계속해서 마셔도 갈증은 좀처럼 사라지지 않고, 입안이 마르기만 했다.

'욕심을 버려야 한다. 급할 이유가 없지 않은가!'

스스로 급한 마음을 풀어주면서 중간에 하루 더 잠을 자고 쉬어가는 한이 있더라도 뙤약볕 아래서 무리할 필요는 없다고 마음을 고쳐먹었다. 3킬로미터를 더 걷고 나서 휴식을 취했는데, 처음 10킬로미터를 걸었던 것보다 더 힘들고 오랜 시간이 걸린 것처럼 느껴졌다. 식욕도 거의 없었지만, 국수를 한 그릇 시켜서 억지로 국물까지 다 먹었다. 어떻게 해서든 기운을 차려야 또 다시 걸을 수 있겠기 때문이었다. 그러나 이후에도 상황은 나아지지 않았고, 걸음은 더욱 더디어지기만 했다. 중간에 허름한 숙소라도 있다면 온 몸을 다 부리고 싶을 뿐이었다.

도로 양편으로는 탐스런 용과(龍果, Dragon fruit)를 매달고 있는 선인장 농장들이 펼쳐져 있는데, 덩어리져 뭉쳐 있는 선인장의 모습이 마치 레게(Lege) 머리 스타일을 한 것처럼 장난기가 있어 보인다. 도로 곳곳의 좌판에는 진한 보랏빛을 가득 머금은 붉은 색의 과일들이 탐스런 빛을 발하며 손님들의 마음을 유혹하고 있다. 맑고 파란 하늘을 향해 곧게 뻗은 야자수들은 굵은 박과 같은 육중한 열매를 매단 채 바람결 따라 이리저리 흔들거리며 한낮의 무더위를 즐기고 있는지, 그 모습이 너무나도 태평스러워 보인다.

기운을 차리기 위해 더욱 자주 쉬면서 그때마다 얼음을 듬뿍 넣은 음료수를 마셨지만, 다 마시고 나면 잠시 사라진 것 같던 갈증이 금방 다시 시작되곤 하였다. 이대로 판티엣(Phan Thiet)까지 가야 한다면 몸에 심각한 문제가 생길 것 같다는 생각이 들었다. 발바닥은 말 할 것도 없이 무릎도 아프기 시작했고, 마치 더위를 먹은 것처럼 머리가 약간 어지럽다는 느낌이 들었기 때문이다.

그렇게 23킬로미터 정도를 걸었을 때, 반갑게도 길옆에 서 있는 작은 숙소를 발견했다. 이제 살았구나, 하는 안도의 숨을 내쉬었다. 새로 지은 아담하고 깨끗한 건물이었다. 건물은 그리 크지 않고, 높이가 그다지 높지 않은데도 엘리베이터까지 설치되어 있어서 너무나도 마음에 들었다. 맨 위층에 있는 객실을 잡아 짐을 내려놓고 창밖을 내다보니 선인장 농장이 바로 아래에 펼쳐져 있는 게 아닌가!

시원하게 샤워를 하고 나서 곧바로 밖으로 나가서 탐스런 용과를 두 개 샀다. 숙소에 돌아와 먹으니 그 맛이 일품이다. 그동안 보아왔던 용과의 속은 하얀색의 과육(果肉) 속에 작은 깨알 같은 씨가 박혀 있었는데, 이번에 처음으로 속까지도 온통 겉과 똑같은 붉은 색의 선인장 열매를 맛본 것이다. 당도가 훨씬 높고, 보기에 좋은 만큼 맛도 좋았다. 정말 색다른 경험이었다.

이번 여정의 최종 목적지를 불과 10킬로미터 정도 남겨놓은 함미(Ham My)라는 작은 마을에서 몸을 추스르기 위해 멈춰야 했지만, 여기까지 걸어온 것만으로도 내 스스로에게 격려를 해주고 싶은 마음이 든다. 인생이라는 게 마음가짐만으로 다 되는 게 아니라, 몸과 마음이 하나가 되어야만 소기의 목적을 달성할 수 있다는 소박한 진리를 다시금 되새겨 보게 된다. 그리고 "사람이 모든 일을 계획할지라도 그 걸음을 인도하시는 이는 오직 하나님"이라는 진리 앞에 겸손히 무릎을 꿇게 된다.

한결 가벼운 마음으로 첫발을 내딛는다. 간밤에 저녁 식사를 할 만한 음식점을 찾지 못한 터라 하는 수 없이 굶을 수밖에 없었다. 그로 인하여 약간의 허기가 느껴지기는 했지만, 이제 얼마 남지 않았다는 기대감 때문에 크게 문제가 되지는 않았다. 이른 아침부터 햇볕은 따갑게 내리쬐었다. 얼굴 가득 쏟아져 내리는 강렬한 햇빛을 피하기 위해 모자의 챙을 최대한 눌러쓰고, 고개를 앞으로 숙인 채 발바닥이 닿는 땅만 내려다보며 걸을 수밖에 없었다.

행정구역상으로 이미 판티엣이라는 도시에 도착했지만, 여전히 도시다운 분위기는 느껴지지 않는다. 길옆에 있는 아주 허름한 식당에서 바잉세오로 간단하게 아침식사를 하였다. 식사를 하고 나니 기운이 새로 생겨나는지 발걸음이 한결 가벼워지는 것 같다. 시간이 흐를수록 사람들의 움직임도 부쩍 늘어나고, 차량들이 혼잡하게 돌아가는 것을 보니 내 걸음이 어느덧 생동감이 넘쳐나는 도시의 한복판에 들어선 것을 알겠다.

판티엣. 빙투언(Binh Thuan) 성의 주도(主都)답게 활기가 넘쳐난다. 전 세계의 많은 관광객들로부터 끊임없이 사랑을 받고 있는 무이네(Mui Ne)라는 해변으로 가려면 반드시 거쳐야 하는 도시가 바로 판티엣이다. 도시는 오늘도 뭔가 꿈을 꾸고 있을 것이다. 이 도시와 함께 꿈을 꾸며 살아가는 사람들, 나도 이제 그들 속에 깊이 들어가 그들과 함께 건강하고 아름다운 꿈을 꾸어야 하겠다.

두 번째 발걸음

판티엣(Phan Thiet)에서 나트랑(Nha Trang)까지

여행일시 : 2011년 1월 21일~1월 28일

판티엣(Phan Thiet)에서 냐짱(Nha Trang)까지

여행일시 : 2012년 2월 23일~3월 2일

"세상의 많은 사상가들이 많은 것을 설명하려고 하지만
어느 누구도 세상을 바꾸어 놓지는 못했습니다.
그러나 예수 그리스도는 거의 아무것도 설명하지 않았지만
이 세상 모든 것을 바꾸어놓았습니다."
— 스탠리 존스(E. Stanley Jones) —

아침 6시. 안개가 자욱이 끼어서 세상은 여전히 잠에서 깨어나기를 싫어하는 모양이다. 부지런한 사람들은 벌써부터 거리에 쏟아져 나와 분주하게 일터를 찾아가는지 이른 아침부터 거리에는 생기가 넘친다.

냐짱(Nha Trang)으로 이어진 1번 국도에 발을 올려놓으니 하노이에서 출발할 때에는 도보여행이 어렵게만 느껴졌는데, 새로운 의지와 힘이 생겨나는 것 같다. 다행스런 일이다. 걸어야 한다. 걸을 것이다. 길 위에서 버려야 할 나를 버리고, 바로 그 길에서 찾아야 할 나를 찾아야 한다.

무슨 일이든 처음 시작한다는 것은 가슴 설레게 한다. 도보여행을 할수록 힘이 더 든다는 것을 알면서도 도로 위에 첫발을 내딛는 순간에는 호기심 많은 소년이 되고 만다. 해가 보이지 않아서 다행이지만,

더위는 조금도 사그라들지 않고 얼마 걷기도 전에 온 몸이 땀으로 젖어버리고 만다.

5,6킬로미터를 걸으니 오른편에 거대한 규모의 성당이 우뚝 서 있다. 주변의 초라한 건물들과는 너무나도 대조적으로 보여 성스러움을 넘어 어떤 위압감을 느끼게 할 정도다. 가난한 사람들은 그 건물 앞에 설 때마다 무슨 생각을 하며, 성모 마리아상 앞에서 무슨 소원을 아뢰는 것일까? 종교가 사람들의 삶 속에 깊어 들어가 그들의 신음까지도 들어주며 함께 웃어주고 함께 울어주지 못한다면, 신의 뜻은 더 이상 그곳에 존재하지 않을지도 모른다는 생각을 해 본다.

다리 하나를 건너자마자 시장이 나타난다. 어디를 가나 베트남의 아침 시장은 생동감으로 넘쳐난다. 질서정연하게 배열된 것은 아니지만, 서로 다투지 않으면서 옹기종기 어우러진 모습이 오히려 정겹기만 하다. 시장에서 사람들은 물건을 사고파는 일에 그치지 않는다. 서로의 안부를 묻고 답하며 공동체의 일원으로 살아가고 있음을 확인하곤 하는 것이다.

아침에 잔뜩 끼었던 안개는 오간데 없이 사라지고 햇볕이 따갑게 내리쬔다. 푸롱(Phu Long)을 지나 홍선(Hong Son), 홍리엠(Hong Liem) 등을 거쳐 줄곧 걷는 동안 더위는 조금도 그 기세를 꺾지 않고 내 곁에 바짝 서서 떠나지 않는다. 5,6킬로미터를 더 걸은 후에 길거리의 작은 카페에 앉아 휴식을 취하면서 도널드 밀러(Donald Miller)의 『천년 동안 백만 마일』이라는 책을 읽었다.

자신의 경험과 이야기를 통하여 이 땅에서 아름다운 삶을 만들어가는 길과 방법을 조용히 일깨워주고 있는 책이다. 부족한 상태가 최적의 상태이며, 고통은 결속을 낳는다는 그의 작은 속삭임이 내게 긴 여운으로 다가온다.

그늘 사이로 지나가는 바람은 맑고 시원하다.

조금만 걸어도 줄기차게 흘러내리는 땀 때문에 손수건으로 부지런히 땀을 닦아내야 하고, 기회가 되는 대로 사탕수수를 사서 마시며 수분을 보충하지 않으면 안 된다. 들판에서 볍씨를 뿌리는 농부들의 모습도 볼 수 있고, 초록의 벼들이 바람에 흔들거리는 모습도 볼 수 있고, 누렇게 익은 벼들과 타작을 하는 모습 등을 같은 지역에서 동시에 볼 수도 있다. 시도 때도 없이 내리쬐는 열대의 강렬한 태양이 온갖 식물들을 무성하게 자라게 하는 것이다. 태양이 주는 축복이라고나 할까….

길가에는 길게 늘어진 선인장의 줄기마다 진한 분홍빛이 감도는 타잉롱(Dragon fruit, 龍果)이라는 과일들이 매달려 탐스런 자태를 뽐내고 있다. 아직 열매를 맺지 못한 선인장들은 노란색의 꽃을 피우고 있기도 하고, 이제 막 심어진 묘목들도 질서정연하게 서 있다. 자연의 축복이 바로 이곳의 식물들에게 아낌없이 쏟아져 내리고 있다는 생각이 들 정도다.

그런데 아이러니컬하게도 자연의 축복을 듬뿍 받은 지역의 사람들은 전반적으로 게으른 편이어서 척박한 자연 환경 속에서 살아가는 사람들에 비해 가난하다. 베트남은 오랜 잠에서 깨어나 이제 경제 발전의 기치를 내세우고 힘차게 발전하고 있지만, 가는 곳마다 여전히 놀고 있는 젊은이들이 적지 않은 것 같다.

첫날인데 30킬로미터까지는 잘 왔다. 스스로 생각하기에도 놀랍다. 그러나 계속해서 잘 걸어 나갈 수 있을 것인지…. 숙소가 나타날 때까지는 계속 걸어가야 하는데, 숙소는 도무지 나타나지 않으니, 이러한 상황에 처하게 될 때마다 당황스럽다. 무슨 힘으로 계속 걸어 나갈 것인가? 무더운 날씨에 30킬로미터를 넘어서게 되면 힘만으로는 더 걸을 수가 없다. 그 이상의 무엇이 필요하다. 의지라고 해야 하나, 오기라고 해야 하나? 아무튼 힘 이상의 무엇이 있어야만 걸음을 옮길 수 있는 것만은 사실이다.

쉬지 않고 물을 마시지만 입은 계속해서 마른다. 하늘을 바라보며 깊은 숨을 내뱉어보기도 하고, 한숨을 내쉬기도 한다. 평범하게 이어지는 도로. 자동차들의 매연과 소음은 한순간도 피할 수가 없다. 더위와 함께 걸어야 할 때에는 먼 미래를 앞당겨 생각해 보기도 하고, 지나가 버린 추억들을 하나씩 끄집어내어 천천히 되새겨 보기도 한다. 더위! 그리고 강한 햇볕! 그 열기 때문에 점점 시들어져 가는 나와는 달리 야자나무는 싱싱하게 팔을 뻗쳐 올린 채 그 강한 햇볕을 맞이하고, 이름 모를 꽃들은 더욱 선명한 빛을 펴 올린다.

'그래, 하늘을 바라보자.'

맑고 투명한 하늘! 그 싱싱함으로 더욱 높아 보이는 하늘, 건강하게 움직이는 뭉게구름. 시나브로 물들어가는 저녁노을. 하루의 분주함이 서서히 풀어져 가는데, 나의 발걸음은 어디까지 이르러야 하는지….

어둠이 침착하게 대지를 뒤덮기 시작했다. 경광등을 꺼내 배낭에 매달았다. 무질서하게 달리는 자동차들에게 나의 위치를 분명하게 보여주어야 하기 때문이다. 비좁은 도로에는 가로등 하나 없기 때문에 야간 보행시에는 자칫하면 엄청난 사고로 이어질 수도 있다. 스스로 최대한의 안전장비를 갖추고 조심하는 수밖에 달리 방법이 없다.

어둠이 깊어갈수록 개구리와 맹꽁이들의 노래 소리가 힘차게 들려오고, 나의 두 발은 마치 쇳덩이를 매단 것처럼 더욱 무겁게만 느껴진다. 어둠은 세상의 사물들을 개별적으로는 단절시키는 동시에 하나로 묶는 역할을 하는 것 같다. 그래서 어둠 속에서는 경계(境界)가 희미해지고, 자기 모습을 드러내려는 교만도 조금은 절제되는 것인지도 모르겠다. 그러나 자신을 교묘히 숨길 수 있다는 익명성 때문에 기만과 배반이 꿈틀거리는지도 모를 일이다. 진정 경계(警戒)해야 할 것은 빛이나 어둠이 아니라, 바로 자기 자신인 것이다.

많은 사람들이 눈에 보이는 성취를 위해 얼마나 분주하게 움직이는지 모른다. 그리고 어떤 경우에는 그리스도인들마저도 남의 업적을 가로채 자신의 성취물로 둔갑시키기도 한다.

그러나 "참된 성취는 하나님의 사랑을 받고, 그런 후에 다른 사람들을 사랑함으로써 그 사랑에 반응하는 것에서 이뤄진다"고 게리 토마스(Gary Thomas)는 말한다. 결과물만을 쫓아다니며 동분서주하기보다 먼지 자기의 내면으로 더욱 깊이 들어가 하나님의 사랑으로 충만한 삶을 살아가고 있는지부터 확인해 보아야 할 것이다. 우리의 모든 선한 행위들도 하나님의 사랑에 대한 진실한 반응들에 지나지 않을 테니 말이다.

송루이(Song Luy). 40킬로미터를 넘어서고 나서 비로소 작은 숙소(Nha tro, 여인숙)를 찾았다. 허름하기가 이루 말할 수 없지만, 울며 겨자 먹기 식으로 짐을 부렸다. 하지만 도저히 드러누울 기분이 나지 않는 지저분한 침대…. 어떻게든 밤을 보내야 한다. 하루 종일 흘린 땀을 대충 씻은 후 밖에 나와 그물 침대에 누워 요란스럽게 질주하는 자동차들을 바라보며 한동안 넋 나간 사람처럼 어둠에 사로잡히고 말았다.

몸은 피곤해 가눌 수가 없을 지경인데, 잠을 한숨도 이룰 수가 없었다. 개념 없이 틀어대는 크기의 음악소리와 무서운 속도로 질주하는 자동차들의 소음 때문에 도저히 눈을 붙일 수가 없었다. 방음장치라고는 전혀 없는 숙소다 보니 손님이 알아서 적응해야 한다는 것 같았다.

그래서 아직 어둠이 다 걷히지도 않은 이른 새벽에 출발하기로 마음을 먹었다. 출발한다기보다는 한시라도 빨리 소음의 공해에서 벗어나고 싶은 생각뿐이었다. 어제 밤에 맡겨두었던 여권을 돌려받았다. 주인으로 보이는 노인장이 중국 사람이냐고 중국말로 묻는다.

"중국 사람이 아닙니다. 저는 한국 사람입니다."

중국말로 공손하게 답해 주었더니 얼굴이 금세 밝아진다.

"그런데 어떻게 중국말을 할 줄 아세요?"

어제 저녁에 그 노인이 베트남 말을 사용하는 것을 보았던 터라 너무나도 뜻밖이어서 물었다.

"원래 중국 출신이니까요."

그렇게 대답하는 그의 눈빛에는 뭔가 그리움이 가득 차 있어 보였다. 고향을 떠나 오랜 동안 돌아가지 못하고 타국에서 살아야 했던 과거의 아픔들이 불현듯 떠올랐던 모양이다. 낯선 땅에서 살면서 한 번도 고향에 가보지 못했다는 얘기를 들으니 문득 측은한 생각이 들었다.

고향의 말로 이야기를 나눌 사람을 만나는 것만으로도 무척 감격해하는 모습이다. 악수를 한 채 한동안 서로의 눈빛을 바라보았다. 그 노인은 계속해서 무슨 얘기든 나누고 싶어 하는 눈치였지만, 나는 속히 그곳을 떠나고만 싶었다. 정중하게 작별 인사를 나누고 아직은 어둑어둑한 길을 찾아 발걸음을 옮기기 시작했다.

여명(黎明). 빛과 어둠, 그 경계는 어디일까? 어둠이 빛에게 자리를 내어주는 것인지, 빛이 어둠을 몰아낸 것인지 분명히 알 수는 없는 일이다. 분명한 것은 둘 사이에 아무런 갈등이나 다툼이 없이 서로 자리를 바꾸어 준다는 것이다. 자연은 결코 자신의 영역을 지켜내기 위해 상대방을 밀어내지 않는다. 자신의 존재를 드러내기 위해 과시하거나 무리한 압력을 행사하지도 않는다. 자신이 드러나야 할 때와 물러서야 할 때를 너무나도 잘 아는 것이다.

그래서 자연은 더욱 풍성하고 아름다운 질서를 유지하고 있는지도 모른다. 서로를 아름답게 세워주는 양보와 조화! 한순간도 멈추지 않는 인간 사회의 질긴 투쟁과 그 끝없는 갈등, 인간이 추구하는 행복은 늘 저 멀리 도망쳐 버리고 만다.

1시간 남짓 걸은 후에 길가에서 만난 시장에서 쌀국수로 아침식사를 하였다. 베트남의 하루는 시장에서부터 시작된다고 해도 과언이 아니다. 특히 아침 시장에는 늘 사람들로 북적거리고 모든 사람들의 표정들이 밝고 건강해 보인다. 이들과 섞여 한 끼의 식사를 하는 동안, 가난하지만 밝게 웃으며 건강하게 살아가는 이들의 마음속에 있는 행복에 대해서 생각해 보았다.

아침이 이미 밝았으나 해가 보이지 않더니 이내 빗방울이 떨어지기 시작한다. 하지만 비옷을 걸쳐 입을 정도는 아니어서 오히려 시원한 느낌이 들어서 좋고, 도로에서는 먼지가 일지 않으니 더욱 좋다. 하늘은 잔뜩 찌푸린 표정으로 나를 내려다보고 있는 것인지 내 주변은 좀처럼 밝아지지 않는다. 쉽사리 개일 것 같지 않아 보인다. 빗줄기가 더욱 거세진다면 비옷을 입어야 할 것이고, 그러면 상당히 덥게 느껴질 것이다.

비는 오락가락한다. 잠시 멎는가 싶어 논두렁에 드러누워 있는 전봇대에 걸터앉아 잠시 휴식을 취하고 있는데, 갑자기 굵은 빗방울이 떨어지기 시작한다. 서둘러 여장을 챙겨 빠른 걸음으로 비를 피할 만한 곳을 찾아 이동했다. 비를 피하기 위해 들른 곳은 간이식당.

'또다시 쌀국수를 먹어야 하다니….'

억지로 쌀국수 한 그릇을 먹은 후에 끓인 물을 한 잔 달라고 해서 일회용 커피를 타서 마셨다. 타국에서 줄기차게 내리는 빗줄기를 바라보며 따뜻한 커피를 마시는 것도 나름대로 운치 있고 멋져 보일 것 같다는 생각도 들었다. 주인아저씨가 다가오더니 의자를 끌어당겨 내 맞은편에 앉는다. 어떻게 말을 걸어야 할지 머뭇거리는 그 모습이 수수해 보인다.

"걸으시나 보네요?"

"네, 걷고 있습니다. 냐짱(Nha Trang)까지 계속 걸어갈 것입니다."

"베트남 말을 잘 하시네요."

"조금요. 베트남 말이 너무 어려워서요. 저희 가족은 지금 하노이에 살고 있어요. 베트남에 온지는 8년쯤 되었지요."

대화는 이렇게 시작되었고, 가정 이야기부터 시작해서 무슨 일을 하는지 등등 시시콜콜한 이야기들을 주고받다 보니 서로의 경계도 금방 풀린 듯했다. 사람들은 대화를 나누다 보면 누가 먼저랄 것도 없이 서로에 대한 의심과 경계를 풀게 되고, 스스로 무장해제를 하게 된다. 그래서 쉽게 친구가 되기도 하는 것이다. 특히 여행지에서는 그러한 일이 쉽게 일어난다.

"오토바이를 타고 여행한다면 훨씬 편할 텐데요."

"네, 맞아요. 그렇지만 저는 걷는 게 더 좋아요. 걸어야 더 많은 것들을 더 자세히 볼 수 있고 느낄 수 있으니까요. 그리고 이렇게 아저씨와 같은 분을 만나 이야기를 나눌 수도 있구요."

"그래도 걸으려면 시간이 많이 걸리고, 너무 힘들잖아요. 다리도 많이 아플 테고…."

"그렇죠. 걷다 보면 너무 힘들다는 생각이 들기도 해요. 하지만 힘이 들고 고통스러운 만큼 의미도 있고 기쁨도 있어요. 인간은 고통에 직면하게 될 때 더 깊이 생각할 수도 있고, 삶에 대해 더욱 감사하게 되거든요."

내 말을 진지하게 들으며 한동안 고개를 끄덕이더니 이내 밖으로 눈길을 돌린다.

"저 밖에 있는 해먹에 누워 한숨 자고, 비가 그치면 떠나세요."

"고마워요. 머지않아 비가 그치겠죠?"

주인아저씨와 대화를 마치고, 밖에 있는 나뭇가지에 매달려 있는 그물침대에 누워 책을 읽으며 비가 멎기를 기다렸다. 몸이 피곤하기는 하지만 책을 읽다 보면, 내 자신을 새롭게 발견하게 되는 경우가 적지 않다.

그래서 도보여행은 책읽기와 밀접한 관련을 갖고 있다는 생각을 자주 하게 된다. 길에서 나를 찾고, 책에서 나를 찾게 된다. 천천히 한 걸음씩 걸어 나가는 것, 주님을 생각하면서 주어진 시간을 소중히 받아들이는 것, 이러한 흐름에 나를 내어 맡기면, 나 역시 하나님과 동행하고 있다는 놀라운 사실을 깨닫게 된다.

빗줄기가 줄어들자 다시 걸음을 옮기기 시작했다. 무릎이 많이 아파서 무척 신경이 쓰였다. 아픈 통증을 애써 참아가면서 더욱 천천히 걷기로 했다. 속도를 줄여도 걸음을 옮길 때마다 무릎이 아파서 그냥 주저앉고 싶은 마음이 간절했다.

'이제 시작인데, 벌써부터 이렇게 무릎이 아프면 어떡하나?'

여기에서 그만 두어야 할지도 모르겠다는 생각이 밀려들었다. 그러나 이를 악물고 걸음을 옮겨나갔다.

쩌러우(Cho Lau)에는 숙소가 있으리라 확신했지만, 만약에 없기라도 한다면 어떡할 것인가? 2,3킬로미터 정도 남겨둔 지점에서 문득 이러한 걱정이 불쑥 일어났다.

'그냥 주저앉을 수밖에 더 있겠는가?'

'그러나 일단은 그냥 부딪혀 보는 거다.'

마을의 입구에 들어서자 숙소 건물이 맨 먼저 눈에 띄었다. 반가운 마음으로 찾아갔다. 외형으로는 제법 예쁘고 아담하였는데, 직접 방을 확인해 보니 너무나도 지저분하고 마음에 차지 않아서 1번 국도를 따라 시가지를 계속해서 걸었다. 1킬로미터 가량을 걸어가는데도 다른 숙소가 나타나지 않는다. 당황스러웠다.

'다시 발걸음을 되돌려야 하다니….'

세옴(Xe om, 오토바이 택시) 기사에게 물어보기로 했다. 이곳에 숙소가 없는지 물었더니 좋은 숙소로 데려다주겠다고 열성을 보인다. 낯선 곳에서의 지나친 호의와 친절은 조심스럽기도 하지만, 이번에는 거절할 이유가 없다.

1번 국도에서 꺾여 주택가 뒤로 돌아 들어가자 정말 깨끗한 숙소가 나타난다. 주변의 분위기도 조용하고 한적한 느낌이 들어서 마음에 든다. 어제 밤에 겪었던 악몽이 순식간에 사라져 버리는 것 같다.

'일단 이곳에서 몸을 잘 추슬러야 하겠다.'

무릎과 발목이 너무나도 아프다. 특히 무릎이 심하게 아파서 한 걸음 한 걸음 옮길 때마다 엄청난 통증이 전해져 온다.

'그래, 하루 밤 쉬고 나면 나아지겠지….'

'그냥 감사하며 쉬기로 하자.'

숙소 바로 앞에 있는 식당에서 저녁식사를 하고 숙소로 돌아와 편안한 마음으로 책을 읽으며, 이제까지 걸어온 나의 길들과 앞으로 걸어가야 할 나의 길에 대해서 생각해 본다. 수많은 길들은 다 하나로 만나게 될 것이다. 사람들은 저마다 길에서 사람들을 만나고, 사건을 만나고, 그 만남 안에서 자신의 이야기들을 써나간다. 그리고 그 길에서 뜻밖의 아픔을 겪기도 하고 때로는 헤어지기도 한다.

지금 내 몸은 많이 아프지만, 내게 아직도 그 길을 걸어갈 수 있는 생명이 있음에 감사하며 내 앞에 놓인 길을 묵묵히 걸어가야 하겠다. 아픔과 고통에 붙들린 몸은 불편하다. 그러나 진정으로 성장하기 원하는 사람에게는 불편함은 적이 아니라 친구일 수도 있다. 나는 성장하고 싶다.

양쪽 무릎의 통증이 생각보다 심해서 잠을 자다가도 두어 차례 잠에서 깨어났다. 이러다가 중도에서 포기해야 하는 것이 아닌가, 하는 생각에 이르자 한순간에 힘이 빠져나가 버리는 것만 같았다. 정신을 가다듬고 아픈 부위들을 정성을 다해 주무르며 신체의 놀라운 치유력을 믿어 보기로 했다.

아침에 잠에서 깨어나 보니 통증이 많이 완화되었지만, 서둘러 걸어서는 안 되겠다고 생각하며 좀 더 쉬기로 했다. 침대에 누워 편하게 쉬다가 10시가 조금 지나 배낭을 챙겨 숙소를 나섰다.

오늘은 머물러야 할 목표 지점을 정하지 않기로 했다. 몸의 상태를 보아가면서 1킬로미터씩 걸어 나아가기로 했다. 1킬로미터를 걸어간 후에 다시 1킬로미터를 더 늘려가는 식으로 걸으려고 마음을 먹었다. 평상시에는 아주 짧은 거리인데 오늘은 한 걸음을 옮기는 것조차 쉽지 않다.

마음대로 걸을 수 있을 때 미처 감사하지 못했던 내 삶이 부끄럽다는 생각이 들고, 신체의 작고 미세한 부분의 움직임까지 다 기적이 아닌 것이 없는데, 건강하고 편안할 때에는 모든 것들을 너무나도 당연하게 여기며 살아가는 것이 부족한 인간의 모습인가 보다.

1킬로미터 지점에 다다를 때마다 마음속으로 감사를 읊조리고 다시 앞을 향해 걸어 나가다 보니 어느덧 열 번이 넘게 감사의 노래를 부른 것 같다. 중간에 비를 피하기 위해 카페에 앉아 책을 읽었고, 비가 멎으면 다시 일어나 천천히 걸었다. 통증을 안고 한 걸음씩 옮길 때마다 그만 포기해 버릴까, 하는 생각이 불처럼 일어나기도 했지만, 인생은 때로 고통 자체가 의미일 수도 있다고 생각하며 자꾸만 약해지려고 하는 내 의지와 맞서 싸워야만 했다.

한 발자국씩 옮겨 놓은 걸음들이 모여 10킬로미터를 훌쩍 넘어서게 했으니 행동하는 자만이 그만큼 앞서나갈 수 있다는 평범한 진리를 깨닫게 된다. 걷는 것 자체가 고통일 때에는 인사를 하며 지나가는 사람들의 호의마저도 귀찮게 여겨지기도 했지만, 그래도 밝은 모습으로 응대해 주려고 이를 악물어야 했다.

'그래, 잘 해냈구나!'

가장 짧은 거리를 걸은 하루였지만, 내 자신이 한없이 자랑스러웠다.

오늘 일정의 최대 장애물은 바람이다. 출발할 때부터 심상치 않게 불던 바람이 시간이 흐를수록 더욱 거세게 몰아쳐온다. 정면으로 달려드는 바람결을 맞서며 걸어야 하는 부담이 적지 않은데, 바람 속에는 눈에 보이지 않는 미세한 모래 알갱이들이 숨어 있어서 잠시 입이라도 한 번 벌렸다 하면 금세 입안에서는 사각거리는 느낌이 든다. 입을 꼭 다문 채 손수건으로 코를 막고서 걸어야 한다.

오늘은 어제와는 사뭇 다르게 몸 상태가 양호한 느낌이다. 그래서

5킬로미터를 기준으로 삼아 걸어 나가기로 했다. 몸의 상태는 시간의 흐름에 따라 예기치 못한 상황으로 악화되기도 하고, 경우에 따라서는 호전되기도 하기 때문에 5킬로미터씩 걸으면서 그때그때 상황에 맞게 대처해 나가기로 한 것이다.

도로 양 옆으로는 가시가 성긴 선인장들이 군락을 이룬 채 자생하고, 어디랄 것도 없이 도로변에는 온갖 쓰레기 더미가 쌓여 있다. 심지어는 집안에서 사용하고 버리는 생활 쓰레기까지도 도로변에 내다 버리는 사람들이 적지 않은지, 도무지 이해가 되지 않는다. 거세게 불어대는 바람에 따라 비닐을 비롯하여 온갖 종류의 쓰레기들이 날아다니고, 가끔씩 내 얼굴에 달라붙기도 한다.

사막과 같은 들판. 넓고 광활한 것은 아니지만, 모래로 뒤덮인 다소 척박한 느낌이 드는 땅이라서 드문드문 키 작은 나무들이 앙상하게 서 있다. 누가 갑자기 이 지역에 이렇듯 강하고 드센 바람을 풀어놓아 버린 것일까?

그 기세등등한 도전에 맞서 싸우며 걸어가노라니 더욱 힘이 들고, 바람의 저항을 최대한 줄이기 위해 고개를 푹 숙인 채 걸어갈 수밖에 없다. 바람 속에 홀로 서서 걸으며 바람의 포위망 속에 완전히 갇히고 만 것이다. 그러나 앞을 향하여 걸어가야 한다는 불굴의 의지를 안고 거센 모래 바람을 한 걸음씩 헤쳐 나갈 수밖에 없다.

20킬로미터를 지났을 때에는 도로의 왼편으로 조금 떨어진 곳에 기다랗게 산맥이 형성되어 있어서 세찬 바람을 조금은 막아 주리라는 기대를 가졌던 게 사실이다. 산들이 그리 높지는 않았지만, 그래도 바람을 어느 정도 막아줄 수 있는 높이는 되어 보였다. 황토색이 감도는 바위들이 군데군데 서 있는 볼품이 별로 없는 돌산이었고, 나무들은 듬성듬성 자라고 있어서 황량한 느낌이 드는 산들이었다. 척박한 땅의 모습을 그대로 담고 있는 것 같았다. 그러나 그 산들이 거센 바람을 어느 정도 막아준다면 더 없이 좋은 일일 것이다.

그러나 나의 작은 기대와는 달리 길게 이어져 있는 산들이 전혀 바람의 기세를 꺾어주지 못했다. 오히려 세차게 부는 바람에 힘을 실어주고 있는 것 같았다. 산을 타고 넘어온 바람은 더욱 탄력을 받은 것인지 힘찬 속도로 활강하는 스키 선수와 같이, 때로는 내리막길에서도 가속 페달을 밟고 달리는 자동차처럼 더욱 겁 없이 달려들었다. 모래 먼지를 일으키며 달려들어 얼굴에 와 부딪칠 때에는 작은 모래 알갱이들 때문에 얼마나 살갗이 따가운지….

가느다란 몸매로 우뚝 솟아 있는 나무들은 바람의 율동에 따라 온몸을 최대한 숙여 가지 끝이 거의 땅바닥에 닿을 정도로 방아를 찧어댔다. 자전거를 타고 가던 여학생 둘이 자전거에서 내려 힘겹게 자전거를 끌고 가느라 낑낑거리고, 오토바이들도 제대로 속도를 내지 못하고 기우뚱거린다.

나 역시 고개를 최대한 숙인 채 걸음을 내딛었지만, 제자리걸음인 경우도 없지 않았다. 무게 중심의 대부분을 앞에 둔 채 걷다가 잠시 바람이 잔잔해지면 나도 모르게 몸이 앞으로 쏠려나가 넘어질 뻔하기도 했다. 바람이 갑자기 방향을 틀어 옆에서 불어 닥치면 내 몸이 자동차의 바퀴 속으로 밀려들어갈 것만 같아 도로의 가장자리를 벗어나 경사진 수풀 위를 걸어야 했다.

베트남의 무서운 바람을 경험하면서 나를 둘러싸고 있는 상황들이 얼마든지 급변할 수 있다는 사실에 대해서 생각해 보았다. 바람은 끈질긴 기세로 나의 도보여행의 의지를 꺾으려고 하였지만, 그럴수록 나의 의지는 더욱 굳게 다져지고 있었고, 나의 두 다리도 이제는 어디든지 걸어 나갈 수 있을 정도로 준비되어 있었다.

25킬로미터를 넘어선 지점에서는 긍정적인 반전도 있었다. 오토바이를 타고 지나가던 서양 사람이 나를 향해 오른쪽 엄지손가락을 치켜 올려 보이며 나의 도보여행을 격려해 주었고, 나를 태워다 주겠다며 뜨거운 우정을 나타내 주기도 하였다. 나는 도보여행자인 것을 설명하면서 정중하게 그의 제의를 거절했다. 그 사람은 오토바이로 여행을 하고 있는 중이라고 했다. 서로의 여행을 축복해 주며 헤어졌지만, 그의 친절한 호의는 내게 적지 않은 힘이 되어 주었다.

30킬로미터를 넘어선 지점에서도 기분 좋은 일이 있었다. 이번에는 베트남 사람이었는데, 정말 멋지고 타보고 싶은 오토바이를 갖고 있는 40대 후반으로 보이는 사람이었다. 영어로 어느 나라 사람이냐고 묻더니 대뜸 내 곁으로 다가와 태워다 주겠다는 것이 아닌가! 그는 냐짱까지 가는 길이라고 했다. 나 역시 그곳까지 갈 예정이지만, 걸어서 갈 것이라고 했더니 깜짝 놀라는 모습이었다. 나의 눈길은 한동안 그의 오토바이에 쏠려 있었던 것 같다. 정말 타보고 싶은 멋진 오토바이였다.

그렇게 두 차례의 호의를 거절하고 혼자서 거센 바람을 맞서며 걸어가는 내 모습은 흡사 술에 취한 사람의 모습처럼 보였을 것이다. 비틀거리며 넘어지지 않으려고 애쓰는 모습이야말로 거대한 자연 앞에서 한없이 나약한 존재일 수밖에 없는 한 인간의 실존적 모습이었을 것이다.

세상에는 쉽고 빠르고 편리한 길들이 많이 있다. 많은 사람들이 즐겨 찾는 길, 애써 그 길을 버리고, 가장 어렵고 느리고 불편한 길을 선택한 나는 얼마나 어리석은 사람인가? 그러나 이렇듯 어렵고 힘든 원시적인 길들을 걸으며 내 속에서 솟아오르는 강한 숨결과 고동치는 심장의 소리를 들을 수 있다면 그보다 귀하고 소중한 일도 없을 것이다. 일상의 삶 속에서 기적처럼 벌어지는 일들을 평범하고 당연하게 여기며 살아왔던 삶들을 반추하고, 잃어버린 감사의 언어를 도보여행에서 가장 실감나게 퍼 올리게 되는 것이다. 그러므로 가장 느린 길이 가장 빠른 길이기도 하고, 가장 어려운 길이 깨달음에 이르는 가장 빠른 길일 수도 있지 않겠는가?

그러한 생각들을 하면서 힘겹게 걷다가 문득 고개를 들어보니 오른편으로 쪽빛 바다가 펼쳐져 있었다. 바람 소리 때문에 파도 소리를 들을 수는 없었지만, 넓고 푸른 바다를 바라보며 오늘 하루 겪은 모든 피로와 고통들을 바다 속에 던져버리리라. 그러면 바다는 나의 마음을 이해해 주고, 말없이 받아줄 것이라 믿으며 걸었다.

35킬로미터. 아름다운 숙소가 나타났다. 깨끗한 해변을 끼고 있는 아담한 리조트였다. 흠이라면 바람이 너무 심하게 불어 바닷물에 발을 담글 수 없다는 점일까…. 반갑게도 한국 사람이 운영하고 있는 숙소였다. 스쿠버에 상당한 조예가 있는 분이 운영하는 리조트로 특별히 스쿠버를 하려는 손님들이 많이 찾는다고 했다. 전혀 예상하지 못했던 장소에서 뜻밖에 한국음식을 먹고 나니 이내 피로가 사라지고 금방 기운이 나는 것 같다.

'우리 몸에는 우리 것이 좋은 것이여!'

무서운 바람을 맞서 싸우며 걸어온 시간들, 유리창 너머로 바라보는 바다는 바람이 세차게 불어도 아름다워 보였다. 그러나 내일은 바람이 멎었으면 좋겠다.

어제에 비해 다소 바람의 세기가 줄어들기는 했지만, 바람을 맞서 걸어야 하는 어려움은 거의 마찬가지다. 아침에 밝게 빛나는 햇볕을 맞으며 너무 기분이 좋았던 탓이었을까? 파도가 힘차게 넘실거리는 해변을 따라 2킬로미터를 걸은 후에야 내게 여권이 없다는 사실을 알게 되었다. 더 멀리 가기 전에 알게 되어서 불행 중 다행이긴 했지만, 다시 2킬로미터를 되돌아갔다가 다시 걸어와야 한다고 생각하니 갑자기 힘이 쑥 빠져나가는 것 같았다. 도로의 중간에 멈춰 서서 한동안 망설이다가 호주머니를 뒤적여보았더니 다행스럽게도 숙소의 명함이 있었다. 전화를 걸어 사장과 직접 통화를 했다. 미안하지만, 직원을 시켜 오토바이로 내 여권을 좀 보내 달라고 했더니 오히려 자신이 챙겨드리지 못해 죄송하다며 흔쾌히 보내주겠다고 했다. 너무나도 고마웠다.

도로 옆의 나무 그늘에 앉아 5분가량 쉬고 있는데, 여자 직원이 오토바이를 타고 다가와 여권을 전해준다. 고맙다는 인사를 전하며 여권을 받아 배낭 깊숙이 집어넣었다. 하마터면 큰 일 날 뻔했던 사건이었다. 베트남의 모든 숙소에서는 투숙객들에게 주민증(내국인)이나 여권(외국인)을 받아 보관하고 체크아웃을 할 때에 돌려주게 되어 있다. 그래서 여권을 잃어버릴 염려는 없지만, 깜빡하고 되돌려 받지 못하는 경우가 발생하기도 한다. 그렇게 되면 다시 되돌아가서 여권을 찾을 수밖에 없다. 간혹 차를 타고 먼 거리로 이동한 후에 그러한 사실을 알게 되면 적지 않은 어려움이 생길 수밖에 없다. 그러한 어려움에 부닥치지 않으려면 어디서든 정신을 바짝 차려야 하는 수밖에 없다.

시퍼렇게 꿈틀거리는 바다를 오른편에 두고 3킬로미터 정도 걸어가니 느억맘(Nuoc mam, 소금에 절인 생선 액젓) 생산지로 유명한 까나(Ca Na) 마을이 나타난다.

구수하고 비릿한 생선 액젓 냄새가 온 마을에 진동한다. 조그만 가게에 들러 물 한 병과 비상식량으로 초코파이를 사려고 하는데, 한 남자가 다가오더니 "안녕하세요?"하고 다소 어색하게 한국말로 인사한다. 깜짝 놀라 어떻게 한국말을 하느냐고 베트남말로 물었더니, 저 옆에 한국인 세 사람이 있다며 나를 그곳으로 안내한다. 50대 초반이나 될까, 하는 남자다.

60세 정도로 보이는 세 분의 한국 사람들이 나를 반갑게 맞는다. 타국에서 한국인을 만나면 타향에서 고향 사람을 만나는 것보다 더 반가운데, 그것도 이렇게 타국에서도 외진 곳에서 만났으니 더욱 놀랍고 반가운 것은 당연하다. 줄곧 베트남어를 사용하다가 고국의 언어를 주고받을 수 있다는 것 때문인지도 모르겠다.

그런데 흰색의 러닝셔츠를 입고 있던 한 분이 처음부터 쉬지 않고 자신의 이야기만 하느라 정신이 없다. 도무지 남의 말에는 귀를 기울여 줄 마음의 여유가 전혀 없는 모양이다. 나를 포함하여 네 사람이 옆에 있는 가게로 장소를 옮겨 커피를 마시는 동안에도 혼자서 얘기를 하는 바람에 별로 유쾌하지 않았다. 더 이상 참을 수 없었던지 한 사람은 소리 없이 자리를 떠버린다.

그래도 전혀 눈치를 채지 못하고, 그 사람은 이야기를 그칠 줄을 모른다. 도무지 끝이 나지 않을 것 같아서 갈 길 바쁜 내가 일어서는 편이 낫겠다 싶었다.

"죄송합니다만, 갈 길이 멀어서 저는 그만 일어서야겠습니다."

그렇게 해서 부담스러운 그 자리를 피했다. 헤어져 혼자 걸으면서도 남의 이야기는 듣지 않고 혼자서만 쉬지 않고 이야기를 하는 그 사람이 어딘지 모르게 측은하다는 생각이 들었다. 현대를 살아가는 많은 사람들 가운데 자신의 말에 취해 정작 자신의 말을 들어주어야 할 청중들을 잃어버리는 경우가 적지 않다. 마주앉아 있지만, 더 이상 말을 들어주지 않는 잃어버린 청중을 앞에 두고 자신의 과거를 들먹이는 것처럼 옹색한 것은 없는 것 같다. 그래서 말을 많이 하면 많이 할

수록 더욱 고독해지는 것이 아닐까?

말은 공허하다. 남이 경청해서 들어주지 않는 말처럼 공허한 것이 또 있을까? 공허하기 때문에 더 열심히 내뱉게 되는 말, 공허함을 채워주는 것처럼 보이는 거짓 행복인 무성한 말들을 제거하지 않으면 인간은 결코 참된 행복을 발견할 수 없을 것이다. 참된 평화는 어둠과도 같은 깊은 침묵 속에서 길어내는 것이리라.

푸르게 출렁이는 해변도 더 이상 보이지 않는다. 보이는 것이라고는 황량한 모래 들판뿐이다. 그리고 어제와는 달리 햇볕이 강하게 내리쬔다. 강한 바람 때문에 모자를 쓸 수도 없는 형편인데, 햇볕까지 따갑게 쏟아져 내려 힘든 여정이 될 수밖에 없다.

바람은 쉬지 않고 불어 모래 알갱이가 얼굴에 부딪쳐 와 따끔거린다. 도로의 오른편으로 이어지고 있는 산에는 나무라고는 하나도 보이지 않고, 여기저기 크고 작은 바위들이 앙상하게 자리를 잡고 누워 있어 황량한 느낌을 더해주는 것 같다. 바람은 자꾸만 나의 걸음을 붙들어 매려고 안달을 하는지 한 발, 한 발 앞으로 내디딜 때마다 더욱 힘이 든다.

20킬로미터를 넘어서자 바람의 기세는 줄어들지 않았지만, 황량한 모래 들판도 사라지고 초록의 벼들이 바람결에 따라 춤을 추는 논들이 나타난다. 바람은 여전히 기세등등하게 불어대지만, 모래 들판이 아니라서 얼굴을 때리는 모래 알갱이도 없고, 바람의 느낌도 약간은 시원해서 발걸음이 한결 가볍다.

프억전(Phuoc Dan)이라는 마을에서 걸음을 멈출 생각이었으나 마땅한 숙소가 없다. 사막의 바람을 가로질러 걸어온 터라 이미 힘이 거의 다 빠진 상태지만, 10킬로미터를 더 걸어 큰 도시인 판랑(Phan Rang)

까지 가기로 마음을 바꿨다. 30킬로미터를 넘어서자 오른쪽 발목이 심하게 아파오기 시작해서 걸음의 속도는 현저하게 줄어들었고, 휴식의 간격도 더욱 짧아졌다. 그래도 해가 넘어가기 전에 목적지에 도착하려고 했기 때문에 걸음을 재촉해야만 했다.

해는 서서히 서산을 향하여 기울기 시작하고, 걸음은 갈수록 무겁다. 이제 바람결은 다소 차갑게 느껴진다. 무거운 걸음을 옮겨나가고 있는데, 이번에는 교통경찰이 다가와 말을 건다.

"왜 오토바이도 없이 그렇게 걸으세요?"

힘없이 걷고 있는 나의 모습이 그에게는 이상해 보였을 것이다.

"네, 도보여행을 하고 있는 중이니까요."

"네? 어디서부터 어디까지요?"

적이 놀라는 표정이다.

"이번에는 판티엣에서 냐짱까진데요, 이제 얼마 남지 않았어요."

"고향이 어디세요?"

"고향이라구요? 한국 사람인데요. 지금은 가족과 함께 하노이에서 살고 있어요."

"아니, 베트남에서 얼마나 지냈기에 베트남어를 그렇게 잘 하세요?"

"7년 조금 넘었지만, 그렇게 잘 하지 못해요."

"아무튼 좋은 여행되세요."

서로 악수를 한 후에 헤어졌다. 그 교통경찰이 북쪽 지방의 말을 사용해서 알아듣기에 훨씬 더 쉬웠다. 아마도 고향이 북쪽 지방 사람인가 보다.

판랑에 가까워질수록 포도밭이 눈에 띄게 많아지고, 길 가의 가게들마다 탐스럽게 잘 익은 포도송이와 함께 포도주 병들을 좌판 가득 쌓아두고 있다. 과연 판랑은 베트남 포도의 주산지라는 것을 유감없이 보여주고 있는 듯하다.

길은 멀고 멀다. 알지 못한 길을 친구 하나 없이 걸어야 하기 때문에 길은 더욱 멀게 느껴진다. 해는 서산에 가까스로 걸려 마지막으로 엷은 빛을 뿜어내고 있는지 어둠은 대지를 감싸기 시작하고, 서쪽 하늘가에만 연한 빛이 남아 있다. 어둠에 완전히 붙잡히기 전에 목적지에 가려고 속도를 더욱 높이는지 자동차와 오토바이들의 속도가 더 빨라지는 것 같다. 나도 마지막 힘을 다하여 발걸음을 더욱 재촉했다.

결국 해가 완전히 넘어가기 직전에 판랑에 도착했다. 발과 발목이 몹시 아프지만 마음만은 가볍다.

새로 지은 깨끗한 숙소, 친절한 주인, 그리고 편안한 휴식. 하루를 충분하게 쉬기로 했기 때문에 시간적으로 많은 여유가 있어서 오토바이를 빌려 타고 근처에 있는 탑참(Thap Cham)을 둘러보았다. 시내에서 6킬로미터 정도 서쪽으로 가면 오른쪽 언덕 위에 우뚝 서서 오랜 세월을 지탱하고 있는 세 개의 탑(塔)이 나온다. 일찍이 이 지역이 참족의 생활 터전이었음을 분명하게 보여주는 증거가 아닐 수 없다.

이 유적은 판랑 시내가 내려다보이는 메마른 화강암 언덕 위에 자리를 잡고 있는데, 언덕에는 선인장이 숲을 이루고 있으며, 그 사이로 시멘트로 포장된 계단으로 길이 나 있다. 14세기경에 흙벽돌을 쌓아서 만든 탑(塔)으로 참족의 특징인 힌두교 사원으로 지어졌다. 가장 큰 성소 입구 상단에는 탑의 수호신인, 팔이 여섯 개인 시바신이 있고, 통로에는 노동력의 상징인 황소 상이 있다. 참족의 농민들은 이 황소 상에 빈랑 열매와 약초, 채소 등을 바쳤다고 한다.

언덕 아래의 넓은 뜰에는 정원이 아름답게 형성되어 있고, 그 중간에 박물관이 깨끗하게 지어져 있다. 전시하고 있는 물품들은 별로 없지만, 참족의 의례 등을 담은 사진들이 있어서 참족의 독특한 생활상을 엿볼 수 있었다.

숙소로 돌아와 책을 읽기도 하고, 주인아저씨 부부와 함께 많은 이야기를 나누기도 하였다.

충분히 쉬었기 때문에 몸이 한결 가벼울 것이라 생각했는데, 다리는 오히려 굳은 상태처럼 느껴졌다. 그래서 처음 10킬로미터 구간을 걸을 때까지는 다리와 발목이 많이 아팠다. 바람은 여전히 강도를 꺾지 않고 끊임없이 불어댄다. 게다가 강한 햇볕이 대지를 뜨겁게 데워주기 때문에 걷는 게 여간 곤혹스러운 게 아니다. 햇빛을 가리기 위해 모자를 꾹 눌러 써 보지만, 거세게 불어오는 바람 때문에 양손으로 모자의 챙을 붙들어 주어야만 한다. 이제 바람도 잔잔해질 만한데, 조금도 그 기세를 누그러뜨리지 않고 불어대니 이번 구간 여행의 대부분은 바람과의 싸움이라고 해도 과언이 아닐 것 같다.

그래도 이제는 더 이상 모래벌판이 나타나지 않아서 시원한 느낌으로 바람을 맞이할 수 있을지도 모르겠다. 며칠 동안 세찬 바람 속을 헤치며 걷다 보니 적응이 되었으리라 싶은데 여전히 새롭기만 하고 낯설기만 하다. 그래도 이렇게 두 발로 서서 대지의 숭고한 기운을 느끼며 걸을 수 있다는 것만으로도 얼마나 감사한 일인가!

힘들고 아프지만, 감사할 수 있는 마음, 이것은 어디서 오는 것일까? 파스칼(Blaise Pascal)은 "천사처럼 행동하는 사람은 동물이 된다."고 하였다. 나는 천사가 아니며, 천사처럼 행동하고 싶은 마음도 없다. 나의 소박한 감사의 발원지는 오직 하나님이라고 믿는다.

여러 작은 마을들을 스쳐 지나며 적지 않은 사람들과 간단하게 인사도 나누고, 휴식을 취할 때마다 양말을 벗고 발바닥을 힘주어 눌러 주며 피로를 풀어주는 일을 잊지 않았다. 4-5킬로미터를 기준으로 쉬어주지 않으면 발바닥이 화끈 달아오르고 열이 올라서 금방 물집이 생기고 만다. 쉬지 않고 걸으면 반복되는 마찰에 의해서 발바닥은 마치 불에 달구어진 쇳덩이 같아진다. 조금 더 걸으려는 욕심을 부리게 되면 물집은 그만큼 더 일찍 잡히고, 발바닥과 발목도 금방 심하게 아파지고 만다. 도보여행에서 중요한 것은 한 걸음 더 걸어보려는 욕심보다는 한 차례 더 휴식을 취하기 위해 엄살을 부리는 것이 지혜로운 방법이라는 것이다.

초반의 어려움을 잘 이겨내고, 내 몸은 그럭저럭 잘 적응해 나가면서 순조롭게 걸어 나갔다. 그런데, 15킬로미터 지점을 지나기 시작하자 도보여행의 장애물 삼종 세트가 다시 나타났다. 여전히 그치지 않고 불어대는 드센 바람과 강렬하게 내리쬐는 태양, 그리고 갑작스럽게 흩뿌리는 빗방울이 바로 그것이다. 어제까지의 삼종 세트 가운데 하나였던 모래벌판 대신에 종잡을 수 없이 뿌려대는 비가 오늘은 새로운 장애물로 등장한 것이다.

바람은 잠시도 멈추지 않고 달려드는데, 갑작스레 비가 떨어져 참으로 난감하기 이를 데가 없다. 옷이 거의 젖었다 싶으면 거짓말처럼 비는 그치고 햇볕이 강하게 내리쬔다. 이제 옷이 거의 말랐다 싶으면 짓궂은 장난처럼 다시 비바람이 몰아치며 얼굴을 향해 물총을 쏘아댄다. 이러한 일들이 쉬지 않고 반복되는가 하면, 어떤 경우에는 햇볕이 쨍쨍 내리쬐는데도 비바람이 불어 닥치기도 한다. 이 무슨 조화란 말인가?

그와 같은 일이 처음 시작되었을 때, 비를 피하기 위해 허겁지겁 달려 투언박(Thuan Bac) 현의 어느 관공서의 콘크리트 담벼락 곁에 쪼그리고 앉아 비가 그치기만을 기다리며 힘없이 하늘을 쳐다보며 긴 한숨을 내쉬어야 했다. 다시 걷다가 비를 만나면 비옷을 꺼내 입었다가 햇볕이 나면 다시 벗어야 했다.

거의 15킬로미터 정도의 구간 동안 반복되는 삼종 장애물 통과 경기의 근본 원인은 도로의 양편에 버티고 서 있는 높은 산에 있었다. 오른편에는 1,040미터짜리 거대한 산봉우리가 자신보다 작은 다른 많은 봉우리들을 거느리고 서서 위용을 뽐내고 있다. 그에 질세라 왼편에는 그보다 더 높은 1,451미터나 되는 거대한 산봉우리가 마찬가지로 많은 봉우리들을 호령하며 버티고 서서 기세를 높이고 있는 것이 아닌가! 그러다 보니 낮게 떠서 흘러가던 구름이 두 개의 높은 산봉우리에 걸려 지나가지 못한 채 그 사이에 끼어 있는 도로 위에 빗방울을 쏟아 붓는 것이었다. 그래서 날씨는 변덕스러울 수밖에 없었던 것이다.

거대한 두 개의 산봉우리 사이로 가늘게 뻗어있는 도로를 힘겹게 돌파했다. 쑤오이다(Suoi Da)와 미타잉(My Thanh) 등의 마을을 지날 때면 내 몸 하나 쉴 만한 숙소 하나라도 있어 주기를 간절히 바라기도 했지만, 모두 다 허사였다.

'결국 깜라잉(Cam Ranh)까지 가야 한다는 말인가!'

설상가상으로, 지도에 표기되어 있는 거리는 38킬로미터였는데, 실제 거리는 48킬로미터였다. 하루에 30킬로미터를 넘어서게 되면 무리했다는 징후들이 신체의 곳곳에 나타난다. 나의 신체적인 상황들로 볼 때에 하루에 30킬로미터 이내를 걷는 것이 적절한 거리인 셈이다. 그런데 48킬로미터라니…. 무거운 발길을 옮길 때마다 지나가는 버스라도 타고 싶은 생각이 불쑥 일어나곤 했다.

35킬로미터를 돌파하니 닝투언(Ninh Thuan) 성이 끝나고 카잉화(Khanh Hoa) 성이 시작된다. 두 개의 성(省)이 확연하게 구분되는 것은 바로 야자나무에 있는 것 같다는 생각이 들 정도로 카잉화 성에는 야자수가 즐비하게 서서 거센 바람을 받으며 하늘 가득 힘차게 날갯짓을 하고 있다. 여전히 발은 점점 더 무거워지고 그래서 휴식의 간격도 점점 짧아졌다. 해는 서산에 걸려 점점 빛을 잃어가고, 성급한 자동차들은 어느새 조명등을 밝히고 질주한다. 내 마음도 덩달아 급해지기 시작한다. 그러나 애써 급한 마음을 꾹 눌러 가라앉힌다.

'오늘은 어차피 어둔 밤길을 한두 시간 정도는 더 걸어가야 하리라.'

이제부터 정말 신경을 써야 하는 부분은 안전이다. 넓지 않은 도로, 가로등 하나 없는 어둔 도로의 갓길을 걷는 것은 참으로 위험천만한 일이기 때문이다. 등 뒤의 배낭에 경광등을 달아 불을 밝히고 오른편으로 위치를 바꾼 후, 최대한 길 가 쪽으로 붙어서 걸어야 했다. 그렇게 한 걸음 한 걸음 옮기다 보니 마침내 깜라잉 시내에 도착하였다.

가로등이 환하게 거리를 밝혀주고, 수많은 오토바이들이 분주하게 오간다. 속히 숙소를 찾아 짐과 함께 내 몸도 부려놓고 싶은 마음뿐이다. 그러나 눈에 띄는 숙소 주변은 온통 시끄럽기만 해서 제대로 쉬지 못할 것만 같아 좀 조용한 숙소를 찾느라 적지 않은 시간을 길에서 더 보내야 했다. 밤은 깊어가고, 피로는 더욱 쌓여가고….

길가에 있는 제법 큰 규모의 안경점에 들어가 도움을 받기로 했다. 택시를 불러 달라고 한 후에, 근처에 조용하고 괜찮은 숙소를 소개해 달라고 했더니 서른 살쯤 되어 보이는 여자 직원이 친절하게 전화를 걸어 택시를 불러준다. 택시를 기다리는 동안 길가에 쪼그리고 앉아 있는데, 스무 살쯤 되어 보이는 다른 여자 직원이 내 곁에 다가와 이것저것 물어본다.

나는 피곤해 아무런 말도 하고 싶지 않은데, 무엇이 그리 궁금한지 자꾸 묻고 또 묻는다. 그렇다고 순박한 여자 아이의 호기심을 무질러 버릴 수도 없어서 이런저런 이야기를 나누고 있으니 택시가 한 대 다가와 멈춘다.

'이제 해방이다.'

고맙다는 인사를 전한 후 무거운 몸을 택시에 담았다. 그리고 몇 분도 지나지 않아 조용한 숙소에 도착했다. 조용해서 을씨년스런 느낌이 들 정도였지만, 피곤한 몸을 부려놓기에는 충분한 것 같다.

홀로 맞이하는 침묵의 밤!

"가장 용감한 사람은 두려움을 느끼지 않는 사람이 아니라 커다란 두려움을 극복하고 공포와 위험 앞에서도 냉정을 잃지 않는 사람이다."

토마스 머튼(Thomas Merton)의 말을 한동안 되뇌어 보았다.

냐짱의 공항으로 이용하는 깜라잉 공항은 시내에서 15킬로미터 정도밖에 되지 않는다. 가벼운 마음으로 걸을 수 있는 거리다. 아침도 먹지 않은 채 걷기 시작하였다. 목표 지점이 손에 잡힐 듯이 가까워졌다는 생각 때문에 무엇보다도 마음이 급해지는 것 같다. 1번 국도를 따라 마을들이 이어져 있어서 마치 조금 한적한 도시의 거리를 걷는 것 같은 느낌이 든다.

그러다 보니 지루하기 짝이 없다. 중간에 쌀국수를 한 그릇 먹었다. 바람은 한풀 꺾인 상태지만, 완전히 멈춘 것은 아니다. 가늘고 작은 빗방울이 떨어지기도 하지만, 그냥 무시하고 걸을 만하다.

벌써부터 가슴에는 다 이루었다는 성취감이 밀려들기 시작한다. 다른 구간을 걸었을 때보다 어렵고 힘들었기 때문인지도 모른다. 낯선 도로 위에 뿌려졌을 나의 숨결들, 무수한 발자국들이 내 가슴에 또렷하게 와 박힌다. 그러나 그 작은 성취감에 도취되어서는 안 된다는 것을 잘 안다.

한 걸음, 또 한 걸음. 드디어 나의 두 발은 이번 구간의 목적지인 냐짱의 깜라잉 공항에 서 있다.

세 번째 발걸음

냐짱(Nha Trang)에서 꾸이년(Quy Nhon)까지

여행일시 : 2010년 3월 5일~3월 16일

냐짱(Nha Trang)에서 꾸년(Quy Nhon)까지

여행일시 : 2010년 3월 5일~3월 16일

"인간은 하나님을 섬기고
그분의 뜻을 행하기로 작정할 때
가장 숭고하고 완전한 자유를 구가하게 된다."
— 월터 취제크(Walter J. Ciszek) —

공항 대합실을 빠져나오자 택시 운전기사들이 와르르 몰려든다. 나는 택시를 타지 않고 그냥 걸어서 가겠다는 의사 표시를 분명히 했다. 그러자 모두 깜짝 놀라는 표정이다.

"냐짱까지는 40킬로미터가 넘는데, 어떻게 걸어가겠다는 거죠?"

그러나 나는 그렇게 할 것이고, 이번 여행 기간 내내 교통수단을 이용하지 않고 나의 두 발로만 걸을 것이라고 계속해서 강조했다. 그들은 비교적 가늘다고 할 수 있는 나의 두 다리를 보고 고개를 갸우뚱거렸지만, 나의 두 다리는 정말 튼튼하기 때문에 아무런 문제가 없다며 그들을 안심시켰다. 결국 그들은 나의 의지가 무엇인지 이해하기 시작하였고, 악수를 나누며 헤어질 때에는 진심으로 나의 여행을 축복해 주었다.

그런데 나의 마음이 잠시 흥분했었는지 그만 길을 잘못 들어서 반대편으로 5킬로미터나 더 가고 나서야 내가 가는 길이 잘못된 것이라는 사실을 알게 되었다. 그러나 달리 방법이 없지 않은가? 1시간 가량 되돌아가야 했기에 10킬로미터를 까먹은 후에 다시 시작하는 도보여행. 신고식을 치른 것이라고 생각하며 가볍게 발걸음을 옮겼다.

도로는 깨끗하게 닦여있고, 중간에는 화단이 만들어져 있어서 붉은색과 주황색 계통의 꽃들이 활짝 피어있다. 그런데 여행의 기분을 느끼기 시작하기도 전에 마실 물이 떨어져 버리고 말았다. 무더운 날씨에 예상보다 자주 물을 마시게 되었고, 물을 구할 만한 가게는 좀처럼 나타나지 않았기 때문에 엄청난 갈증을 느끼며 걸어 나갈 수밖에 없었다.

자전거를 타고 지나가는 두 어린이가 자꾸만 나를 향해 눈길을 보낸다. 관심이 있지만, 뭐라 말해야 할지 수줍은 모양이다. 내가 먼저 손을 흔들며 미소를 보내자 그들 역시 환하게 웃음을 지으며 손을 흔들어 준다. 참으로 천진한 모습이다. 어린이들은 웃을 때에 가장 아름답고 행복해 보인다. '어린이는 행복하기 때문에 웃는 것이 아니라, 웃기 때문에 행복해지는 것'이라는 말이 문득 생각났다.

도보여행을 시작하고 나서 처음 15,20킬로미터 구간이 가장 힘들게 느껴지고 발걸음이 가장 무겁게 느껴지는 것 같다. 12시 55분. 냐짱이 22킬로미터 남았다는 이정표가 나타났다. 도로 옆에 공사를 벌이고 있는 현장이 있어서 물을 구하기 위해 공사장의 인부들에게 식사를 제공하는 간이식당으로 들어갔다.

얼기설기 지어진 간이식당에는 안심하고 마실 만한 물이 없었다. 하는 수 없이 물 대신에 패트병에 들어있는 녹차 두 병을 샀다. 그러나 녹차 안에 첨가되어 있는 단맛 때문에 마셔도 갈증은 사라지지 않는다. 땀은 계속해서 흐르고, 한낮의 더위는 온몸을 무기력하게 만든다. 하지만 나는 서두르지 않으리라 마음을 먹었다. 시간은 서두르지 않고 욕심을 버리는 자의 편이다. 길을 걷는 것은 서두름을 포기하는 것이다. 일체의 모든 욕심과 함께 자신까지도 살며시 내려놓는 것이다. 그러면 시간은 서서히 내 편이 되기 시작하고, 종국에는 '내 것'이 되고 만다.

완만한 오르막길이 시작되기 직전, 작은 가게에서 드디어 마실 수 있는 물을 구할 수 있게 되었는데, 양심적인 할머니는 2,000동을 거슬러 주었다. 왼편으로 산을 낀 채 꾸준하게 이어진 오르막길을 30분 정도 올라가자 오른편에 드디어 쪽빛바다가 펼쳐진다. 오르막길을 오르는 동안 나를 스치듯이 지나가는 트럭들의 요란한 소리와 엄청난 매연을 피할 수가 없다. 그 모습도 위풍당당한 덤프트럭 한 대가 요란한 소음과 함께 무시무시한 매연을 내뿜으며 기어 올라간다. 이전에 한 번도 본 적이 없고, 앞으로도 다시는 보기 어려울 정도의 심한 매연. 후방 100미터 이내의 도로가 검은 매연 때문에 캄캄할 정도다. 나는 손수건으로 코와 입을 틀어막고 최소한의 호흡만 허락한 채 걷는다.

벌써부터 다리와 발가락이 아프기 시작한다. 긴 오르막이 끝나는 지점에 아름다운 경치를 감상할 수 있는 바위가 있어서 그곳에 앉아 휴식을 취했다. 배낭을 벗어 던지고 신발을 벗은 후, 양말까지 다 벗어던진 채 낭떠러지 바위 위에 걸터앉아 눈이 시릴 정도로 푸른 바다를 바라보았다. 바위에 부딪쳐 부서지는 하얀 바닷물이 푸른빛의 바다와 어우러져 시원한 느낌을 더해주는 것 같다. 정성을 다하여 양 다리와 양 발바닥을 주물러 주었다. 양 발의 새끼발가락에는 벌써부터 두툼하게 물집이 잡혀 있다.

다시 시작되는 오르막길의 경사도는 6%라고 도로의 오른편에 있는 작은 표지판이 알려주고 있다. 1킬로미터 정도 꾸준하게 이어지는 오르막길은 걷는 것도 어렵고 힘들지만, 소음과 함께 심한 매연을 뿜으며 지나가는 화물차 때문에 더욱 힘들다. 더욱이 기름을 싣고 가는 대형 유조차 한 대가 계속해서 길바닥에 기름을 흘리며 가고 있었기 때문에 그 기름 냄새로 인하여 숨을 들이마실 때마다 머리가 아팠다. 저토록 엄청난 양의 기름을 낭비하면서 가고 있는 저 차량의 주인은 누구일까? 운전기사는 내 알 바 아니라는 듯이 꽤 긴 구간을 그렇게 기름을 흘리며 가고 있다.

이렇게 계속되는 오르막이 끝난 지점에 행정구역상 냐짱시라는 것을 알리는 뚜렷한 표지판이 서 있었다. 그러나 내가 가야 할 시내는 상당히 먼 지점에 버티고 있다. 게다가 해안선을 따라 굽이굽이 돌아가야 하는 길인지라, 눈으로 보는 것보다 실제로는 훨씬 먼 거리에 있다는 사실을 잊어서는 안 된다. 그래서 아무리 걸어도 거리는 전혀 좁혀들지 않는 것 같고, 발바닥은 점점 더 아파온다.

도보여행. 걷는 것은 어쩌면 하나님께 나아가는 것과 유사한 것인지도 모른다. 하나님께 나아가는 데에는 특별한 기술도 필요하지 않고 지식도 필요하지 않는 것처럼, 걷는 데에도 기술이나 지식이 필요하지 않기 때문이다. 한 걸음씩 정직하게 걸어 나가기만 하면 된다. 의욕이 앞선다고 해서 한꺼번에 두세 걸음을 옮길 수도 없으며, 힘들다고 해서 누가 대신해줄 수도 없다. 남자나 여자, 젊은이나 늙은이 할 것 없이 자신의 호흡과 보폭에 따라 걸으면 된다. 누구의 시선을 의식할 필요도 없고, 오직 자신만을 다스리며 걷는 것이 도보여행의 원칙이며 특권이라고 할 수 있을 것이다. 도보여행은 결과에 집착하는 것보다는 과정에 집중하는 것이며, 사소하고 평범한 일들 속에서 의미와 가치를 발견하는 것이다.

내가 가고 있는 곳의 반대편에서 갑자기 경적 소리가 울렸다. 고개를 돌려 바라보았더니 덤프트럭 운전기사가 오른손 엄지를 치켜 올리며 환하게 웃는다. 나도 웃으며 손을 흔들어 주었다. 그 운전기사는 아마도 두어 시간 전에 나를 보았을 것이다. 내가 힘들게 오르막길을 오르고 있을 때에 스쳐 지나가다가 잠시 멈춰 서서 나를 태워주려고 했던 것 같았는데, 내가 손짓으로 거부의 의사를 보이자 그냥 지나갔던 바로 그 기사였던 것이다. 아마 그 당시에는 아무도 걸어가지 않는 한낮의 도로 위를 혼자서 걷고 있는 나를 보고 이상한 사람이라고 생각했을지도 모른다. 그러나 이제 다시 내 모습을 보게 되면서 도보여행자라는 사실을 깨닫게 된 모양이다. 그래서 반갑게 인사를 건넨 것이리라. 힘들고 지친 여행길에서 순수한 웃음과 우정 어린 손짓을 만나는 것은 즐겁고 흐뭇한 일이 아닐 수 없다.

발바닥이 너무 아파서 바닷가에서 잠시 쉬기로 하였다. 근처에는 집 한 채가 있고, 바다 위에는 대나무 광주리로 만든 둥그런 배 몇 척이 떠서 작은 물결에도 무게를 잡지 못하고 기우뚱거린다. 40대로 보이는 한 남자가 그 작은 배에 몸을 담고서 노를 저으며 지나간다. 배낭을 내려놓고 신발을 벗었다. 양말을 벗고 발바닥을 들여다보니 양쪽의 새끼발가락에 작지 않은 물집이 잡혀 있다. 물집을 터뜨려 진물을 짜낸 후에 바닷물에 발을 담그니 쓰리고 아프면서도 시원한 느낌이 든다. 고생의 흔적이 내 몸에 조금씩 나타나기 시작한 것이다.

바다는 비교적 잔잔한 편이었고, 멀리에서 냐짱 시가지가 손짓하는 것을 물끄러미 바라다보았다. 여전히 먼 거리다. 물은 한낮의 더위에 데워질 대로 데워져서 그런지 전혀 차갑게 느껴지지 않고, 오히려 미지근하다. 물이 너무나도 맑고 깨끗하여서 물속에 있는 돌과 자갈들이 더욱 투명하게 그 모습을 드러내고 있다.

도로변에는 공사를 하고 있는 곳이 많다. 경치가 아름답다고 여겨지는 장소마다 어김없이 고급 호텔이나 리조트를 짓는 중이었는데, 그중에서도 '다이아몬드 배이'라는 이름의 리조트와 골프장의 규모는 상당히 커 보였다. 이미 완공된 곳도 있고, 여전히 공사가 진행 중인 곳도 있었다. 그 호텔 앞 도로에는 벌써 2년 전에 끝난 '미스 유니버스 선발대회'를 알리는 현수막이 아직도 걸려 있다.

시내에 가까워지자 도로는 명확하게 구분된다. 자동차들과 오토바이가 뒤섞여 달리지 않도록 하얀 경계석으로 구분해 놓고 있어서 훨씬 안전할 것 같다는 생각이 들었다. 그러나 보행자를 위해 준비해 놓은 공간은 찾아볼 수가 없다. 보행자들은 적당히 알아서 오토바이가 달리는 갓길을 조심스럽게 걸어가야만 한다.

길가의 조그만 가게에 앉아 물을 마시고 다시 일어서려니 발이 너무나도 아프다. 한 발 한 발 움직이는 게 여간 힘이 든 게 아니다. 고개를 갸우뚱거려 보지만, 사정은 나아지지 않는다. 잠시 쉬었다가 일어나 다시 걸음을 옮기기 시작할 때면 계속해서 걸을 때보다 더 많은 통증을 느껴야 한다. 그래서 그때마다 이제는 목적지에 도달할 때까지 쉬지 않으리라 다짐하곤 하지만, 그 다짐은 번번이 무너지고 만다.

오후 5시가 넘어서자 해는 산꼭대기에 간신히 걸려서 아쉬운 이별을 준비하고 있다. 세상의 모든 사물들에게 모습을 부여해 주었던 빛이 어둠에게 자리를 내주려 하고 있다. 자연은 그런 것인데, 왜 인간은 가질수록 더 가지려 하고, 나이가 들어도 여전히 더 취하려고만 하는 것일까? 권력에 대한 인간의 맹목적인 집착! 이러한 집착은 신앙이 좋다는 사람들에게도 예외 없이 나타나게 되는데, "사람이 권력을 갖는 것은 위험한 일이다. 영적인 권력은 로마 황제가 휘두르는 권력보다 더 위험하다."고 했던 폴 투르니에(Paul Tournier)의 말을 깊이 생각해 본다.

아직도 얼마나 더 걸어야 하는 것일까? 길을 잘못 들어 10킬로미터 정도를 더 걸어야 했던 맨 처음의 실수가 못내 아쉽기만 했다.

'처음부터 사람들에게 물어보았더라면….'

되돌릴 수 없는 상황이 분명함에도 불구하고, 나는 계속해서 불가능한 가정법 구문들을 되풀이하면서 무겁게 발걸음을 옮겨야만 했다. 도보여행을 하면서 치러야 할 신고식이라고 생각했지만, 아픈 두 다리는 나의 그릇된 판단에 대해서 심하게 불평하며 반란을 일으켰다. 더욱이 날이 어두워지기 시작하자 내 마음은 어딘지 모르게 급해지기 시작했다. 내 편이었고, '내 것'이었던 시간이 이제는 더 이상 '내 것'이 아닌 듯했다. 빨리 목적지에 도달해야 한다는 조급함과 욕심이, 아무런 기대나 목표도 없이 걸으며 누렸던 마음의 평화와 여유를 순식간에 앗아가 버린 것이다. 그런데, 그렇게 목표에 집착할수록 목표물은 보이지 않는다. 보이는 것 같다가도 이내 더욱 멀리 도망쳐 버리는 것만 같았다.

6시가 되자 어둠이 대지를 뒤덮기 시작하고, 거리에는 가로등이 새침하게 눈을 뜨고서 아직 익숙하지 않은 어둔 도로를 더듬거리고 있다. 어깨에 매달린 배낭의 무게는 시간이 흐를수록 더해지는지 감당하기조차 다소 버겁게 느껴진다. 비틀거리며 걸어가는데, 가끔씩 세옴(오토바이 택시) 기사들이 다가와서 어디 가느냐고 묻는다. 처음에는 냐짱 시내에 가는데, 걸어서 갈 것이라고 가볍게 대답해 주었지만, 나중에는 다가와 묻는 그들의 질문마저도 달갑지 않았다. 그들이야 직업적으로 다가와 묻는 것일 테지만, 시간이 흐를수록 힘없이 걷고 있는 나를 보고서 다가와 묻는 호의마저도 내게는 짜증스러웠다. 그냥 걷고 싶을 뿐이었다.

제법 크고 긴 다리가 나타났다. 이제 이 다리만 건너면 금방 시내 중심에 도착할 것이라 생각했다. 그러나 다리를 건넌 후 아무리 걸어도 평범한 거리만 계속 이어졌다. 길을 물었다. 아직도 멀다고 하였다. 걸어서 가기에는 불가능할 텐데, 하는 표정으로 나를 빤히 쳐다보더니 이내 발길을 돌려 가버리고 만다.

오기가 생겼다. 마음속으로 스스로 격려하며 걸었지만, 한 걸음을 내딛을 때마다 더욱 강하게 다가오는 발가락의 통증과 어깨의 통증을 떨쳐버릴 수는 없었다.

이제는 뭔가 먹어야 한다. 아침도 부실하게 해결했던 데다 점심을 먹을 만한 식당을 찾지 못해 계속 굶어왔던 터라 이제 배를 채우지 않는다면, 앞으로 얼마를 더 가야 할지 알지 못하는 목적지에 도달하기가 더욱 어려워질지도 모른다. 길가에 있는 허름한 식당에서 쇠고기 쌀국수 한 그릇을 시켜 국물 한 방울도 남기지 않고 맛있게 먹었다.

갈림길이 나타났다. 오른쪽으로 걸어가면 해변에 이르게 된다. 일단 해변 쪽으로 방향을 잡고 걸었다. 그러나 계속해서 걸어 나가도 좀처럼 해변은 나타나지 않는다. 거의 근처에 도달한 것 같은 느낌이 들었을 때, 그냥 아무 호텔이나 찾아 쉬어야겠다고만 생각했다. 3성급 호텔인데, 30만동을 달라고 했다. 조금 깎아서 25만동에 방을 잡은 후에 짐들을 풀어놓았다. 적어도 50킬로미터는 걸었으리라….

첫날부터 무서운 행군을 한 것이다. 온몸의 통증이 일제히 깨어 일어나 내 의식을 자극할수록 그에 상응하는 뿌듯함이 가슴을 한없이 부풀어 오르게 한다. 아프지만, 나의 모든 걸음과 내가 누린 모든 시간들, 그리고 내가 발바닥으로 밟았던 모든 공간들에 감사한다.

걸어야 한다는 일념만으로 잠에서 깨어났다. 발가락과 발바닥은 아팠지만, 전체적으로 몸이 그다지 피곤하다는 느낌은 들지 않았다. 호텔 근처의 가게에서 충분하게 물을 사서 배낭에 쑤셔 넣은 후에 호텔을 나섰다. 이전에 와 본 곳이기는 하지만, 냐짱의 푸른 바다를 보지 않고 갈 수는 없다. 늘 맑고 푸른 바다는 칭얼거리는 어린아이를 잠재우기 위해 다독거리는 할머니의 투박한 손처럼 찰랑거리며, 자기만이 아는 곡조로 노래를 부르거나 누군가는 알아주었으면 하는 마음을 애써 숨긴 채, 간절하고 내밀한 언어로 시를 읊조리고 있다.

서양 사람들이 삼삼오오 짝을 지어 해변을 거닐고 있다. 긴 나무의자에 드러누워 일광욕을 하는 사람들의 모습도 눈에 띈다. 신체의 대부분을 노출시킨 채 일광욕을 하는 서양 사람들의 모습을 차분히 지켜보노라면, 마치 경건하고 신실한 한국의 기독교인들의 열심을 닮았다는 생각이 든다.

북서부 유럽은 일조량이 많이 부족하기 때문에 동남아의 어느 해변을 가든 서양 사람들이 일광욕을 하는 것을 볼 수 있는데, 악착스럽기도 하고 때로는 경건한 종교의식을 행하는 것처럼 느껴지기도 한다.

해변을 따라 쭉 걷다가 보면 다리가 하나 나타나는데, 기존의 1번 국도가 지나가는 왼편의 다리와 평행을 이루고 있다. 500미터 정도 되는 길이의 다리인데, 왼편에는 어촌 마을이 형성되어 있고, 수백 척의 조그마한 고깃배들이 물 위에 떠서 출렁거린다. 다리의 중간 지점에서는 두 명의 남자가 낚시를 하고 있다. 무엇을 낚고 있는 것인지, 내가 보기에는 마냥 흘러가고 마는 시간을 낚고 있는 것처럼 보였다. 왼편 다리의 바로 곁 언덕 위에는 포나가르 탑(Thap Ba Ponagar)이 자리를 잡고 있다. 포나가르 탑은 현존하는 참파 유적 가운데 가장 오래된 것으로, 포나가르는 팔이 여럿 달린 신을 의미한다고 한다. 다리가 끝나는 정면 오른편에는 냐짱 대학이 다림질이 잘 된 교복을 말쑥하게 차려입은 여학생처럼 단정한 모습으로 서 있다.

다리를 건넌 후에 포나가르 탑 방면으로 걷기 시작했다. 60대 초반으로 보이는 남자 노인이 가정 쓰레기를 들고 나오더니 그 누구의 시선도 의식하지 않고 바다에 쏟아 붓는다. 아주 익숙한 행동인 것 같다. 이 마을에서 이러한 행동은 매일 반복되는 일인가 보다. 그들의 삶의 터전인 바다를 그들 스스로 죽이고 있는 것이다. 그리고 바로 그 곳에서 10미터 정도 떨어진 곳에서 세 명의 어린이들이 수영을 하고 있다. 물 위에 둥둥 떠다니는 쓰레기 더미는 전혀 개의치 않고 물속에 첨벙 뛰어드는 어린이들의 얼굴은 밝기만 하다. 오염된 바닷물을 날마다 접하면서도 그들은 건강하게 자라고 있는 것이다.

도로와 인도가 구분되어 있지 않은 길을 걸을 때에는 무척 신경이 쓰인다. 인도가 있더라도 그 자리는 오토바이나 가게에서 내어놓거나 진열해 놓은 갖가지 물건들로 인하여 빈틈이 없다. 조심스럽게 길의 가장자리를 걸을 수밖에 없는데, 오토바이들이 요란한 경적소리를 울리며 빠른 속도로 스쳐지나갈 때면 깜짝 놀라기도 하고 한껏 움츠러들기도 했다.

오후 1시 10분. 가게에 들어가 닝화(Ninh Hoa)로 가는 길을 물었다. 내 생각에는 비교적 도로의 상태가 좋은 왼쪽으로 꺾어져야 할 것 같은데, 비포장도로인 직선방향으로 가라고 한다. 현지인의 말을 따를 수밖에 없어서 비포장도로를 따라 걸어가는데, 트럭들이 희뿌연 먼지를 일으키며 달려온다. 얼마 지나지 않아서 비포장도로는 끝나고 포장도로가 나타났다.

'닝화(Ninh Hoa) 28km'를 알려주고 있는 표지판이 보이면서 길의 폭은 눈에 띄게 좁아진다. 중앙선도 없어지고, 사람들이 걸어 다닐 수 있는 길이라곤 따로 그 어디에도 없는 좁은 길이 시작되었다. 왼쪽으로 위치를 바꾼 후에 반대편에서 달려오는 화물차들을 피하기 위해 길의 가장자리로 최대한 붙어서 걸어야 했다. 더욱이 내가 걸어가고 있는 길의 바로 옆에서 자동차들이 교차해 지나갈 때에는 어김없이 걸음을 멈추고, 길가에 더욱 달라붙은 후 최대한 몸을 비틀어서 그들의 통행을 도와주어야 할 정도였다.

좁은 길에서도 차들은 속도를 늦추지 않는다. 게다가 길은 굽이굽이 산길을 돌고 돌아 올라가고 있어서 걸음을 옮기기가 힘들었다. 그런데 오히려 오르막길을 오르면서 적응하기 시작했는지 무릎의 통증은 조금씩 사라져 갔지만, 발바닥의 통증은 갈수록 더욱 심해져 갔다.

고갯마루에 올라서자마자 배낭을 내팽개치다시피 내려놓고 그늘진 길바닥에 퍼질러 앉았다. 물병에 소금을 조금 탄 후에 벌컥 벌컥 들이켰다. 그래도 고갯마루여서인지 시원한 바람이 불어와 더위를 식혀주고, 지친 몸을 만져준다. 자동차 한 대가 잠시 멈춰서더니 어디를 가는지 모르지만 태워주겠다는 표정으로 운전기사가 내게 눈길을 살짝 보낸다. 나는 그냥 가도 괜찮다는 손짓과 함께 환한 웃음으로 그의 호의에 답해주었다.

내리막길은 한결 걸음이 가벼웠다. 잠시 내려가노라니 1번 국도와 만나게 되었다. 그리고 닝화는 26킬로미터가 남았다. 꽤 많이 걸은 것 같은데, 이제껏 걸어온 길이 겨우 2킬로미터밖에 되지 않았다니 믿어지지가 않는다. 그러나 서두르지 않기로 했다. "한걸음씩 걸어가라. 앞으로 남은 여행이 얼마나 길고 힘들지를 생각하며 지레 두려워하지 말라."고 하였던 알리스터 맥그래스(Alister McGrath)의 말에 따르기로 했다. 힘들면 중간에 멈춰서 밤을 보내면 된다고 생각하며 무겁기도 하고 아프기도 한 발걸음을 끊임없이 내딛었다.

혼자서 조용히 생각에 잠긴 채 걷기에는 주변의 상황이 시끄럽고 무질서하다. 잠시도 쉬지 않고 빵빵거리며 달리는 자동차들의 소음과 도로 양 옆에 버려진 온갖 종류의 쓰레기 더미들은 눈과 귀를 더욱 피곤하게 했다.

지루하고 힘든 길을 걸어가고 있는데, 오른편에 바다가 보이기 시작했다. 코발트빛 바다! 내 마음은 불현듯 그 푸른 물결 속으로 뛰어들고 싶어졌다. 오른편으로 방향을 바꿔 해변을 따라 걸으면서 아름다운 바다 풍경들을 몇 장 카메라에 담았다.

'하노이(Ha Noi) 1269km'를 알리는 이정표를 지나자 왼편으로 묘지가 나타났다. 이름 모를 수많은 무덤들이 코발트빛 해변을 바라보며 하얀 옷을 입은 시멘트로 단장되어 있다. 나는 말없이 해변과 묘지를 번갈아 바라보면서 걸었다. 그리고 폴 발레리(P. Valery)의 시 〈해변의 묘지〉의 한 부분을 떠올려 보았다.

> 바람이 인다! … 살려고 애써야 한다!
> 세찬 마파람은 내 책을 펼치고 또한 닫으며,
> 물결은 분말로 부서져 바위로부터 굳세게 뛰쳐나온다.
> 날아가거라, 온통 눈부신 책장들이여!
> 부숴라, 파도여! 뛰노는 물살로 부숴버려라
> 돛배가 먹이를 쪼고 있는 이 조용한 지붕을!

죽음. 게리 토마스(Gary L. Thomas)는 "죽음은 질문을 하지 않는다. 죽음은 이력서를 보지 않는다. 죽음은 그저 찾아올 뿐"이라고 하였다. 죽음은 항상 우리를 따라다닌다. 그럼에도 불구하고 누구든지 죽음에 대해 말하고 싶어 하지 않는다. 오늘이 자신에게 주어진 인생의 마지막 날인 것처럼 여기며 하루하루 성실하게 살아가는 것이 죽음을 가장 잘 준비하는 것이 아닐까, 생각해 본다.

여행사무소 건물이 나타났다. 냐짱에서 일일투어로 널리 알려져 있는 원숭이 섬(Monkey Island)으로 가는 선박들이 손님들을 기다리고 있다. 나는 고픈 배를 움켜쥐고 먼저 레스토랑을 찾아 바다에서 가장 가까운 식탁에 자리를 잡았다. 금강산도 식후경이라 하지 않았던가? 일단은 고픈 배를 채워주어야 한다. 그래야만 지친 몸에 원기를 지속적으로 공급해 줄 수 있겠기 때문이다.

비프스테이크를 주문했다. 고기가 정말 질기다. 그러나 내 몸에 힘이 되어 줄 고기를 끈기와 인내를 가지고 오래 오래 씹어 삼켰다. 파도는 쉬지 않고 밀려와 부서지며 하얀 물거품을 일으킨다.

잠시 앉아 쉬다가 일어나 다시 걸을 때마다 새롭게 느껴지는 왼쪽 무릎의 통증과 양 발바닥의 통증은 견디기 어려웠다. 한 발 한 발 내딛을 때마다 온 신경이 집중된다. 처음 5분 정도가 걷는 데에 가장 어렵고 힘들다. 그러나 중간에 쉬어주어야 하는 휴식도 신체의 전체적인 균형유지와 피로회복을 위해서 꼭 필요한 것이다. 그러니 쉬지 않고 마냥 걸을 수만도 없는 일이다.

아프고 피곤한 몸이 쉬고 싶어서 쉴 만한 숙소를 찾아보지만 마을마다 조그만 식당만 있을 뿐, 나를 맞이해 줄 만한 숙소는 눈을 씻고도 찾아볼 수가 없다. 그러므로 걸어야만 했다. 하루 종일 나와 하나가 되어 동행한 짐들을 훌렁 벗어 던지고 드러누워 쉴 곳을 찾아 또다시 걸어야 한다.

땅거미가 지기 시작하여 뜨거운 햇살을 피할 수 있다는 게 그나마 다행이라면 다행이었다. 힘이 들 때면 먼 곳을 바라보았다. 잠시나마 당면한 눈앞의 고통을 잊을 수 있기 때문이다. 세상살이도 마찬가지여서 어렵고 힘든 상황에 처할 때면 의도적으로라도 먼 미래를 생각해 보는 게 현실의 고통을 피할 수 있게 해준다. 어둔 현실의 문제에 집착할수록 늪 속에 발을 들여놓는 것과 마찬가지로, 그 문제에 더욱 깊이 빠져들 수밖에 없기 때문이다. 미래를 생각하며 바라보는 것은 현재의 고통을 잠시나마 잊게 해주고, 눈앞에 닥친 어려움을 이겨낼 수 있는 힘을 제공하는 역할을 해 줄 때가 많다.

이제 산꼭대기에는 엷은 분홍빛 햇살이 아스라이 남아 하늘을 침착하게 물들이고 있다. 연한 파스텔 톤이거나 수채화로 그린 오래된 그림 같은 느낌이 드는 하늘이다. 머지않아 영영 사라지고 말 것 같은 아쉬움. 어릴 적에 동네 친구들과 어울려 신나게 놀다가 땅거미가 지기 시작하고, 서쪽 하늘에 어둠이 깃들기 시작하면 왜 그리 아쉽고 섭섭하기만 했었던지…, 다음 날 다시 모여 놀 수 있었는데도 해가 넘어가는 그 순간이 못내 아쉬웠던 이유를 알 수가 없었다. 사라지는 것은 아름다운 것일까? 그래서 아쉬웠던 것은 아닐까? 그렇게 지금 아쉬움 속에서 어둠에 잠식되어가는 서쪽 하늘을 바라보고 있는 것이다. 하기야 하루 종일 땀 흘리며 논밭에서 일을 할 때에는 해가 속히 넘어가기를 간절히 기다렸던 때도 있었으니 인간의 마음보다 더 변덕스럽고 간사한 것이 또 있을까 싶다.

다시 발걸음을 재촉하여 걸어가는데, 열 살쯤 되어 보이는 대여섯 명의 아이들이 "헬로!"하며 인사를 한다. 옷차림이야 남루하기 그지없지만, 얼굴 가득 피어오르는 미소만큼은 그 누구보다도 밝고 환하다. 그 무엇을 주고 저런 미소를 살 수 있겠는가? 그 어떠한 권력과 힘으로도 저런 미소를 만들어낼 수는 없으리라. 나도 최대한의 미소를 가득 담은 얼굴로 그들을 바라보면서 손을 흔들어 주었다.

닝화까지는 16킬로미터가 남아 있다. 오늘은 어제보다 걸음의 속도가 훨씬 느린 것 같다. 어둠이 내리면서 도로에는 차량들이 눈에 띄게 줄어들었지만, 그렇다고 안전이 보장되는 것은 아니다. 운전자들이 오히려 주의를 태만히 하고 과속을 하기 때문에 역설적이게도 차량이 많을 때보다 더욱 위험해진다. 경적 소리는 왜 그리도 자주 울려대고, 그 소리는 왜 그렇게 큰지 도무지 적응이 되지 않는다.

이미 어둠이 온 세상을 뒤덮어버렸다. 숙소는 아무리 찾아도 나타나지 않는데, 멀리 환한 불빛이 보인다. 번번이 허탕을 치게 되더라도 어둠 속에 보이는 불빛은 내가 걸어가야 할 유일한 희망의 이유가 되어준다. 정말 아무 집에라도 찾아가 나의 사정을 얘기하고 하루 저녁 재워달라고 애원하고 싶다. 그러나 그러한 생각마저도 마음속에서만 맴돌 뿐, 입 밖으로 내뱉지는 못했다.

불빛을 찾아 도로변에 있는 식당을 찾아 무거운 발걸음을 옮겼다. 먼저 자리를 잡아 짐을 내려놓았다. 밥을 먹고 싶은 생각은 없어서 시원한 음료수를 시킨 후에 근처에 쉴 만한 숙소가 있는지 물었더니 5,6킬로미터를 더 가면 있을 것이라고 한다. 아주 쉽게 말이다. 나는 아프고 지친 몸을 이끌고 걸어가야 하는데 말이다.

나는 도보로 여행하는 사람이기 때문에 지금 이곳 근처에 내가 쉴 만한 집이 있는지 다시 물었더니 종업원이 쉴 수 있는 집을 알아봐 주겠다고 해서 내 마음은 뛸 듯이 기뻐졌다. 하지만 그렇게 부풀어 올랐던 기쁨도 잠시, 불가능하다는 현실에 직면하고 나는 맥이 빠지고 말았다. 바닥모를 깊이의 절망감이 어둠보다 더 검게 밀려왔다.

그러나 일어서야 한다. 이제 오직 믿을 것은 나의 두 다리뿐이다. 온 천지에 어둠이 가득하여 내가 걸어가야 할 길마저도 잘 보이지 않는다. 완전한 어둠에 묻혀버린 칠흑의 밤길, 그리고 도로 위를 기어가는 한 마리 개미와도 같은 한 사나이. 그 낯선 거리를 걸어가야 하는 것이다. 요란한 굉음과 함께 밝은 빛을 비추며 스쳐 지나가는 화물차들이 나의 갈 길을 비쳐주어서 고맙다는 생각이 들기도 했다. 하지만 상향 불빛을 쏘아대며 반대편에서 달려오는 차량들의 불빛 때문에 눈이 부셔서 앞길을 볼 수가 없었다. 그럴 때마다 걸음의 속도를 최대한 늦추거나 그 차량이 지나갈 때까지 잠시 멈춰서야 했다. 밤이 깊어갈수록 차량들의 통행은 더욱 줄어들었다. 캄캄한 어둠 속을 걸을 때에는 무서운 생각이 들기도 하였지만, 그때마다 어김없이 트럭들이 나타나 요란한 소리와 함께 밝은 빛을 쏘아주며 무서운 생각에서 나를 해방시켜 주곤 했다.

이름 모를 풀벌레들의 소리가 때로는 애처롭고 서글프게, 때로는 명랑하고 감미롭게 들려온다. 혹은 짝을 찾기 위해 외로이 구애의 노래를 부르거나 천생배필을 만나 달콤한 사랑의 밀어를 나누고 있는 것일 테다. 그들의 소리마저 다양해서 간혹 길고 높은 음색으로, 어떤 때에는 낮고 짧은 톤으로 다가오기도 한다.

세상에는 생명들의 종류만큼이나 그들이 드러내는 색깔과 소리가 다르다는 생각이 든다. 그것들이 서로 어우러지고 조화를 이룰 때에 얼마나 멋진 하모니가 되는지…, 그러나 인간들이 살아가는 곳은 이상하게도 다양성 때문에 갈등과 불안이 끊이지 않는다. 사방에서 달려드는 어둠이 나를 향하여 강하게 조여들 때에는 블랙커피보다 검고 아이리시 커피보다 진한 두려움이 함께 찾아왔다.

이제 발은 아프지 않다. 아니, 아픔을 느끼지 않으리라 다짐을 한 것이다. 한 걸음씩 내딛을 때마다 내가 도달해야 할 목표 지점이 가까워진다는 소박하고 단순한 진리만을 믿으며 걸어갈 뿐이다.

어디쯤일까? 지금 내가 걸어가고 있는 길은. 그리고 오늘 밤 내가 머물러야 할 곳까지는 얼마나 더 가야 하는 것일까? 환하게 불을 밝히고 있는 주유소에 들러서 물어보니 3킬로미터 가량 남았다고 했다. 이제 아무리 천천히 걸어간다고 하더라도 1시간이면 충분히 도달할 수 있는 거리다. 다시 용기가 솟구쳐 올랐다. 시멘트로 만든 벤치에 앉아 짧은 휴식을 취한 후 다시 일어섰다.

그러나 길은 여전히 멀었다. 주유소 아저씨의 말대로라면 벌써 나는 닝화에 도착해 있어야 한다. 그러나 나는 여전히 도로 위를 걷고 있고, 아무리 걸어도 도시의 불빛은 보이지 않는다. 1시간을 넘게 걷다가 오랜만에 나타난 이정표를 보니 4킬로미터가 더 남아있는 것이 아닌가? 너무나도 허탈하고, 순간적으로 남아 있던 힘이 모조리 빠져 나가버린 것 같았다.

'내가 지쳐서 주유소에서 잘못 들었던 것일까?'

'아니야, 분명히 손가락 세 개를 보여주면서 3킬로미터라고 하지 않았던가?'

혼자 속으로 묻고 대답을 하면서 무거운 발걸음을 옮기는데, 화도 나고 짜증도 났다. 어디든지 쉴 만한 곳이 나타나면 쉬겠다는 일념으로 걸었다. 10분 정도 더 걷자 도시에 가까워지는지 가로등이 불을 밝히고 있는 도로가 나타났다. 그리고 얼마를 더 걸으니 작은 호텔이 사랑스럽게 모습을 드러냈다. 정말 사랑스럽게…. 오늘은 무조건 여기까지다. 40킬로미터는 족히 걸었으리라.

하루 밤을 보냈지만, 좀 더 충분한 휴식이 필요하다는 것을 느꼈다. 그래서 하루 정도 더 머물면서 피로를 풀어주고 몸을 추스른 후에 다시 걷기로 마음을 먹었다. 그래서 편안한 마음으로 걸으며 좀 나은 호텔을 찾았다.

어렵게 찾은 숙소는 마음에 들었다. 숙소가 도로에서 100미터 가량 떨어져 있어서 자동차들의 소음도 들리지 않았고, 근처에 식당이나 조그만 카페도 없어서 아주 조용했다. 창문을 통해서 완만한 모습으로 서 있는 산을 바라볼 수 있는 것도 또 다른 즐거움을 얻기에 충분하다. 밤에는 풀벌레 소리가 청아하게 들려와 더욱 편안한 시간을 보낼 수 있다.

흠이라면 호텔의 여주인이 방값을 더 받으려고 한다는 사실이었다. 호텔의 입구와 방 안에도 요금 규정이 분명히 써 붙어 있고, 베트남 사람들이 무서워하는 관공서의 붉은색 도장이 뚜렷하게 찍혀 있는데도 말이다. 규정을 어겼을 때에는 언제든지 전화하라는 내용과 함께 친절하게 기록되어 있는 전화번호를 보면서 전화를 걸어 신고를 할까, 망설이다가 오늘은 그냥 덮어주기로 했다. 마음 편하게 쉬는 것이 내게는 더 중요하기 때문이다. 공연히 문제를 일으켜 서로 기분이 상하게 되면 정서적으로 제대로 쉬는 것은 불가능해질 수밖에 없을 것이다.

베트남 사람들은 일반적으로 정직하지 않다는 생각이 든다. 경험에 의하면, 가난하기 때문만은 아닌 것 같은데, 낯선 사람은 무조건 속이려고 한다. 그래서 물건 하나를 살 때마다 정확하게 값을 물어야 하고, 바보처럼 당하지 않으려면 정신을 바짝 차려야 한다. 그렇게 주의를 해도 속는 경우가 허다하지만 말이다. 약간씩 속아주는 것도 이곳에서 행복하게 살아가는 하나의 방법일지도 모르니까….

이러한 일들을 경험할 때면, 그러한 사건들을 통해 나를 돌아보는 시간을 갖는다. 타산지석(他山之石)이랄까, 자신의 내부를 들여다보면 내게도 그들과 다르지 않는 욕심과 마음이 있는 것을 발견하게 된다. 그래서 더욱 하나님의 은총을 구하게 되고, 하나님께 가까이 나아갈 수 있는 길을 찾게 된다.

베트남은 지형적으로 남과 북이 길게 이어져 있어서 여러 가지 면에서 남과 북이 다르다. 언어도 그 가운데 하나인데, 하노이에서 7년가량 살고 있지만, 남부 지방의 말은 알아듣기가 여간 어려운 게 아니다. 말을 배우기 시작한 어린애가 발음을 정확하게 뱉어내지 못하고 입안에 가둬둔 채 옹알이를 하는 것만 같아서 주의를 기울이고 들어도 하노이에서처럼 정확하게 알아들을 수가 없다.

숙소에서 500미터 가량 떨어진 식당에서 점심과 저녁을 먹었다. 한 끼에 1불 정도 하는 껌디아(Com dia)라고 하는 서민 음식인데, 둥근 접시 위에 밥을 올려놓은 후에 그 위에 서너 가지 정도의 반찬을 덧얹는다. 그리고 국물 한 그릇과 함께 먹으면 된다.

어둠이 내리면서 가로등이 불을 밝히고, 도로 옆의 넓은 공터에는 붉은색 플라스틱으로 만든 간이 식탁과 의자가 놓이고 숯불에는 닭 날개가 익어가는 냄새가 구수하다. 엉덩이에 강하게 힘을 주기라도 하면 금방 깨져버릴 것만 같은 작은 플라스틱 의자에 앉아 방금 익힌 닭 날개 구이와 함께 시원한 음료수를 시켰다. 혼자 앉아 한적한 시간을 보내고 있노라니 모국어로 이야기를 나눌 친구가 몹시 생각났다. 오늘은 많이 걷지 않아서 그런지 마음에 한결 여유가 생긴 모양이다. 늘 그렇듯이 밤이 되면 그리운 사람들이 생각나곤 한다. 그리움은 내게 또 다른 삶의 의미이고, 행동의 자극제가 된다. 나는 이러한 그리움을 하나님의 은총으로 이해한다. 그리움의 대상이 있다는 것만으로도 나는 얼마나 행복한 존재인가!

충분한 휴식과 더불어 맞이한 하루는 상쾌하다. 아침 일찍 숙소를 나와 당당하게 도로 위에 두 발을 올려놓았다. 오늘은 그리 많은 거리를 걸을 생각은 아니지만, 내가 멈추려고 마음먹고 있는 곳에 숙소가 없다면 상황은 완전히 달라질 수도 있다. 이러한 불안감이 생각 속으로 살며시 파고들어온다. 그래서 조그마한 마을만 나타나도 의식적으로 숙소를 알리는 간판을 찾아보려고 애를 썼고, 그러한 강박증은 점점 더해갔다.

도로변은 어디나 할 것 없이 지저분하다. 도로의 양편에 마구 버려진 쓰레기들이 악취를 풍기고, 산더미처럼 쌓여있는 쓰레기 더미에 누가 불을 질렀는지 연기와 함께 독한 냄새가 풍겨난다.

한동안 길을 따라 걸어가고 있는데, 도로의 중간에 대형 버스 한 대가 서 있다. 사람들은 버스 주변에 태연하게 쪼그리고 앉아 있다. 마치 늘 당하는 일을 또 당했을 뿐이라는 모습 같다. 버스에 무슨 문제가 생긴 모양이다. 잠시 멈추어 서서 사진을 한 장 찍은 후, 가까이 다가가서 보니 뒷바퀴의 타이어가 갈기갈기 찢어진 상태였다. 저런 상태인데도 사고가 나지 않은 것이 다행이라고 해야 하겠다. 운전기사로 보이는 한 남자가 기구를 이용하여 바퀴를 교체하려고 애를 쓰고 있었다.

'그렇지. 나처럼 발로 걷는 게 가장 안전하고 좋은 거야!'

속으로 스스로를 격려하며 나만이 그 의미를 알 수 있는 미소를 지으며 앞을 향하여 발을 내딛었다.

잠시 발걸음을 멈추고 선 채로 시원한 사탕수수를 한 잔 사 마셨다. 그리고 그대로 다시 걸었다. 강렬하게 내리쬐는 태양에 더 이상 팔뚝을 익힐 수는 없어서 아침에 긴팔 셔츠를 입은 것은 정말 잘한 것 같다. 밤이 되면 더해가는 팔뚝의 열기는 더 이상의 노출을 하게 되면 화상의 위험이 있다는 신호로 충분했기 때문이다.

그런데 나는 오늘도 왜 걷는 것일까? 온 발바닥에서 전해오는 심한 통증을 느끼면서 나는 도대체 누구와, 혹은 무엇과 싸우고 있는 것일까? 나는 남아 있는 거리와 싸우고 있는 것이리라. 힘들수록 더디 지나가는 시간과 싸우거나 인간에게 무수한 선물들을 안겨다주는 지구의 거대한 중력과 싸우고 있는 것이리라. 아니다. 아닐 것이다. 그렇다면 나는 언제든지 싸움을 그만둘 수 있는 것이다. 그러나 아파하면서도 그만두지 못하는 이 싸움은 그런 종류의 싸움은 아닌 것이다. 아파하면서도 멈추지 못하고, 앞으로 나아가는 이 싸움은 사실 나 자신과의 싸움이라고 할 수밖에 없을 것이다. 어차피 한 인간이 살아가는 동안 피할 수 없는 싸움, 그것이 바로 자신과의 싸움이 아니겠는가? 나는 바로 그러한 싸움을 이 도로 위에서 진행하고 있는 것이다. 고지가 없는 싸움, 눈에 보이지 않는 영역의 싸움, 그것은 의지와의 싸움이라고 할 수 있는 것이리라. 자신을 벼리고 자신을 세우는 가장 위대한 싸움인지도 모른다.

이러한 생각들과 싸우며 걸어가는데, 갑자기 아랫배가 아파왔다. 무엇 때문일까? 이를 악물고 참아가며 걸어가는데 계속해서 뱃속이 부글거리며 생리적인 현상을 속히 해결해 달라는 긴급신호를 보내왔다. 잠시 멈춰 서서 주변을 휙 둘러보았다. 그리고는 좀 더 신중하게 은밀한 장소를 찾아보았다. 그리고 도로에서 조금 떨어진 수풀 속으로 걸음을 옮겼다. 은밀한 수풀 속, 내 키 정도 되어 보이는 나무 그늘 아래 쪼그리고 앉았다. 도로를 지나가는 자동차에서는 도저히 발견할 수 없게 은폐된 곳에서 나는 배설의 쾌감을 맛보았다. 그런데 내가 찾은 은밀한 장소에는 많은 사람들이 이미 다녀갔는지 뚜렷한 흔적들이 곳곳에 남아 있었다.

한낮에 걷는 것은 역시 힘들다. 도로 위를 질주하는 차량들의 수도 눈에 띌 정도로 줄어들었다. 베트남 사람들은 이 시간에 주로 점심을 먹은 후에 한두 시간 쉬거나 낮잠을 자기 때문이다. 나만 홀로 길을 걷다 보면 밤에 느끼는 것과는 또 다른 종류의 고독, 정오의 태양이 가져다주는 외로움 같은 것을 느끼게 된다.

널따란 주유소의 한 귀퉁이에 있는 그늘진 벤치에 앉았다. 신발을 풀고 충분하게 쉴 생각이다. 30대 중반으로 보이는 잘 생긴 남자 점원이 다가왔다.

"차는 어디 있어요?"

"걸어서 왔는데요."

전혀 뜻밖이라는 표정이다. 그래서 이해할 수 있도록 설명해 주어야 했다. 나는 도보여행자이고, 오늘은 반쟈(Van Gia)까지 걸어서 갈 거라고 설명해 주었지만, 여전히 이해하지 못하는 눈빛이다. 그는 내게 계속해서 묻는다. 어느 나라에서 왔는지, 무슨 일을 하는지 등등…. 나는 한국인이고, 지금은 하노이 사범대학에서 한국어를 가르치고 있노라고 대답해 주었다. 그러자 베트남어를 잘한다며 칭찬을 아끼지 않는다.

바로 그때, 엄청나게 많은 개를 실은 트럭이 기름을 넣기 위해 들어와 주유기 앞에 멈춰 섰다. 적어도 50마리는 족히 넘을 것 같았다. 우리의 시선은 거의 동시에 그쪽으로 향했다.

"한국 사람들도 개고기를 먹지요?"

대뜸 묻는다.

"그렇지요. 하지만 그렇게 많이 먹지는 않아요. 위생적으로도 깨끗하구요."

나는 살짝 웃으며 답해 주었다.

이야기는 계속되었다. 그 남자는 33살이고, 결혼을 했다고 했다. 나 역시 간단하게 가족을 소개한 후, 이번 여행의 고생과 유익에 대해서 길게 이야기를 해 주었다.

인상이 상당히 좋아 보이는 그 남자는 내게 호의를 보이기 시작하더니 일어나 냉장고에 다가가 시원한 물을 꺼내오더니 내게 내미는 것이 아닌가? 부드러운 눈빛과 함께 돌진해 오는 모처럼의 호의를 뿌리칠 수는 없었다. 아니, 어쩌면 내가 이러한 호의를 기대해 왔는지도 몰랐다. 나는 기쁜 마음으로 받아 그 앞에서 곧바로 병뚜껑을 열어 시원하게 몇 모금을 마셨다. 이어 다른 남자들이 모여들었고, 그들은 한국에 대해서 궁금한 것들을 쉬지 않고 물었다. 그리고 근처에 '현대 비나신'이라는 거대한 조선소가 있다는 얘기도 하면서 한국의 조선 산업의 우수성을 인정해 주었다. 기분이 좋아졌고, 은근히 어깨에 힘이 가는 것을 느낄 수 있었다.

나의 길을 계속 걸어 나가기 위해 일어서려 하자, 내게 친절을 보여주었던 남자는 진심으로 행운을 빌어주었고, 점심시간이 다 되었으니 가는 방향으로 200미터만 더 가면 식당이 있으니 그곳에서 점심을 먹고 가라고 일러주기도 하였다.

그렇게 헤어졌다. 그리고 아름다운 기억을 안고 걸었다. 계속해서 물을 마시며 걸었다. 오르막길에 접어들었지만 보폭이나 걸음의 속도는 줄어들지 않았다. 힘이 들 때마다 의도적으로 먼 곳을 바라보며 걸으려 했지만, 나도 모르게 고개는 숙여지고 나의 시야는 전방 2,3미터를 넘어서지 못했다. 고갯마루에 있는 조그만 가게에 들러서 하나님께서 열대지방에서 사는 사람들에게 주신 선물인 시원한 코코넛을 마시고, 책을 읽으며 차분하게 휴식을 취했다.

너무 차분했던 탓일까? 책을 읽다가 나도 모르게 그만 잠이 들었는지, 잠에서 깨어났을 때에는 목이 뻐근하고 아팠다. 불편한 의자에 앉아 1시간을 넘게 잠을 잔 것이다. 몸이 많이 회복된 느낌이 들었지만,

다시 걸으려니 발가락은 몹시 아팠다. 그래도 걸었다. 아픈 발가락에 최대한 체중을 실지 않으려고 의식적으로 발뒤꿈치에 힘을 주며 걸었다. 한동안 걷다 보니 이제는 다른 근육들이 통증을 호소해 왔다.

통증을 이겨가며 걸어가는데 마침내 마을이 나타났다. 생각보다 규모가 큰 마을이었다. 작은 규모의 숙소도 몇 채 보이고, 사람들의 움직임도 활발한 것 같다. 나는 최대한 도시의 끝까지 가서 그곳 근방에 있는 숙소에서 밤을 보내리라 생각하며 걸어 나갔다. 그런데 도시는 거의 끝나 가는 것 같은데 숙소가 나타나지 않아 갔던 길을 되돌아와야 했다. 그러나 쉽사리 숙소를 찾은 게 다행이었다.

방을 잡은 후, 빨래와 샤워를 먼저 하고 책을 읽다가 어둠이 내리기 시작할 즈음 밖으로 나갔다. 도로변에 무질서하게 늘어서 있는 플라스틱 의자에 앉아 돼지고기 국물로 우려내 만든 국수 한 그릇을 마파람에 게 눈 감추듯 먹었다. 너무나도 배가 고파서 이것저것 가릴 계제가 아니었다. 그냥 빈 뱃속을 채워주기만 하면 그것으로 충분했다. 숙소로 돌아오는 길에 바게트 빵 두 개를 샀다. 배가 고프면 밤중에 먹든지, 내일 아침에 먹으려고….

밤에는 책을 읽으며 내일의 노정에 대해서 생각해 보았다. 어둠이 내리면 외로움이 살며시 다가온다. 정신과 의사인 스캇 펙(Morgan Scott Peck)이 "성장하려고 할 때에는 항상 그리고 필연적으로 외로울 수밖에 없다."고 하였던가? 그 외로움을 애써 피하지 않고, 겸허한 마음으로 받아들여야 하겠다.

새벽 5시. 아직은 온 세상이 어둠에 갇혀 풀려나지 못한 상태여서 사람들 역시 깊은 잠에서 깨어나지 않았을 시각인데, 낡은 확성기를 통해 울려 퍼지는 요란한 음악이 온 동네를 흔들어 깨운다.

이어지는 공산당 선전방송. 시대가 거꾸로 가고 있는 것일까? 이방인인 내가 가타부타할 것은 못 되고, 어떻게 되었든 이 나라가 빈부격차도 줄어들고 가파르게 올라가는 물가도 안정되어 국민 모두가 행복하게 사는 아름다운 나라가 되기를 바라는 마음을 안고 일찍 길을 나섰다. 어둡던 하늘은 진한 커피에 우유 한 방울 떨어뜨린 것처럼 희뿌옇게 변해가더니 이내 붉은 기운이 수줍은 시골 아낙의 볼처럼 동쪽 하늘가에서부터 일기 시작했다.

최대한 빠른 속도로 걸어서 10킬로미터 정도 이동한 후에 첫 번째 휴식을 취했다. 시원한 사탕수수를 한 잔 마시며 급하게 걸어온 시간들을 잠시 되새겨 보았다.

두 살 가량의 사내아이가 밝고 환한 모습으로 이곳저곳 왔다 갔다 한다. 떠나기 직전에 배낭을 열어 어제 사두었던 빵을 하나 꺼내어 그 아이에게 주려고 하는데, 아이가 손을 내밀지 않고 뒤로 몇 발짝 물러선다. 낯선 사람한테서 무엇인가 받는다는 것을 두려워하는 것일까? 그 두려움은 누가 가르쳐 준 것이며, 어디서 배운 것일까? 자신을 타인으로부터 지키려는 자기 보존의 본능일까? C. S. 루이스(Lewis)가 "일단 삶을 맛본 사람은 자기 보존의 충동에 매이지 않을 수 없다."고 하였는데, 그 아이가 벌써 삶의 맛을 보았을 리는 없고, 자기 보존의 본능은 태어날 때부터 주어진 것이 아닐까, 하는 생각이 든다. 어쩌면 가족이 아닌 누군가로부터 아무 것도 받아본 적이 없어서 그러한 행동을 보이는 것인지도 모를 일이다. 그 아이의 엄마로 보이는 여자에게 전해준 후에 인사를 하고 다시 걷기 시작하였다.

곧게 뻗은 평탄한 길이다. 길의 한편에는 10미터 간격으로 좌판을 벌여놓고 참외를 팔고 있다. 아마도 이 지역의 특산물인가 보다. 나는 크고 잘 익어 맛이 있어 보이는 참외 하나를 골라 값을 치른 후에 한

입 한 입 베어 물면서 걸었다.

곧고 평탄한 길은 오히려 힘들고 지루하다. 길게 뻗은 길이 아무리 걸어도 늘 제자리에 있는 것만 같고, 거리는 전혀 줄어들지 않는 것만 같다. 인생도 마찬가지여서 적당한 굴곡과 경사가 있는 편이 오히려 안전하고 무미건조하지도 않을 것이다. 인생이 평탄하기만 할 때에 인간은 그릇된 생각을 하게 되는 경우가 많고, 평탄한 길을 걸을 때에 오히려 넘어지기 쉽다는 것을 역사를 통해서 배우게 된다. 혼자 걸으면서 이러한 길을 걷는 것이 나의 삶과 너무나도 유사하다는 생각을 하곤 한다.

도로변에서 가끔씩 미소를 보내는 사람들도 만나게 되고, 자전거를 타고 지나가는 어린 학생들이 인사를 하기도 한다. 낯선 사람들에게서 받는 따뜻한 인사와 그들이 보내주는 밝은 미소는 도보여행의 맛을 더해주고, 지친 심신에 새로운 활력을 불어넣어주기도 한다.

정오의 햇살은 머리 위에 내리 비쳐서 내 그림자를 찾기조차 어렵다. 내 몸은 내 그림자마저 작은 내 몸속에 최대한 감추어버린 채 앞을 향하여 나아갈 뿐이다. 발바닥의 통증 때문에 눈물이 나올 것만 같다. 바로 그 순간, 눈물 흘릴 만큼이나 아름다운 해변이 눈앞에 펼쳐졌다. 한 점 흠이라곤 찾아볼 수 없을 정도로 찬연한 터키옥색의 맑고 푸른 물결이 출렁거리며 나를 오라 손짓하고 있는 것 같다. 숨이 멎을 정도의 황홀함! 내가 아는 모든 사람에게 나눠주고 싶은 아름다운 이 장면을 혼자서만 지켜보아야 한다는 사실이 미안하고 부담스러울 정도였다.

불현듯 예리한 칼로 도려낸 것 같은 아픔이 내 마음을 살짝 스치고 지나갔다. 뜻밖의 아름다움에 접했을 때는 늘 그렇다. 나는 왜 아름다운 것들 속에서 늘 슬픈 이미지를 떠올리게 되는 것일까? 특히 자연과 같은 아름다움 앞에 설 때면, 뭐라 규정할 수는 없지만, 기쁨을 동반한 슬픔을 느끼게 된다.

좀 더 가까운 곳에서 바다를 바라보며 걷기 위해 해변 쪽 길로 자리를 옮겼다. 잠시 후에 나타난 마을은 다이라잉(Dai Lanh)이라는 아름다운 항구 마을이다. 감탄이 절로 나올 만큼이나 예쁘고 아름답고 정겨운 마을이다. 드넓은 백사장, 맑고 깨끗한 터키옥빛의 바다, 바다 위에 떠서 살며시 몸을 흔들며 고개를 끄덕거리는 작고 귀여운 수많은 어선들. 마을의 정경이 엽서에서나 볼 수 있는 아름다움으로 가득 차 있어서 금방 내 마음을 사로잡아버리고 만다.

'가장 힘들고 고통스러운 순간에 가장 예쁘고 아름다운 풍경을 만나게 되다니….'

고통과 아름다움은 서로 분리되어 있는 것이 아니라, 하나라는 이치를 깨닫게 하려는 하나님의 숨은 의도 같다는 생각이 들었다. 많은 사진을 찍었다. 그 잔잔한 빛깔과 정겨운 느낌까지는 카메라에 다 담을 수 없어서 나머지 것들은 내 마음의 폴더에 하나씩 저장해 두었다. 언제든 불러낼 수 있도록….

한 시간 동안의 보행은 전혀 힘들거나 지루하지 않았다. 발가락과 발바닥의 통증은 신경을 쓸 겨를조차 없었다. 아름다움에 취해 걸었을 뿐이다.

마을을 가로질러 해변에 가까이 가 보기 위해 백사장으로 걸어갔다. 몇 그루의 야자수가 나그네를 반겨주려는 듯 약간 몸을 수그린 채 서 있다. 야자수 사이를 지나 백사장을 가로질러 바다로 걸어 나가고 있는데, 뒤쪽에서 나를 부르는 소리가 들려왔다. 뒤를 돌아보니 조그만 나무배 아래에서 다섯 명의 남자들이 손짓하며 오라고 부르고 있었다. 배를 만들다가 더위 때문에 잠시 쉬며 커피를 마시고 있는 모양이었다. 다가가 그들 곁에 쪼그리고 앉으니 내게도 진한 커피 한 잔을 내민다. 유리잔에는 얼음도 몇 덩이 떠 있다. 고마운 마음에 받아 곧바로 한 모금을 마셨다. 너무나도 진하고 쓴 맛에 입안이 얼얼했다. 그래도 맛이 좋다고 엄지손가락을 들어 치켜 세워주었더니 모두 좋아하며 얼굴이 더욱 환해진다. 그들과 잠시 이야기를 나눈 후, 그들의 모습을 사진으로 담아두었다.

해변은 생각했던 것보다는 깨끗하지 않다. 바다에는 엄청나게 많은 고깃배들이 정박해 있는데, 이 마을에 있는 가옥의 수보다 더 많을 것 같다는 생각이 든다. 아니다. 어쩌면 이 마을 사람들의 수보다 더 많은지도 모른다는 생각으로 이내 바뀌었다. 그만큼 고기잡이가 성행하다는 증거일 것이다. 그래서 이 마을은 다른 마을과는 비교할 수 없을 정도로 부유한 것 같다는 느낌이 들었다.

마을을 가로지르는 도로의 가판대에서 수박 한 덩어리를 사서 먹으며 걸었다. 탈수증을 막기 위해서는 수분이 풍부한 과일을 자주, 그리고 많이 먹어주는 것이 효과적인 방법이기 때문이다. 길가 그늘에 앉아 세월을 초월한 듯, 네 명의 노인들이 한가롭게 카드놀이를 하고 있었다. 바로 그 노인들 옆으로 자동차들은 씽씽 달리며 먼지를 일으키고 있었지만, 전혀 신경을 쓰지 않았다. 완전한 평정의 상태라고나 할까…, 그랬다.

버스인지 짐차인지 구분할 수 없을 정도로 버스의 지붕 위에 드럼통을 비롯해 엄청난 양의 짐을 싣고 있는 버스가 보였다. 어떻게 버스 위에 저렇게 많은 짐을 실을 수 있을까? 도저히 이해할 수 없었고, 그 무모하고 경이롭기까지 한 모습에 그저 고개를 저을 수밖에 없었다.

잠시 후, 더 놀라운 일이 벌어졌다. 그 버스가 느리지 않은 속도로 달려가고 있는데, 버스의 지붕 위에서 두 명의 젊은 남자가 서로 밧줄을 던져주고 받으며 짐을 묶고 있는 중이었다. 저런 위험할 데가…, 저 사람들을 개리슨 유격대나 코만도 유격대에 보내야 하는 것 아닌가? 하는 생각이 들었다. 아니면, 한국의 해병대에 보내도 괜찮을 것 같다는 생각도 해보았다.

그들은 마치 자신들의 목숨이 두세 개는 되는 것 같은 행동을 하고 있었다. 굽은 길에서도 무리하게 앞지르기를 하며 달리는 차량들을 볼 때에도 똑같은 생각이 들었고, 무엇 때문에 그리 급하게 앞질러 가려고 하는지 이해할 수가 없었다.

'빨리 가려고 하는 자, 인생도 빨리 마치게 되리라.'

바다를 바라보며 걷는 것은 늘 좋지만, 두 시간 동안이나 계속 이어지는 굽이굽이 오르막길을 걸어 올라가는 일은 정말 힘이 든다. 중간에 주인도 없이 이동하는 소떼도 보았고, 오토바이로 여행하는 두 명의 서양인들도 만나 가볍게 인사를 나누기도 하였다. 그러나 전체적으로 몸이 너무 힘들었다. 땀도 많이 흘렸고, 물도 많이 마셨다.

오늘의 보행을 멈추고 쉬어가려고 했던 붕조(Vung Ro) 마을에는 아쉽게도 숙소가 없었다. 우려했던 일이 현실로 나타나고 만 것이다. 기나긴 오르막길이 끝났을 때 이미 32킬로미터를 주파한 상태여서 육체적으로 극심한 피로가 몰려왔다. 방법이 없을 때에는 앞을 향하여 나아갈 수밖에 없다.

내리막 길. 그러나 내리막길은 더욱 조심해야 한다. 오르막길을 걷는 것보다는 힘이 덜 들긴 하지만, 평소에는 잘 사용하지 않는 근육들을 사용해야 하기 때문에 속도에 욕심을 부려서는 안 된다. 무리하게 걷게 되면 무릎에도 충격이 가해져 무릎이 금방 아파질 수도 있다는 점을 간과해서는 안 된다. 천천히 걸어가는 것이다. 천천히….

'그러나 어디까지 가야 한단 말인가?'

몇몇 트럭 운전기사들이 경적을 울려 신호를 보내더니 지친 나를 향하여 힘을 내라는 듯 손을 흔들어 준다. 오토바이를 타고 지나가던 아가씨들도 "헬로!"하고 인사를 한다. 3킬로미터 정도 더 내려갔을 때 유원지가 하나 나타났다. 희망을 가지고 힘을 내어 그곳을 향해 걸어 나갔다. 입구에서 알아보니 잠을 잘 숙소는 없다고 하였다. 희망이 절망으로 급속히 뒤바뀌고 말았다. 이제 걷는 것은 희망도 의미도 없는 괴롭고 힘든 보행일 뿐이다. 오직 숙소를 찾아야만 하는 것이다. 그러나 달리 생각해 보면, 오늘의 힘든 보행의 시간과 거리는 내일 해야 할 보행의 시간과 거리를 확연하게 줄여주는 것이 아닌가! 그러니 힘을 내야 한다.

그러나 또다시 걷다 보면 힘이 들어서 멈추고 싶은 생각만 들었다. 길가에 있는 바위 뒤에 가서 몸을 숨긴 채 바위에 등을 기대고 앉아 쉬면서 '그냥 이곳에서 밤을 지낼까?' 이런 생각도 했다. 얼마 전까지만 해도 쪽빛 바다를 바라보며 한없이 기뻐하며 흥분을 누르지 못했던 팔팔한 사나이는 도대체 어디로 가버렸단 말인가? 그리고 이곳에는 무기력하기 짝이 없는 누더기 같은 인생, 누군가의 도움이 필요한 가련한 한 나그네가 있을 뿐이란 말인가?

일어나 다시 걷기 시작하는데 설상가상으로 갑자기 강한 맞바람이 불어오기 시작했다. 어둠은 고양이 걸음처럼 음흉하게 다가오고 간간이 빗방울까지 떨어지기 시작했다. 안 그래도 무거운 발걸음은 더욱 무겁기만 했고, 강한 바람 때문에 걸음을 내딛는 것이 몇 배나 더 힘이 들었다.

기대했던 하오선(Hao Son)에도 숙소는 없었다. 하오선은 좋은 산이라는 뜻을 가지고 있는 지명이어서 좋은 일이 있을지도 모른다는 실낱같은 희망을 안고 걸었다. 내게 좋은 일이란 다름 아닌 숙소를 찾는 일이었는데, 그 아름다운 지명만으로는 나의 희망을 충족시켜 주지 못했다. 그래서 화가 났다. 은근하게 희망을 숨겨놓은 듯한 이름, 그 희망에 기대게 하더니 다가가보면 그 희망이 물거품처럼 사라져버리거나 애당초 희망이 없었다는 사실을 알게 되었을 때의 허탈감은 야릇한 배신감까지 불러와 나를 더욱 화나게 하는 것이었다. 내 스스로 그 희망을 만들고, 내가 만든 그 헛된 희망에 걸려 넘어진 것이지만, 늘 자신보다는 외부의 상황에만 시선을 돌리며 불평하는 나의 모습은 이기적인 동시에 인간적이고 원시적인 것이었다.

깨어진 꿈을 안고 다시 걸었다. 이러다간 숙소를 찾기 위해 깊은 밤 시각까지 걸어야 할지도 모른다는 생각이 불쑥 고개를 쳐들기도 하였다. 두려움과 불안감이 몰려오기도 하였다. 걸음은 잘 옮겨지지 않았다. 뒤에서 불어주어도 시원치 않을 형편인데, 맞바람은 그 기세를 더욱 세워가며 불어댔다. 정말 죽을 맛이었다.

밤이 더욱 깊어가면서 어둠은 나를 가두고, 차량들마저 너무나도 뜸하게 지나가는 바람에 바로 눈앞의 길마저도 분간하기조차 어려웠다. 이러한 길 위에서 강도라도 만난다면 정말 속수무책일 거라는 생각이 들자 두려움이 싸늘하게 몰려왔고, 이내 온몸의 털이 꼿꼿이 일어서는 것 같았다. 무서웠다. 너무나도 무서웠다. 어둔 밤, 길 위에 홀로 서 있다는 사실이, 혼자서 서 있어야 한다는 현실이….

환하게 불을 밝혀주는 주유소의 벤치에 앉아 짐을 내려놓고 쉬려고 하자마자, 네 명의 아낙들이 와르르 달려든다. 음료수와 삶은 계란, 그리고 빵을 팔려는 사람들이다. 배가 고파서 계란 다섯 개와 음료수 하나를 샀다. 음료수를 마시며 계란 세 개를 먹었고, 나머지 두 개는 비닐봉지에 싸서 배낭에 넣었다. 그리고 내 배낭에 들어있던 빵 네 개를 꺼내어 네 명의 아낙들에게 하나씩 나눠주었다. 그리고 그들과 이야기를 나누다가 일어나 다시 걸음을 재촉하였다.

'왜 하필 이러한 때에 바람이 부는 것일까?'

힘을 주어 앞으로 몸을 굽히지 않으면 뒤로 벌렁 나자빠질 것 같은 강한 맞바람! 바람은 마치 나를 쓰러뜨리려고 작정이라도 한 것처럼 작은 빗방울까지 섞어가며 쉬지 않고 강하게 불어왔다. 숙소는 여전히 보이지 않고 정말 야속하기만 했다.

비틀거리며 거의 50킬로미터를 걸었을까…. 밖에서 보기에도 허름한 숙소 하나가 눈에 띄었다. 망설이지 않고 찾아 들어갔다. 입에서 술 냄새를 풀풀 풍기는 50대 초반의 남자에게 무조건 방 하나를 달라고 했다. 그 남자와 함께 2층에 올라가 내가 잘 방을 들여다보니 정말 기가 막혔다. 얼마나 많은 사람들이 다녀갔는지는 몰라도 더러운 먼지들이 눌러 붙은 것 같은 벽은 말할 것도 없고, 베개며 이불, 그리고 침대 모두 너무나도 더럽고 지저분해서 내 몸을 그곳에 올려놓기가 꺼림직스러웠다.

내가 절박한 상황에 처해 있긴 했어도 상상하기조차 더럽고 지저분한 이곳에서 하루 밤을 보내야 할 것을 생각하니 눈앞이 캄캄해지는 것 같았다. 화장실은 더욱 가관이었다. 겨우 한 사람이 들어가서 쪼그리고 앉으면 더 이상의 공간이라곤 찾아볼 수 없는 곳이었는데, 그곳에서 세면과 양치질을 해야 하고, 샤워까지 해야 하는 형편이었다. 그것도 그리 깨끗해 보이지 않는 플라스틱 물동이에 들어있는 물을 가지고 말이다.

위생적으로 위험할 것 같은 생각이 들어서 배낭에 꽂혀 있는 물병에 담긴 물로 이를 닦았다. 그리고 물동이에 들어있는 물을 퍼서 발만 겨우 씻고 그냥 잠을 자기로 했다. 긴 옷을 꺼내 입고 나의 몸이 그 방에 있는 침구들과 거의 닿지 않도록 조심하면서 침대 위에 드러누웠다. 그러나 이렇게 드러누워 있는 것만으로도 편안했다.

마음속으로 어렵고 힘들었던 하루의 긴 여정을 되새겨 보았다. 때로는 아파하고 때로는 감탄하면서, 그리고 눈물 흘리며 걸었던 긴 시간들이 주마등처럼 머릿속을 스쳐 지나갔다. 바람은 더욱 거세게 부는지, 너덜거리는 양철 지붕을 때리고 지나가는 바람소리가 너무나도 요란했다. 아무리 몸이 피곤해도 잠을 자기는 틀린 것 같았다.

밤새도록 불어대는 바람 때문에 심한 소음은 그치지 않았다. 몸은 잠을 간절히 원했지만, 주변의 상황들이 내게 너무나도 불리하게 작용해서 잠을 이룰 수가 없었다. 그래서 피곤한 몸을 일으켜 어둠침침한 불빛 아래에서 책을 읽다가 자정이 넘어서야 다시 드러누웠다. 내게는 정말 가혹한 밤이었다.

사람들은 자신을 둘러싸고 있는 상황이나 환경이 자신에게 불리하거나 어려워지게 되면 으레 하나님께 엎드려 기도를 하게 된다. 이러한 경우에는 대개 하나님의 나라와 의를 구하는 내용의 기도를 드리기보다는 자신에게 보다 나은 상황이 주어지기를 바라는 내용의 기도를 드리게 되는데, 이러한 기도는 신앙의 초기 단계에 있을 때에는 귀하고 아름다운 모습일 수 있겠지만, 그리스도의 장성한 분량의 충만한 데 이르기 위해 애쓰는 성숙한 그리스도인의 기도와는 다소 거리가 있다고 할 수 있지 않을까 싶다. 물론 하나님 앞에 무릎을 꿇는 자세를 견지하는 것만으로도 기도를 하지 않는 것보다는 낫겠지만, "하나님이 주시지 않는 것을 '우리 마음대로' 끌어내려 해서는 안 된다."는 월터 힐튼(Walter Hilton)의 말을 기도하는 자들이 되새겨 보면 좋을 것 같다.

바람은 여전히 멎지 않고 그 기세는 더욱 당당한 것 같다. 게다가 이슬비가 바람에 날려 얼굴 가득 돌진해 들어와서 가볍게 걸을 수가 없다. 도로 중간에는 아마도 새로운 시가지를 건설하려는지 양편으로 정부 기관의 관공서들이 위용을 갖춘 채 꼿꼿한 자세로 서 있고, 그 주변에는 아직도 갖가지 건축 공사들이 한창 진행되고 있다.

다시 이어지는 직선대로. 4킬로미터에 이르도록 길은 한눈을 파는 일이 없이 곧게 뻗어 있고, 길 양편으로는 넓은 수로가 건강한 흙 빛깔의 물을 가득 담은 채 바람결에 따라 심하게 출렁거리고 있다. 그리고 넓은 평원에는 벼들이 심어져 이삭이 패기 시작하고 있다.

앞에서 불어대는 폭풍 때문에 겸손하게 고개를 푹 숙인 채 걸어야만 한다. 강한 의지로 한 발 한 발 힘주어 내뻗어 보지만 그다지 진전을 보이지 못하는 두 신발의 끝만을 바라보면서 걷는다. 내가 가고 있는 길을 가늠해 보기 위해 간혹 고개를 들어보지만, 나는 늘 그 자리에서 버둥거리고 있는 것만 같다. 벼논의 중간 중간에 세워진 깃대에 묶여져 있는 비닐들이 바람에 펄럭거리며 마치 살풀이 춤이라도 추어대는 것 같다.

직선은 힘들다. 그 끝을 정확히 알 수 없기에, 내가 서 있는 자리를 분명하게 정의하기 어렵기 때문에….

사거리를 지나 옛길을 걸었다. 사거리의 왼편으로 새로 만들어진 도로가 하노이를 향해 시원스럽게 뻗어 있지만, 뚜이화(Tuy Hoa)로 가는 보다 빠른 길을 찾아 옛길을 택한 것이다. 강한 바람을 맞서 걷느라 지치기도 한데다 갑자기 커피 한 잔이 생각나서 길옆에 있는 '길카페'에 들렀다. 커피를 시켜 한 모금 들이마시자 베트남 커피의 진한 향기가 차가워진 내 몸으로 짜릿하게 전해져 오는 것 같다. 너무 독했다. 뜨거운 물을 더 부어 마셨지만, 입안이 여전히 얼얼하고 깊은 잠에 빠져 있던 정신이 갑자기 깨어나는 것 같았다. 베트남 사람들이 이렇게 진한 커피를 즐겨 마시는 이유를 잘 모르겠다.

오랜만에 마신 진한 커피 때문에 걷는 동안에도 한동안 뱃속이 쓰리고 아팠다. 그럴 때마다 물을 벌컥벌컥 들이켰다. 바람은 여전히 그치지 않고, 어제는 그렇게 찾아도 보이지 않던 숙소가 자주 눈에 띈다. 무슨 숨바꼭질이란 말인가? 머피의 법칙이 도보여행의 도처에서도 분명하게 적용되고 있는 것이다.

뚜이화로 보이는 도시의 모습이 서서히 드러나기 시작했다. 그리고 눈앞에 길고 거대한 다리가 나타났다. 철교와 나란히 서 있는 다장(Da Rang)이라는 다리로, 길이가 1킬로미터를 넘었다. 다리를 건너면서 유독 눈에 띄는 건물에 시선을 빼앗겼다. 이 도시에서 가장 높은 건물인 것 같다. 어떻게 하든 오늘은 이 도시에서 가장 좋은 호텔에서 아무도 모르게 도보여행의 호사를 누려보리라, 마음먹으면서 힘차게 걸음을 내디뎠다.

너무 기뻤다. 내가 마음에 두고 눈여겨보았던 바로 그 건물이 이 도시에서 가장 크고 좋은 호텔인 것 같았다. 나는 망설이지 않고 호텔 로비로 들어섰다. 남자 점원 두 사람이 문을 열어주며 예의를 갖추어 맞이했다. 어제의 밤이 지옥에서의 밤이었다면, 오늘 이곳에서의 밤은 천국의 밤이라고 할 수 있을까? 고맙게도 정상가격에서 60% 가량이나 할인해 주겠다고 하니 큰 부담은 되지 않을 것 같다. 객실은 아름답고 아늑하고 쾌적하다. 짐을 풀어 던져두고 먼저 욕조에 뜨거운 물을 받았다. 그리고 온 몸을 뜨거운 물에 담근 채 조용히 누워 아무런 생각도 하지 않았다. 몸이 한없이 늘어지는 것 같다. 어제 몸을 씻지도 않고 잠을 잤던 터라 온몸이 근질거리는 것 같았기 때문에 사명이라도 되는 양, 따뜻한 비누거품의 물로 몸을 두 차례나 씻었다.

그러나 천국은 아니었다. 아늑하고 안락한 공간도 금방 싫증이 났다. 특히 혼자라는 사실이 뭔가 허전함을 불러오는 것 같았다. 행복한 삶, 천국의 삶은 어디에 있느냐의 문제라기보다는 누구와 함께 있느냐의 실존의 문제요 관계의 문제이기 때문이다. 아름다운 장소, 순간의 쾌락은 인간에게 짧은 행복감을 선물로 줄 수 있지만, 길고 변함없는 기쁨은 아름다운 관계만이 안겨다 줄 수 있는 유일한 축복이기 때문이다. 그래서 아름다운 곳을 바라볼 때마다 사랑하는 아내와 가족들을 생각하게 되고, 함께 누릴 수 없는 안타까움에 아쉬움을 떨쳐버리지 못하곤 하는 것이다.

'순간의 쾌락을 찾아 헤매지 말라. 늘 함께 살아가는 가족들에게서 천국을 찾고 행복을 구하라!'

행복의 파랑새는 바로 내 뒤뜰에서 노래하고 있다. 그 파랑새를 찾아 먼 곳을 헤매는 어리석은 짓을 해서는 안 된다. 가장 가까이에 있는 가족, 늘 만나는 사람들이 바로 내게 주신 하나님의 선물이라는 사실을 늘 기억하며 그 사람들을 소중하게 여기며 살아가는 것이 행복한 삶이라고 할 수 있을 것이다. 내 자신을 되돌아보며 가족들의 얼굴을 하나씩 떠올려 보았다.

인구가 그리 많지 않은, 이러한 규모의 도시에는 그리 썩 어울릴 것 같지 않은 시설과 규모의 호텔이다. 17층에 있는 스카이라운지에서는 식사를 비롯하여 각종 음료를 마실 수 있는데, 시내의 경치를 조망할 수 있도록 360도 회전할 수 있게끔 되어 있어서 독특하고 인상적인 경험을 할 수 있었다.

그러나 단체로 모여와서 음료수를 마시는 사람들이 너무나도 큰소리로 떠들어대고, 쉴 새 없이 담배를 피워대는 바람에 그곳에 오래 앉아 있을 수는 없었다. 어딜 가나 베트남 사람들은 시끄럽게 얘기하고 주변에 있는 다른 사람들에 대해서는 전혀 개의치 않는다. 남에 대한 배려보다는 자신들의 기분을 끌어올리는 게 더 중요한 모양이다.

뱃속이 그다지 좋지 않아서 버섯으로 만든 죽 한 그릇과 당근 주스 한 잔을 시켜 마시고 곧바로 객실로 돌아왔다. 아쉽게도 음식의 맛은 그다지 좋지 않았다. 저녁 늦은 시각까지 근처의 가라오케에서 엄청난 볼륨으로 음악을 틀어놓았는지 문을 꼭 닫은 9층의 객실 안으로까지 우렁차게 들려온다. 그래서 책을 읽으면서도 국적을 도무지 알 수 없는, 요란한 음악이 멎기만을 기다렸다.

호텔에서 먹은 아침식사는 아주 훌륭했다. 종류도 많고 맛도 좋아서 이것저것 많이 먹었다. 충분하게 영양을 보충한 것 같다. 날씨는 흐린 편인데, 덥지도 않고 춥지도 않아서 걷는 데에는 아주 좋은 날씨라 할 수 있을 것 같았다.

한결 가벼워진 마음으로 걸음을 옮기기 시작하였다. 꿔년(Quy Nhon)이 100킬로미터 남았음을 알려주는 지표석이 나타나더니 곧이어 좌편으로는 널따란 연꽃 방죽이 수줍게 모습을 드러낸다. 그리 깨끗하지는 않지만 군데군데에 화사하게 연꽃이 피어있다. 8킬로미터를 주파한 후에 주유소 벤치에 앉아 첫 번째 휴식을 취했다. 발바닥에서 열이 나는 것 같아서 양말까지 벗어 재치고 시원한 바람을 쏘여 주었다. 그리고 발바닥을 정성껏 문질러 주었다.

평범한 시골 마을들이 다가왔다 뒤로 물러가고 들판에서 부지런히 일손을 놀리는 농부들의 모습도 간혹 볼 수 있다. 도로의 오른편에 우뚝 솟아오른 언덕 위에 제법 근사한 모습으로 리조트가 서 있다. 주변의 가난한 모습과는 전혀 어울리지 않지만, 그래서 더욱 특별해 보인다. 정원 한복판에 있는 분수대에서는 시원한 물줄기가 하늘을 향해 힘차게 솟구쳐 오르고 있다. 도로와 그 리조트 사이로는 도로와 평행을 이루며 철로가 드러누워 있다. 그 철로 위로 화물 열차가 요란한 기적을 울리며 느린 속도로 기어간다. 자동차들은 뭐가 그리 급한지 위험하기 짝이 없게 앞지르기를 하면서 쌩쌩 달린다. 그러나 아직까지 도로상에서 사고 장면을 목격하지는 못했다. 다행스런 일이다.

'나만이라도 천천히 걷자. 천천히 걸어야 오래 걸어갈 수 있고, 멀리 갈 수 있는 법이다.'

목재소 앞에 길게 드러누워 있는 통나무 위에 앉았다. 시계를 보니 시침과 분침이 가장 큰 아라비아 숫자 위에 포개어져 있다. 정오가 된 것이다. 한낮의 더위. 그늘진 곳이 아니지만, 상관할 바 아니다. 그냥 멈춰 선다는 것, 그냥 앉아서 지나온 발자국들에 대해서 생각해 보는 것만으로도 충분하다.

"믿음은 우리로 하여금 세상을 외면하게 하는 것이 아니라 오히려 직면하게 한다."는 폴 투르니에(Paul Tournier)의 말을 곰곰이 되새겨 본다. 성숙한 그리스도인의 경건성은 세상을 등지고 살아가는 데에 있는 것이 아니라, 세상 속으로 더욱 깊이 들어가는 데에 있는 것이 아닐까?

길을 걷다 보면 만나고 싶지 않은 상황들을 많이 만나게 된다. 이번에는 도로 양편에 버려져 쌓인 쓰레기 더미를 태우는지 도로에는 연기가 자욱하게 깔려 있고, 그 연기가 바람결을 따라 사방으로 옮겨 다닌다. 유독 물질을 함유한 채 공기와 섞여 부유(浮游)하는 연기, 그 길을 피해 갈 수는 없으니 뚫고 지나가야만 한다. 손수건으로 코와 입을 최대한 틀어막고 들숨을 자제해 가면서 빠른 속도로 걸었지만, 연기의 공격을 완벽하게 차단할 수는 없었다.

오늘의 목적지인 찌타잉(Chi Thanh)이 9킬로미터 남았다. 그리고 이어지는 오르막길, 경사도가 예사롭지 않다. 차량들도 힘이 드는지 검은 연기를 더욱 많이 내뿜으며 올라간다. 나는 힘이 들어 양손으로 무릎을 짚어가면서 한걸음씩 올라가야 했다. 오르막길이 끝나자 약간의 내리막길이 이어지고 오른편으로는 멀리 바다가 보인다. 그러나 바다의 느낌을 몸으로 받아들이기에는 그 거리가 너무나도 멀고, 발목이 아프고 무척 힘이 든다.

길옆에 있는 조그만 가게의 귀퉁이, 나무 그늘 아래에 앉아 예닐곱 살쯤 되어 보이는 남자 아이가 냉장고 안에서 꺼내다 준 시원한 음료수를 마시면서 휴식을 취하였다. 시원한 바람이 불어와 더위를 식혀주고 피로를 덜어주는, 작은 플라스틱 의자에 앉아 쉬면서 한 시간가량 폴 투르니에(Paul Tournier)의 『모험으로 사는 인생』이라는 책을 읽었다.

“사람은 인생을 살면서 성공을 거두는 면에서는 각각 다른 재능을 타고났지만, 인생을 성공적으로 사는 면에서는 모두가 평등하다.” “행동의 모험이 갖는 진정한 가치는 우리의 행위에 있지 않고 그 행동을 하나님과 함께 하는 것에 있고, 하나님의 창조적인 모험에 들어가며 하나님과 친근한 사귐에 들어가는 것에 있다.” 되풀이해서 읽을수록 마음속에 긴 울림으로 다가온다.

일어나 다시 길을 걷는다. 길가의 오막살이 집 앞에서 아버지가 아들에게 공부를 가르치는 모습이 정겹고, 넓은 들판에서는 초록빛의 벼들이 산들산들 부는 바람에 이리 비틀 저리 비틀 춤을 추며 무럭무럭 자라고 있다.

찌타잉이라는 마을에 접어들면서 숙소에 대한 생각으로 가득 찼다. 뚜이안(Tuy An)이라고도 불리는 이 마을에서는 다행스럽게도 몇 개의 숙소를 찾을 수 있었다. 주린 배를 채우기 위해 길가에 있는 식당에 들어가 자리를 잡고 앉으니 60대 초반으로 보이는 한 남자가 나를 향해 선풍기를 돌려서 틀어주고, 냉장고에서 꺼낸 얼음을 녹차 물에 넣어 가져다준다. 식당 안의 커다란 벽면에는 주인 부부로 보이는 사진이 영화관의 대형 포스터만큼이나 크게 자리하고 있다. 그리고 그 아래에는 자녀들에게 효도할 것을 강조하는 글귀가 적혀 있다. 국수를 한 그릇 시켜 허겁지겁 먹은 후에 식당을 나섰다. 그리고 도로의 반대편에 있는 새로 지은 것 같은 깨끗한 숙소에 여장을 풀었다.

샤워를 한 후 책을 읽고 있는데, 두 차례나 젊은 남자 직원이 찾아왔다. 공안(公安)에 신고하기 위해 서류를 작성하고 있는 모양인데, 보아하니 외국 사람을 처음 맞이하는 것 같았다. 그래서 내가 친절하게 서류를 작성하는 방법을 가르쳐주었다. 두 차례 다녀간 이후로는 별다른 일이 없었다.

새로 지은 건물이라서 방은 깨끗했고 넓은 편이었지만, 객실에 창문이 없어서 외부의 빛이 전혀 들어오지 않아서 전등불을 끄면 암흑 그 자체였다. 잠을 자기에는 안성맞춤이었다. 하루 종일 발뒤축에 힘을 주고 걸어서 그런지 밤에는 그동안 아프지 않던 허리가 아팠다. 그러나 참을 만했다.

마음도 몸도 가벼웠다. 오늘은 그리 많이 걷지 않을 생각이었고, 발바닥도 어제보다는 덜 아팠다. 얼마 걷지 않아서 500미터 정도 되는 다리가 나타났고, 다리 아래의 모래톱에서는 몇몇의 남자들이 이른 아침부터 배에 모래를 담아 올리고 있었다.

8킬로미터 정도 걸었을 때, 도로에서 조금 떨어진 오른 편에 뜻밖의 나무다리가 나타났다. 적어도 700미터는 족히 될 것 같은 어마어마한 규모의 나무다리가 강을 가로질러 서 있었다. 멀리서 바라보노라니 매우 아름답고 독특하고 인상적이었다. 가까이 다가가서 보기로 했다. 사진도 몇 장 찍으면서 다리에 올라서서 걸어가노라니 출렁거리는 게 놀이기구를 탄 느낌이었다. 폭은 1미터 50센티미터 정도 되는 것 같고, 오토바이들이 서로 부딪치지 않고 지나갈 수 있을 정도는 되는 것 같다. 갑자기 세월을 거슬러 올라가 먼 과거에 와 있는 것 같은 착각이 들 정도다.

나는 생각해 보았다. 이 다리 위에 하얗게 눈이 내리거나 안개가 뿌옇게 끼기라도 한다면 그 모습이 얼마나 환상적일까? 그러한 풍경 속에 내 몸을 맡긴다면, 잠시 아련한 꿈속에서 깨어나지 못할 것이고, 한동안은 가슴 저릴 만큼 아름다운 추억에서 헤어나지도 못할 것이다. 그러나 이곳은 성하(盛夏)의 나라, 그런 일은 내 자녀의 손자들이 회갑을 맞이할 때까지도 일어나지 않을 것이다.

10킬로미터를 지나고 나서 첫 번째 휴식을 취했다. 야자수와 바나나 잎 사이에서 붉은 기와를 이고 있는 가옥과 마을들은 멀리서 바라볼 때면 아주 아름답고 정겨워 보인다. 그러나 가까이 다가가서 대할 때면 그러한 생각이 금방 달라지고 만다. 경탄과 아름다움에 흥분했던 마음에 상응하는 정도의 부피와 밀도로 실망감이 치고 들어온다. 마을에 가까이 다가가게 되면 더럽고 지저분하게 나뒹구는 쓰레기 더미와 악취를 피할 수 없기 때문이다. 아름다움을 바라보기 위해서는 적당한 거리가 필요한 법이다. 인간과 인간의 관계에 있어서도 마찬가지라고 할 수 있을 것이다. 적당한 간격, 그 공간에 그리움과 아쉬움과 아름다움이 자리하고 있는 것이리라.

현대의 빠른 속도는 인간의 모든 삶에 절대적으로 필요한 공간들을 파괴하거나 빼앗아가고 있다. 그러한 일에 가장 앞장서고 있는 것이 바로 운송수단이다. 느림의 자리에 있는 넉넉한 공간, 완충의 자리이며 삶을 윤기 나게 하는 여백인 소중한 공간을 잃어가는 현대인들에게 남는 것은 치열한 경쟁과 무서운 고독뿐이다.

걷는 것은 그 잃어버린 공간을 찾아가는 과정이며, 화합과 상생을 만들어가고자 하는 작지만 소중한 몸부림이라고 할 수 있을 것이다. 가장 느리게 걸을 때에 가장 넓은 공간을 소유하게 된다는 역설의 진리를 믿기에….

가파른 언덕길을 오를 때에는 시원한 사탕수수를 사서 마시며 힘을 얻는다. 해변 가까이에 있는 마을을 지날 때에는 어김없이 비릿한 느억맘(소금에 절인 생선으로 만든 액젓) 냄새가 온 몸으로 파고들지만, 그리 싫지는 않다.

갈림길. 갈림길 앞에 서게 될 때마다 망설이지 않을 수 없다. 선택에 주어지는 책임을 너무나도 잘 알고 있기 때문이다. 선택은 늘 내 몫이고 내 고유의 권한이지만, 결정은 늘 쉽지 않다. 송꺼우(Song Cau)로 가는 옛길과 하노이 방향을 표시해 주고 있는 새롭게 난 길 가운데 하나를 선택해야 한다. 나는 운치가 더 있어 보이는 가파른 오르막으로 이루어진 옛길을 택했다. 그리고 그 대가를 톡톡히 치르느라 목이 마르는 갈증을 느끼면서도 즐겁게 걸어올라 가야 했다.

거의 꼭대기 지점에 다다르니 건강하게 뻗쳐오른 나무들이 맑고 투명한 하늘을 향해 손을 흔들며 서 있었다. 그 누구도 범할 수 없는 순수한 애교의 손짓이라고 해야 하나? 그 어떠한 권력으로도 저지할 수 없는 비원의 손짓, 경건한 손짓이라고 해야 하나? 자연은 늘 그렇다. 자연은 말없이 많은 것들을 우리에게 가르친다. 욕심을 버리고 서로 어울려 살라고, 자신의 모습을 귀하게 여기며 살라고 말이다.

정상에 올라서니 오른편에 제법 운치 있는 카페가 자리를 잡고 있다. 바닷바람, 즉 해풍(海風)이라는 뜻을 가지고 있는 '조비엔(Gio bien)'이라는 이름의 카페다. 그 오른편으로 파란 바다와 야자나무 숲으로 뒤덮인 항구 마을의 모습이 한눈에 들어오는데, 그 풍경이 정말 압권이다.

자리를 잡아 배낭을 내려놓은 후에 카메라를 꺼내어 사진을 몇 장 찍었다. 굳이 다가갈 필요가 없는 마을, 다가가려면 상당한 길을 돌아가야 다다를 수 있을 것 같은 마을이다. 다가갈 수 없으니 내 마음에는 아름다운 모습 그대로 오래 남아 있게 될 것 같다는 생각이 들었다. 바다가 보이는 카페, 아니 찻집. 나는 플라스틱 의자에 앉아 진한 커피를 마시며 〈바닷가 찻집〉이라는 자작시를 떠올려 보았다.

누구나 바다 하나씩 가지고 산다.
가까이 바다가 내려다보이는
언덕 위, 〈귀머거리〉 찻집에 앉아
옛사랑을 그리며
반쯤 식어버린 차를 마신다.
파도는 유리창 너머에서 뒤척거리고
찻집 주인은 카운터에 앉아
오래된 시집을 읽고 있다.
이윽고 문이 열리고
찻집보다는 선술집이 더 어울릴 것 같은
사내들이 와르르 몰려든다.
주인은 시집을 덮고,
바다가 정면으로 보이는 확트인 유리창 곁에
그 사내들의 자리를 권하고
다시 시집을 펼쳐든다.
벽난로에는 장작이 타들어간다.
주인은 주문을 받지도 않고
사내들은 주문을 하지도 않는다.

그러다가 사내들은 떠나가고
주인만 홀로 빈 찻집에 남게 될 것이다.
온종일 수평선만 바라보다가
지쳐 귀머거리가 되어버린,
그 바닷가 찻집에 파도처럼 왔다가
훌쩍 떠나버린 사람들이
어디 그들뿐이었겠는가.
주인은 마음으로 시집을 읽고
사내들은 말없이 빈 바다를 마신다.
가득했던 내 찻잔도 비어가고
펄펄 끓어오르던 온기마저 서서히 식어갈 때
옛사랑에 대한 기억도 조금씩 잊혀져 가고
내 손에 전해져 오는 냉기와
콧속으로 파고드는 짭짤한 바다의 냄새,
내 마음 역시 그들과 함께
빈 바다를 마시고 있다는 사실을
비로소 알게 될 것이다.
바닷가 빈 언덕에서 찻집을 하는
주인의 마음을 조금씩 알게 될 것이다.
누구나 마음속에
껴안을 수 없는 사랑 하나씩 안고 산다는 것을….

카페의 곳곳에 설치되어 있는 그물침대에 드러누워 땀을 식혀주는 시원한 해풍을 염치없이 그대로 받아들이며 터키옥색과 같이 파란 바다와 그 바다를 포근하게 감싸고 있는 마을을 하염없이 바라보았다.

바다를 바라보며 반쯤 드러누워 있는 언덕에는 작고 아담한 묘지가 침묵을 지키며 나와 같은 시선으로 바다를 바라보고 있다.

사람들은 왔다가 떠나고 다시 찾아오기도 할 것이다. 만났다 헤어지고, 헤어졌다가 다시 만나기도 할 것이다. 그러나 늘 기다리며 살아가야 하는 외로운 바다 마을의 그리움은 무슨 빛깔의 언어로 그려낼 수 있는 것일까? 다시 일어나 길을 걷는 나그네의 발길은 왠지 무거워진다.

송꺼우(Song Cau)에 도착하였으나 숙소는 보이지 않는다. 불안한 마음을 안고서 도로를 따라 계속해서 걸었다. 마을이 거의 다 끝난 지점에 도달한 것 같은데도 숙소가 나타나지 않아서 걱정이 되었다.

'또 다시 20,30킬로미터를 더 걸어야 한다면…,'

정말 생각하기조차 싫었다. 내게 그런 일이 발생해서는 안 되었다. 그렇게 생각하며 기도하는 마음으로 조심조심 걸어 나갔다. 마을이 끝나는 마지막 끝자락에서 제법 깨끗한 미니 호텔이 나를 기다리고 있어서 너무 기뻤다. 가장 높은 3층의 바다 쪽 방을 얻어서 먼저 땀에 흠뻑 젖은 옷을 빨고 나서 매연과 먼지에 찌든 몸뚱이도 깨끗하게 씻었다. 빨래한 옷은 건조한 바닷바람이 제법 시원하게 부는 발코니의 난간에 걸쳐두었다. 그리고 방에 있는 의자를 들고 나가 발코니에 앉아서 넓고 조용한 바다, 평온한 바다를 한동안 바라보았다.

백사장에는 야자수가 듬성듬성 서 있고, 바다 중간에는 양식을 하는 수상 가옥들이 떠서 물결을 따라 부드럽게 출렁거리고 있다. 쪽빛 바다는 하얀 모래와 함께 어우러져 어깨를 들썩거리듯 출렁거리고, 남자 한 사람이 옆구리에 물고기를 담을 대나무 광주리 같은 것을 둘러메고 막대기로 바닷물을 힘차게 두드리며 원시적인 방법으로 물고기를 잡고 있다. 그 광경을 한참 동안 바라보다가 책을 읽었다.

다리가 아프고 힘이 들 때마다 나는 의도적으로 하나님을 생각하려고 하였다. 힘이 들고 어려울수록 하나님에 대한 나의 간절한 소망은 오직 내 안에 있는 것으로만 수렴되었고, 이기적인 기도 이상으로 발전되지 못한다는 사실을 수없이 확인하곤 하였다. 하지만, 하나님은 나의 가장 내밀하고도 취약한 지점에서 나와 만날 준비가 되어 있으며, 나의 모든 필요를 채워주시고자 한다는 사실을 굳게 믿는다. 무조건 받아주시는 하나님의 완전한 은혜가 없이 어떻게 전능자의 품에 안길 수 있겠는가?

바람은 여전히 시원하고 정갈하고 부드럽게 불어온다. 문득 커피 한 잔이 생각났다. 직원에게 뜨거운 물을 달라고 했더니 친절하게 보온 물통에 뜨거운 물을 담아 가져왔다. 베트남의 유리컵들은 뜨거운 물을 부으면 깨어지는 경우가 많다는 것을 잘 알고 있기에 유리잔의 밑바닥에 찬물을 조금 부은 후에 일회용 커피믹스를 털어 넣었다. 그리고 나서 뜨거운 물을 부었는데도 삐지직거리는 짧은 소리와 함께 금이 가고 말았다. 그래도 커피가 줄줄 새는 정도는 아니어서 아무런 생각도 없이 서둘러 커피를 마셔야 했다. 바다를 바라보면서 혼자 분위기를 좀 잡아가면서 천천히 마시고 싶었던 내 작은 소망은 뜨거운 물에 금이 가버린 유리잔처럼 금이 가고 말았다.

'그러나 어찌하겠는가? 이곳의 상황에 적응할 수밖에….'

아직 햇살이 남아 있을 때에 바다에 나가 해변을 거닐어 보리라 생각하고 카메라만 들고 일어섰다. 발바닥이 조금 아프다고 포기할 수 있겠는가? 혼자서 마음껏 이 바다를 누리며 부드러운 모래를 밟아보리라. 숙소 옆에 난 샛길을 따라 10미터 정도 걸어가면 곧바로 바다에 이른다. 서너 명의 사내들이 왼쪽에서 오른쪽 방향으로 지나가고 있었다. 나는 아름다운 바다의 풍경을 사진기에 몇 장 담은 후에 바닷물에 발을 적셔가며 부드러운 모래밭을 걸었다.

완전한 자유. 스스로 만든 것이기는 하지만, 고통과 아픔을 견디고 난 후에 맛보는 자유는 너무나도 은밀한 것이어서 더욱 아름답고 달콤하다. 마음은 이미 십대의 그것이었다. 몇 차례나 계속해서 이편저편을 오가며 전혀 차갑지 않고 미지근한 바닷물에 내 두 발을 맡겼다. 어릴 때부터 바다는 나의 꿈이었다.

망망한 바다, 그 가없는 끝을 바라보며 그 끝을 찾아 무작정 떠나고 싶어 했던 꿈이 있었다. 그러한 꿈의 산실이었던 바다를 한가롭게 거닐며 그 옛날의 한 어린 소년을 그려보았다. 소년은 늘 꿈을 꾸었고, 갈망하였다. 그리고 그 소년은 지금도 어른이 되어버린 내 속에서 살아 여전히 꿈을 꾸고 있고, 갈망하고 있다. 그 소년은 끊임없이 나를 이끈다.

점심을 먹지 못한 터라 배가 몹시 고팠다. 먹이를 탐색하는 맹수처럼 짐짓 속내는 숨긴 채 근처를 어슬렁거리며 무엇을 먹을까, 이곳저곳 기웃거렸다. 마침 눈에 띄는 음식이 내 마음을 살며시 붙잡았다. 무작정 들어가 자리를 잡고 앉았다. 여러 개의 화덕 위에 지름이 15센티 정도 되는 프라이팬에 녹두 나물을 조금, 그리고 껍질을 벗긴 2센티 가량 되는 새우 하나를 올려놓고 화덕 위에 잠시 올려놓는다. 그러더니 그 위에 다시 찹쌀가루로 만든 희멀건 국물을 붓는다. 그리고 프라이팬을 다시 화덕 위에 올려놓는다. 2,3분쯤 지난 후에 프라이팬을 들어 하얗게 익어 부침개 같이 보이는 것을 반으로 접어 납작한 대나무 광주리에 내려놓는다.

주문을 하지도 않았는데, 접시에 넉 장을 올려 야채와 함께 가져와 내가 앉아 있는 탁자 위에 올려놓는다. 오직 한 가지의 음식뿐이기에 주문할 필요도 없는 모양이다. 다른 손님들이 어떻게 먹는지 살짝 살펴본 후에 나도 그들과 같은 방법으로 먹었다. 부침개 위에 야채를 올린 후에 소스에 찍어 먹는다. 소스는 베트남 요리에 있어서 빠질 수 없는 느억맘에 식초와 고추 등을 섞어서 만든 것인데, 처음 먹어보는 이 음식의 맛이 일품이었다.

옆에 있는 다른 식탁에 앉아 나의 모습을 힐끔힐끔 훔쳐보며 음식을 먹고 있는 스무 살 정도의 아가씨에게 이 음식이 뭐냐고 물어보았다. 넵바잉세오(Nep banh xeo)라고 했다. 말하자면 찹쌀 빈대떡이라고 해야 하나? 뭐, 그렇게 불러도 좋을 것 같다는 생각이 든다. 나는 독특한 이 음식을 한 접시 더 시켜 먹었다. 배불리 맛있게 먹었는데 겨우 4,000동이란다. 정말 싸고 맛있는 음식이었다. 그냥 바잉세오(Banh xeo)라고 부르기도 한다는 사실을 나중에 알게 되었다.

숙소에 돌아와 발코니에 앉아서 바다를 바라보고, 파도소리를 들으면서 오랜 시간을 보냈다. 그리움은 병이다. 그러나 그리움은 또한 생명이다. 막연히 일어나는 그리움, 그것은 의식의 깊은 곳에 뜨거운 정열이 살아 있다는 분명한 증거일 테니 말이다. 그것을 꾹꾹 눌러놓고 깊이 숨겨놓기만 하면 병이 되고 만다. 적당히 끄집어내어 건강한 바닷바람이라도 쏘여준다면, 그렇게 해 준 사람에게 아름다운 정열과 힘을 제공해 줄 것이다. 나의 밤은 그렇게 깊어갔다.

일찍 일어나 일출의 광경을 감상하는 특권도 한없이 누렸다. 바다 위로 솟아오르는 밝은 태양은 삽시간에 바닷물을 빨갛게 물들여 버린다. 굳게 빗장을 지른 채 물러서지 않으려 안간힘을 쓰던 어둠은 언제 어디로 사라져 버렸는지 알 수가 없다. 어둠이 빛에 그 자리를 내주고, 하루는 그렇게 평화롭게 시작된다. 빛이 밤을 대신할 수 없고, 어둠이 낮을 대신할 수는 없으리라. 밤은 어둠과 함께 휴식과 침묵 속에서 생명을 키우고, 낮은 빛과 함께 뭇 생명들에게 힘과 활력을 제공한다. 자연의 운행은 서로의 영역을 침범하지 않는다. 배타적인 만큼 상보적인 역설의 관계. 인간도 마찬가지여서 자연의 이치와 그 모습을 본받으며 살아간다면 남의 손에 들려있는 것 때문에 열등감을 느낄 필요도 없을 것이고, 내 손에 쥐고 있는 것 때문에 우월감을 갖고 살아갈 이유도 없어질 것이다. 모든 존재, 모든 생명은 서로에게 더없이 소중한 것들일 테니 말이다.

발바닥도 이제는 별로 아프지 않다. 피고름까지 날 정도로 심하게 아팠던 발바닥에 이제는 굳은살이 자리를 잡기 시작한 것이다. 발바닥 전체로 힘을 분산하여 체중을 실어가며 걸을 수 있게 되어서 보행은 한결 가볍고 신체적으로도 비로소 균형을 잡게 된 것 같다. 자연스럽게 보폭도 늘어나고 걸음의 속도도 빨라져 있지만, 힘이 든다는 느낌은 거의 들지 않는다. 길을 걸어가고 있다는 사실, 보행의 사실 하나만으로도 즐겁고 행복하다. 이제는 볼 만한 풍경이 없어도 전혀 지루하지 않다. 이제 드디어 도보여행의 단계에 들어선 것일까?

순간, 갑자기 많은 경찰 오토바이들이 굉음을 내며 지나간다. 무슨 일이지? 정치적으로 거물이라도 지나가는가? 궁금증을 안고 걸어가고 있는데, 곧이어 경찰 자동차들까지 요란한 사이렌을 울리며 나타났고, 붉은 재킷을 걸쳐 입은 수많은 경찰들이 두 명씩 짝을 지어 오토바이를 타고 질주했다. 아침 8시. 궁금증은 비로소 해결되었다. 30명쯤 되어 보이는 한 무리의 사이클 선수들이 쏜살같이 지나간 것이다. 사이클 도로 경기가 진행 중이었던 것이다.

화히엡(Hoa Hiep)이라는 작은 어촌의 앞바다에는 중국식 어망들이 많이 설치되어 있는데, 바닷물이 빠져나간 터라 그물들이 밑바닥을 드러낸 채 물고기 대신 한가롭게 세월을 낚아 올리고 있다. 금방 빠져

나가버리고 말 덧없는 세월을…. 짭조름한 바다 냄새에 간혹 섞여오는 생선의 썩는 냄새를 맡으며 바닷가를 따라 걸었다.

1A 국도와 1D 국도로 갈라지는 길에서 1D 국도로 접어들면 기다란 다리 하나가 나온다. 다리 위에 서니 시원한 바람이 여행의 피로를 살짝 덜어준다. 다리 건너편으로는 줄지어선 야자수와 푸른 물결이 열대 지방 특유의 본 모습을 드러내고 있다.

뀌년(Quy Nhon)까지 이어지는 길은 사막의 가운데 놓여 있는 길이어서 다른 도로보다 훨씬 더 덥다. 아스팔트에서 올라오는 지열 때문에 숨이 막혀오기도 하지만, 발걸음은 여전히 가볍다. 도로의 오른쪽은 공장 지대여서 이름 모를 수많은 공장들이 줄을 지어 서 있다.

시원한 사탕수수 한 잔을 마시며 잠시 쉬기로 했다. 50대 중반으로 보이는 한 남자가 의자 하나를 들고 다가오더니 내 옆에 자리를 잡고 앉는다. 메모지를 꺼내어 이것저것 기록하고 있는데 궁금한지 눈을 떼지 않고 한동안 지켜보더니 이내 고개를 끄덕인다. 무엇을 알 것 같다는 것일까?

이윽고 베트남어로 대화가 시작되었다. 어디를 가는지, 어느 나라 사람인지, 무엇을 하는지, 어디에 사는지 등등, 그가 궁금해 하는 물음에 차분히 대답해 준 후에 도보여행의 훈장과도 같은 발바닥을 보여주었더니 깜짝 놀라며 짠한 마음으로 혀를 찬다. 너무나도 측은해 하는 표정이 역력하다. 내가 그의 눈에는 그렇게도 불쌍해 보이는 것일까? 낯선 땅에서 이런 사람들을 만나는 것, 상대방의 아픔을 마치 자신의 일인 것처럼 동정해 주는 사람을 만난다는 것은 참으로 즐겁고 행복한 일이다.

사막 가운데로 도로는 계속 이어지고 정오를 넘어서면서 바닥의 열기는 더해갔다. 도로의 가까운 땅에는 사막의 선인장이 군락을 이룬 채 분명하게 자기 영역을 표시하고 있고, 길에서 조금 더 떨어진 땅에는 야자수들이 막 열병식을 끝내고 흩어지려고 하는 병사들처럼 조금은 군기 빠진 무질서한 모습으로 서 있다.

사막의 도로가 끝나면서 오르막길이 시작된다. 그리고 오른편으로는 시원한 바다가 손에 잡힐 듯 펼쳐진다. 정말 이렇게도 푸를 수 있단 말인가? 순간적으로 두려움을 느낄 정도로 푸른 바다였다. 저 물에 내 몸을 조금만 담갔다가 빼내어도 내 몸이 금방 비취옥으로 변해 버릴 것만 같다. 저 물을 조금 떠다가 냉장고에 넣고 얼린다면 아마 보석이 될지도 몰라. 유치한 생각을 하면서 걸어가는데 나도 모르게 자꾸만 웃음이 나온다.

바다. 푸른 물결이 미치도록 그리운 것인지 계속해서 나를 부르는 것 같다. 나는 바다에 몸을 담그기로 마음을 먹고 마침내 결행하였다. 약간 경사진 바위를 타고 내려가 바다에 이른 후, 먼저 사진을 두 장 찍었다. 그리고 바위틈에서 옷을 벗었다. 실오라기 하나도 남기지 않고…, 완전한 벌거숭이. 나는 계곡에서 목욕하는 선녀를 몰래 숨어서 훔쳐보는 나무꾼이 아니었다. 내가 바로 완벽한 선녀였다. 아니 신선이었다. 이 바다의 유일한 손님, VIP였다. 한동안 물에 몸을 담갔으나 나는 비취옥으로 변하지 않았다. 다행이었다. 주섬주섬 옷을 다시 챙겨 입고 도로 위로 올라섰다. 내 몸에서도 한동안 바다 냄새가 나는 것 같았다.

오르막길에 접어드는데, 화물 차량 한 대가 엄청난 매연을 뿜으며 지나갔다. 도무지 믿기지 않을 정도였다. 10년 넘은 중고 트럭 100대 정도가 뿜어내는 양보다 더 많을 듯했고, 밀도에 있어서도 타의 추종을 불허할 정도였다. 하지만 그 후, 그와 필적할 만한 차량들을 길에서 몇 차례 더 목격할 수 있었다.

오르막길의 정상에 있는 아주 작은 가게에서 음료수를 사서 마셨다. 낡은 초록색 플라스틱 컵에 덩어리 얼음을 깨부수어서 넣은 후에 그 안에 음료수를 부어 주었다. 주는 대로 벌컥벌컥 마셨다. 잠언 25장 13절의 말씀에 "충성된 사자는 그를 보낸 이에게 마치 추수하는 날에 얼음냉수 같아서 능히 그 주인의 마음을 시원하게 하느니라."고 하였는데, 그 말씀의 의미가 온 몸으로 다가오는 것 같았다.

40대 중반으로 보이는 여자와 이런저런 이야기를 나누고 있는데, 트럭을 몰고 가다 휴식을 취하고 있는 듯한 두 명의 남자가 자연스럽게 우리의 대화에 끼어들었다. 한 남자는 50대 중반으로 보였는데 코밑에 수염도 검게 나 있고, 배는 엄청나게 살이 붙어 있어서 커다란 북처럼 보였다. 그리고 다른 남자는 30대 중반으로 보였는데 잘 생긴 편이었다.

여자의 얘기를 듣더니 깜짝 놀라는 것 같았다. 뀌년까지 10킬로미터나 남았는데 그렇게 먼 길을 어떻게 걸어가느냐는 것이다. 벌써 30킬로미터 정도를 걸었지만, 10킬로미터라면 내게는 산책 코스 정도밖에는 되지 않는다는 사실을 그들이 알 리가 없으리라. 나의 도보여행에 대해서 간단하게 설명해 주었더니 수긍을 하면서도 여전히 고개를 갸웃거렸다. 30대 중반의 젊은 남자는 정말 건강하고 대단하다며 나를 치켜 세워준다. 기분이 나쁘지는 않았다. 내 어깨에도 약간의 힘이 가는 것 같았다.

얼마 걷지 않아서 멀리 뀌년 시가지가 보이기 시작했다. 그러나 그 거리는 쉽게 좁혀들지 않았다. 멀리서 보기에는 넓은 해변과 눈이 시릴 정도로 푸른 바닷물로 볼 때에 냐짱과 비교해도 전혀 뒤지지 않을 것 같아 보였다. 해가 자취를 감추기 전에 시내에 들어가려면 발걸음을 재촉해야 할 것 같았다. 도로의 왼편을 따라 계속 이어지고 있는 산맥의 높이가 꽤 되는지 도로 위에는 일찍 땅거미가 드리우기 시작했다. 언덕을 하나 더 넘어서자 시가지가 손에 닿을 듯이 펼쳐졌다.

바로 그 무렵, 갑자기 내 발 앞에서 뱀 한 마리가 기어가고 있는 것이 아닌가? 깜짝 놀랐지만, 나는 뱀이 어디로든 피해가도록 나뭇가지를 발로 차 보내며 어서 도망가라는 신호를 보냈다. 옆으로는 자동차들의 탈선을 방지하기 위해 높이 쌓아진 시멘트벽이 있어서 그곳으로 넘어가지 못하고, 한동안 앞으로 도망가더니 갑자기 멈춰 섰다. 도망가다가 지쳤기 때문일까, 아니면 다른 생각을 한 것일까? 멈춰 서더니 대가리를 10센티미터 가량 곧추 세우고서 방어의 태세인지 공격이라도 감행할 태세인지 분간할 수 없는 자세를 취했다. 아마도 독이 있는 뱀 종류인 것 같았다. 나도 걸음을 멈추고 주변에 있는 나뭇가지들을 발로 차면서 어서 도망가라는 신호를 더 보냈다.

그러한 나의 행동이 이상하게 보였는지 오토바이를 타고 지나가던 남자가 무슨 일이냐고 묻는다. 나는 손가락으로 대가리를 세우고 서 있는 뱀을 가리키며 뱀이 있다고 말해 주었다. 오토바이에는 두 사람이 타고 있었는데, 뱀을 확인하더니 조금 앞쪽에 오토바이를 세웠다. 잠시 흩어지더니 두 사람은 각각 돌을 하나씩 들고 와서 뱀을 향해 내던지기 시작했다. 서너 차례 내리치자 그만 뱀은 죽고 말았다. 한 사람은 40대 중반으로 보이는 여자였다.

한 마리 뱀을 향해 집요하게 돌을 던지던 그들의 과감한 행동을 통쾌하다고 해야 할지, 무섭다고 해야 할지 도무지 판단이 서지 않았다. 일을 마친 후에 다시 오토바이를 타고 가면서 손을 흔드는 그들을 향해 차마 고맙다는 말은 하지 못하고, 어색하게 웃으며 나도 손을 흔들어 주었다.

과연 꾸년은 아름다운 해변을 끼고 있는 도시다. 해변으로 걸음을 옮겨 가장 커 보이는 호텔의 가장 높은 층, 바다가 보이는 쪽의 객실을 잡은 후에 샤워부터 했다. 창문을 통해 바라보는 해변의 풍경은 한적하고 한 폭의 그림처럼 아름답다. 저녁을 먹은 후, 객실로 돌아와 창문을 활짝 열고 씩씩하게 들려오는 파도소리를 들어가며 따뜻한 커피를 마셨다.

넓은 바다를 바라보며 나를 생각할 때면, 늘 무엇인가 움켜쥐려고 하는 인간의 속물근성을 발견하게 된다. 그것이 비록 눈에 보이는 형상을 하고 있는 것이 아니라 할지라도 우상이 될 수 있는 것들을 강하게 붙들고 살아갈 때가 적지 않다. 하나님께로 나아가는 것을 방해하는 우상들은 무엇인가? 클라우스 이슬러(Klaus Issler)는 "우상은 우리가 가장 많이 생각하는 것, 우리가 가장 큰 열심과 노력을 들이는 목표와 활동, 그리고 우리가 목숨을 다해 지키는 사물들과 연관된다." 고 하였다.

집요하게 움켜쥐고 있는 생각과 사물들, 내가 소중하게 여기고 있는 그것들이 자라 '나'를 붙들기 시작하면 그것들이 바로 무서운 우상이 아니고 무엇이겠는가?

바다는 나를 향하여 움켜쥐고 있는 손을 펼치라고 속삭인다. 모든 것들을 내려놓을 때에 비로소 모든 것을 누리게 된다는 사실을 조용히 가르쳐준다. 모든 것들을 받아들이고 품어주는 바다의 넓은 마음은 바로 아무 것도 소유하려 하지 않는 무소유의 정신에 있는 것이 아닐까….

이른 아침, 아직 해가 뜨지도 않았는데 사람들은 벌써부터 해변에 나와 수영을 하기도 하고, 산책을 하기도 한다. 퀴년에서 사는 사람들은 아침을 이렇게 시작하나 보다. 잠시 후, 바다의 표면에서 탁구공만

한 붉은 것이 수줍은 듯 고개를 내밀기 시작한다. 수평선을 따라 가늘고 길게 붉은 선이 그어지고, 그 선은 점점 굵어져 간다.

해가 반쯤 고개를 내어밀었을 때에는 탁구공 만하게 보이던 것이 이제는 농구공보다 더 커지고, 완전히 그 모습을 드러냈을 때 하늘과 바다는 붉게 물들어 찬란하게 불타기 시작한다. 바닷물은 출렁거리며 그 빛이 조금은 부담스러운지 계속해서 반사시키고 있다. 나는 일출의 장면을 카메라에 담기 위해 분주하게 셔터를 눌러댔다.

부드럽고 질이 좋아 보이는 백사장이 눈에 보이지 않을 정도로 넓고 길게 펼쳐져 있어서 깨끗한 해변은 한산하게 보일 정도였다. 도시는 깨끗하고 해변과 나란히 이어지는 방향으로는 계획적으로 도로가 정비되어 있는 듯한 느낌이 들었다.

넓은 길을 따라 광장이 보이는 방향을 향해 걸었다. 그런데 정확히 이름을 알 수는 없지만, 넓은 길의 오른편으로 나무들이 우거져 있는데, 그 그늘 아래에는 엄청나게 큰 규모의 '노상 카페'가 설치되어 있다. 거의 1킬로미터에 이르는 거리에 끊임없이 이어져 있어서 장관이었고, 휴일을 맞아 나온 사람들의 수효는 이 도시 인구의 10분의 1 정도는 되는 것 같다. 삼삼오오 그늘 밑에 앉아 차나 커피를 마시며 이야기를 나누고 있는 모습이 아주 인상적이다.

19번 국도로 접어들기 위해 쩐흥다오(Tran Hung Dao) 길을 걷다보면, 오른편에 오래된 탑이 나타난다. 참족 스타일의 탑들이 이 주변에는 적잖이 눈에 띄는데, 오랜 시간이 할퀴고 간 흔적이 그대로 남아 있어 현대화를 향해 무분별하게 파헤쳐지고 있는 주변의 모습과는 전혀 어울리지 않고 쓸쓸한 느낌이 든다. 특이할 만한 것이라곤 별로 없는 19번 국도를 20킬로미터 정도 걷는 동안 시원한 캔 음료와 코코넛, 그리고 사탕수수를 번갈아가며 마셔야 할 만큼 날씨는 무더웠다.

휴일이어서 도로에는 차량이나 사람들의 통행이 그다지 많지 않았다.

19번 국도와 1번 국도가 다시 만나는 지점의 오른편에는 3개의 붉은색 탑이 언덕 위에 서서 인간의 희망과 절망, 그리고 기쁨과 슬픔까지도 다 알고 있다는 듯, 오랜 세월의 비밀을 간직한 채 높고 푸른 하늘을 향하여 소박하게 고개를 쳐들고 있다.

애초에 조금만 걷고 충분히 쉬려고 했는데, 쉬려고 마음먹었던 지점에서 숙소를 찾지 못하여 또다시 걸어야 했다. 더운 날씨에 짜증도 났고, 더 이상 아프지 않을 줄 알았던 발바닥이 다시 아파왔다.

덥다(Dap Da)라는 마을에 이르러 하나의 숙소를 발견하고 기쁜 마음에 들어가 보니 곧바로 실망감이 몰려왔다. 너무도 더럽고 지저분하여 땀에 찌든 몸을 씻고 싶은 생각마저 들지 않았다. 그러나 더 이상의 선택의 여지가 없었기 때문에 배낭을 내려놓고, 반쯤은 푹 꺼져 있는 침대의 귀퉁이에 한동안 멍하니 걸터앉아 있어야 했다. 높은 천장의 중간에 매달린 선풍기는 힘차게 돌아가며 시원한 바람을 일으키고, 창문 위의 벽에 달라붙어 있는 에어컨 역시 작동되고 있어서 방안은 금방 시원해졌지만, 에어컨이나 선풍기의 외부에 눌러 붙은 먼지와 제대로 세탁하지 않았을 듯한 베개와 이부자리 등을 보면서 눈에 보이지는 않지만 온방을 휘젓고 다니는 먼지를 불가피하게 마셔야 할 것 같다는 생각이 들었다.

땀에 찌든 옷을 세탁할 수가 없어서 그냥 옷걸이에 걸어서 말리기로 했다. 화장실이 협소한데다 그야말로 더럽기 짝이 없어서 서둘러서 대충 샤워만 하고 그 이후로는 화장실에 발을 들여놓지 않았다. 속옷만 갈아입으면 될 테고, 내일은 땀 냄새가 나는 겉옷을 다시 입으면 될 것이다.

저녁식사는 미숫가루를 물에 타서 마시는 것으로 대신했고, 밤에는 영국 프로 축구 경기를 텔레비전으로 지켜보았다. 선풍기도 끄고, 에어컨도 끈 채 이불을 덮지 않고 침대의 중간에 반듯하게 누워 추호의 움직임도 거부한 채 잠을 청했다.

후각은 인간의 오감 중에 가장 민감하면서도 가장 먼저 무디어지고 마는 감각기관이다. 땀 냄새 나는 옷을 다시 입을 때에는 어떻게 지내겠나 싶었는데 5분도 지나지 않아 그 냄새를 의식하지 않게 되었다. 정말 뛰어난 적응력이라고 하지 않을 수 없다.

근처의 식당에서 쌀국수 한 그릇을 시켜 먹고 물도 두 병을 샀다. 오늘은 가볍게 산책하는 마음으로 걸을 것이다. 그러나 아무리 천천히, 아무리 짧은 길을 걸어도 더운 날씨로 인하여 많은 땀을 흘리지 않을 수는 없다. 첫 번째로 휴식을 취하면서 진한 블랙커피를 마셨다.

걸을 때 피곤한 느낌이 들어 쉬고 싶다가도 멈출 때가 되어서 막상 멈추려고 하면 늘 한 걸음 더 나아가고 싶은 마음이 생겨나곤 한다. 그러나 신체가 보내는 신호에 따라 절제하려고 무진장 애를 썼다. 그래서 오늘은 말 그대로 산책하는 기분으로 걸었고, 전혀 피곤한 느낌이 들기도 전에 멈췄다. 두 걸음 더 나아가기 위해 한 걸음 후퇴할 때도 필요한 법이다.

하늘은 높고 푸르고 한없이 맑다. 어딜 가나 오토바이는 많고, 소음은 피할 수가 없다. 그 숱한 움직임 속에 생명이 있고, 꿈이 있고, 나의 무수한 발자국이 있을 것이다.

좋다. 오늘은 여기까지다.

네 번째 발걸음

꾸이년(Quy Nhon)에서 다낭(Da Nang)까지

여행일시 : 2010년 5월 13일~5월 24일

뀌년(Quy Nhon)에서 다낭(Da Nang)까지

여행일시 : 2010년 5월 13일~5월 24일

하나님의 작정의 성취는
단순히 인간의 몸과 영혼에만 미치는 것이 아니라,
하늘과 땅, 인류와 천사, 동물과 식물,
모든 하나님의 창조에 영향을 미친다.
— 아브라함 카이퍼(Abraham Kuyper) —

아침 8시. 하노이(Ha Noi) 노이바이(Noi Bai) 국제공항에서 출발하는 뀌년(Quy Nhon)행 비행기에는 거의 빈자리가 없을 정도로 많은 사람들이 타고 있었다. 그런데 기내의 온도가 얼마나 낮은지 온몸이 덜덜 떨릴 정도였다. 자리에 앉자마자 많은 승객들이 담요를 요구했고, 나도 담요 한 장을 받아 온 몸을 감싼 후 조용히 눈을 감았다.

비행기에 탑승한 이후로 계속해서 꽤 큰 목소리로 전화 통화를 하던 사람이 있었다. 비행기가 이륙한 후에도 쉬지 않고 이야기를 하는 그 소리에 무척 신경이 거슬렸다. 중국어로 말을 하는데, 발음에 잇소리가 많이 묻어나는 것으로 보아 대만사람인 것 같았다. 일행으로 보이는 옆 사람과 계속해서 이야기를 나누는데, 그 목소리가 점점 더 커져간다. 주변에 있는 사람들은 전혀 의식하지 않는 모습이다. 대부분의 사람들은 의자의 등받이를 뒤로 살짝 젖힌 자세로 눈을 감고 있는데, 자신의 이야기를 주고받느라 남의 형편을 살펴볼 여유가 전혀 없는 모양이다. 비행기가 착륙할 때까지 쉬지 않고 떠들어댈 것 같아서 용기를 내어 그들에게 조용히 다가갔다.

"죄송합니다만, 좀 조용히 해 주시겠습니까? 주변의 많은 사람들이 잠을 자고 있습니다. 두 분 목소리가 너무 큽니다."

오래 전에 배운 중국어로 최대한 공손한 자세를 갖추어 주의를 주었다. 아무 말은 하지 않고 있었지만, 가끔씩 눈살을 찌푸리던 몇몇 승객들이 나의 모습을 지켜보더니 고개를 끄덕여 주었다. 그들은 그 후에도 소리만 조금 줄였을 뿐, 비행기가 뀌년 공항에 착륙할 때까지 쉬지 않고 이야기를 나누었다. 남자들이 그렇게 쉬지 않고 이야기하는 모습은 거의 본 적이 없는 것 같았다.

뀌년의 푸깟(Phu Cat) 공항에 도착하여 짐을 찾은 후에 먼저 걷기에 편한 옷으로 갈아입었다. 오전 10시. 물을 두 병 사서 배낭 양쪽에 꽂은 후에 첫 발걸음을 내딛었다. 기온은 이미 30도를 넘어서 있었고, 강한 햇볕이 평등하게 대지를 데워주고 있었다. 사방에서 달려드는 더운 기온 때문에 땀이 흘러내리기도 하지만, 길 위에 두 발을 올려놓으면 별다른 저항 없이 몸은 앞으로 나아간다. 내가 길을 걷는 것이 아니라, 끝없이 이어진 길이 나를 끌어가는 것 같다.

토마스 머튼(Thomas Merton)은 그의 고백록인 『칠층산』에서 "나의 의지가 주위 환경과 그 영향에 의해 어느 편으로 기우느냐에 따라 내 존재가 행복이냐 비참이냐, 생명이냐 죽음이냐, 천국이냐 지옥이냐 하는 갈림길이 결정될 수 있다."고 하였다. 힘들더라도 의지적으로 의미와 가치를 추구하며 한걸음씩 걷노라면, 나의 걸음이 길에 의해 이끌려가고 있는 것 같은 느낌이 든다.

하늘은 맑고 투명하다. 길에서는 늘 욕심을 버려야 한다. 서둘러야 한다는 욕심, 조금이라도 더 나아가야 한다는 욕심, 일체의 모든 욕심을 길바닥에 내려놓아야만 한다. 더욱이 무더운 햇볕이 내리쬐는 길에서는 결코 서둘러서는 안 된다. 언제 찾아올지 모르는 탈수증과 일사병을 피하기 위해 자주 멈춰서야 하고, 부지런히 수분을 보충해 주어야만 한다.

한 시간을 걸은 후에 첫 번째 휴식을 취했다. 시원한 음료수를 하나 사서 마신 후에 출출한 배를 채워주기 위해 미숫가루를 타서 마셨다. 그리고 푸깟 공항에서 사서 배낭에 담아두었던 마른 참치 포를 먹었다. 한 젊은 남자가 주변을 서성거리더니 내게 다가와 맞은 편 의자에 앉으며 조심스레 말을 걸어온다. 내가 베트남 말로 인사를 하자, 적극적인 자세로 고쳐 앉는다. 그래서 시작하게 된 이야기를 40분 이상이나 나누었고, 중간에 그 젊은이의 삼촌이라고 하는 한 중년 남자도 합석하였다. 29살의 청년이었는데, 아직 결혼을 하지 않았다고 해서 내가 놀라 물었다.

"아니, 그렇게 잘 생겼는데, 아직까지 결혼을 하지 않았다고요?"

일반적으로 베트남의 결혼 연령은 한국에 비해 낮은 편이라는 것을 잘 알고 있기에 29살이라는 나이는 결혼의 적령기를 이미 넘긴 나이라고 할 수도 있다. 더욱이 베트남은 나이 계산을 서구 방식으로 하기 때문에 우리나라의 나이로 말하자면 30이 된 셈이다.

"네, 아직요…."

말끝을 다 맺지 못한 채 수줍게 웃는다. 인상이 맑고 착하게 생겨서 수줍게 웃는 모습이 더욱 호감을 갖게 하는 청년이었다. 셋이서 참치 포를 나눠 먹으며 이런저런 이야기를 나누다가 헤어졌다. 함께 사진이라도 한 장 찍었어야 했는데, 그렇게 하지 못한 것이 못내 아쉽기만 했다.

응오머이(Ngo May) 거리를 걷는데, 땀이 줄줄 흘러내린다. 한낮의 더위는 이미 35도를 넘어섰고, 간간이 불어오는 바람마저도 더위를 식혀주지 못할 정도로 더위에 달궈진 것 같았다. 그래서 더욱 자주 쉬며 걸어가기로 했다. 그늘진 벤치에 앉아 책을 읽기도 하고, 아무런 생각 없이 시간을 보내기도 했다. 요란하게 달리는 자동차 소리, 온갖 먼지와 함께 도시는 꿈틀거리고, 파란 하늘에는 흰색 뭉게구름이 아주 느린 속도로 움직이고 있다.

아무래도 더 이상 걷는 것은 무리일 것 같다는 생각이 들었다. 무더운 한낮의 더위 속을 걷는 것은 위험한 일이다. 햇볕도 따갑거니와 공기마저 뜨거워서 온 몸이 서서히 익어가는 것 같았다. 더욱이 새롭게 시작한 걸음이다 보니 첫날부터 무리할 필요가 없는 것이다. 몸을 푸는 셈 치고 오늘은 15킬로미터 정도만 걷고 멈추기로 했다.

한적한 길가에 단정하게 서 있는 작은 호텔 건물이 눈에 들어왔다. 새롭게 지은 것 같은 깨끗한 숙소가 지친 마음을 끌어당기기도 했고, 한낮을 피해 이른 아침 시간과 해가 떨어질 무렵의 저녁 시간을 이용해서 최대한 빠른 속도로 걸어야겠다고 나름의 전략을 수립하면서 발걸음을 그쪽으로 옮겼다.

숙소를 잡아 짐을 내려놓은 후에 잠시 숨을 돌리고 나서 숙소 옆에 있는 아담한 카페에 앉아 저녁놀을 바라보며 볶음국수로 저녁을 먹었다.

숙소에서 멀지 않은 공터에서는 몇몇 사람들이 연을 날리고 있었다. 바람결을 따라 나풀거리는 연의 춤사위. 소박한 몸짓으로 넓고 높은 하늘을 마음껏 날아다니는 그 자유와 실에 붙들려 있는 팽팽한 긴장에 대해서 잠시 생각해 보았다. 연이 하늘로 날아오를 수 있는 것은 그 연을 붙들고 있는 연실 때문이다. 실이 끊어지면 연은 어디론가 날아가다가 이내 추락하고 말 것이다. 연실은 연을 자유롭게 하는 일종의 구속인 셈이다. 자유는 팽팽한 긴장 상태에서만 존재할지도 모른다. 긴장이 없는 자유는 방종으로 흐를 가능성이 많기 때문이다. 따라서 긴장과 절제는 인간의 감정을 다스려 그것을 더욱 아름답게 가꿔주는 귀중한 장치인 셈이다.

해가 넘어가고 나면 어둠은 급한 걸음으로 대지를 점령해 버린다. 처음에는 망설이며 느린 걸음으로 오는 것 같다가도 일정한 시점에 도달하면 어둠은 정말 빠른 속도로 세상을 덮어버리는 것 같다. 떠들썩한 한낮의 이야기들은 다 잊어버리라는 듯이….

홀로 맞이하는 밤은 이상하게도 더 어둡고, 그래서 더욱 쓸쓸하다. 객실에 앉아 책을 읽노라니 근처의 가라오케에서 요란한 노래 소리가 들려온다. 밤은 어두운데 고요하지 않다.

일찍 출발해야 한다. 아침 6시. 짐을 챙겨 들고 숙소를 나섰다. 이른 아침이지만 길거리에는 사람들의 발걸음이 적지 않다. 기온이 더 올라가기 전에 일을 해야 한다는 것을 사람들은 경험으로 터득한 것이리라. 급하게 고개를 내밀기 시작한 해는 아침부터 빠른 속도로 기온을 끌어올리고 있다. 벌써부터 얼굴에는 땀이 흘러내리고, 얼마 지나지 않아 온 몸은 땀으로 완전히 젖어버렸다.

많은 학생들이 자전거를 타고 학교에 가는 모습이 정겨워 보인다. 자동차들은 굉음을 울려대며 좁은 도로를 빠른 속도로 질주하고, 하늘은 맑고 드높아 보인다. 하얗게 떠다니는 구름떼를 바라보노라면, 문득 어린 시절의 추억들이 떠오른다. 풀밭에 누워 갖가지 형상을 만들어내며 춤을 추던 구름을 하염없이 바라보았던 시절, 그것으로 더 바랄 것이 없었고, 그것만으로 행복했었던 기억들이 주마등처럼 스쳐 지나간다.

부지런히 2시간 가량 걸은 후에 잠시 쉬었다. 시원한 사탕수수 한 잔을 마시며 더위도 식히고, 발바닥을 정성껏 주물러 주었다. 아침인데도 기온이 꽤 많이 올랐는지 땀은 쉬지 않고 흘러내려 간간이 손수건을 짜면 물이 방울방울 떨어질 정도다. 야자수 그늘 뒤에 숨어 있는 소담한 마을들은 태평스럽기 그지없어 보이는데, 도로 위에는 자동차들의 시커먼 매연과 엄청나게 큰 경적 소리로 혼란스럽다.

무더위 속을 걸으며 오랜 옛날, 이세벨의 칼을 피해 브엘세바로 도망쳤던 엘리야를 생각해 본다. 불과 얼마 전까지만 해도 갈멜산에서 바알과 아세라 선지자들과의 대결에서 멋진 승리를 하고, 850명이나 되는 그 선지자들을 모조리 처단해버렸던 위대한 예언자가 아니었던가? 그 위대함 뒤에 드러나는 한 인간의 연약함과 고뇌와 고독은 인간이 한 순간이라도 하나님의 은혜 없이는 살아갈 수 없는 존재라는 것을 보여주기에 충분한 것 같다.

그는 광야로 하룻길쯤 들어가 로뎀 나무 아래에 앉아서 하나님 앞에 자신의 엄청난 실망감을 내려놓는다. 그는 자신이 해야 할 사명을 다 했다고 생각했고, 스스로 죽을 준비가 되어 있음을 하나님께 알린다. "여호와여 넉넉하오니 지금 내 생명을 거두시옵소서."(왕상 19:4) 그리고 너무나도 피곤한 나머지 잠이 든다. 여호와의 천사가 나타나 그를 깨워서 음식을 먹이고, 예언자로서의 잃어버린 사명을 회복하게 될 땅을 향해 나아가게 한다. 천사는 엘리야를 하나님의 산인 호렙산으로 보낸다. 그 산에 도달하기까지 엘리야는 40일을 밤낮으로 걸어야 했다. 새로운 사명을 부여받을 땅을 향해 걸어가는 엘리야의 순례의 길. 당시 그가 느꼈을 기분과 어려움을 생각하며 걷는 것은 내게 참으로 유익한 시간이다.

11시를 넘어서면 어디서든 오가는 사람들의 모습을 찾아보기 어렵다. 음료수나 음식을 파는 초라한 가게들의 주인들도 엉성한 그물침대에 누워 꾸벅꾸벅 졸거나 평상에 누워 낮잠을 자는 경우가 많다. 벌써부터 발바닥에는 물집이 잡혀서 잠시 쉴 때마다 바늘로 터서 짜주어야 한다. 찌는 듯한 더위와 점점 더해가는 발바닥의 통증에도 불구하고, 하늘은 더없이 맑고 깨끗하여 의도적으로 하늘을 쳐다보며 스스로 용기를 북돋워 주었다.

이번에는 휴게소에서 나이 먹은 아주머니가 자신의 집에서 낮잠을 자고 가라며 자꾸만 부추긴다. 너무나 익숙하고 자연스러운 호의가 때로는 마음의 문을 닫게 하는 것 같다. 낯선 사람에게 베푸는 순박한 호의로 받아들이기에는 어딘지 모르게 찜찜한 느낌이 들어서 정중하게 거절하고, 플라스틱 의자에 앉아 시원한 음료수를 마시면서 발바닥의 피로를 풀어주어야 했다.

때로는 친절도 두렵고 부담스러운 법이다. 그냥 앉아서 쉬고 싶은 마음뿐일 때에는 누군가 다가와 호기심어린 질문을 하는 것마저도 싫어지는 것이다.

'그래, 조용히 눈을 감고 살며시 불어오는 바람이나 기쁘게 맞이할 뿐이다.'

잠시 후, 두 아주머니가 옆에 다가와 자리를 잡고 이것저것 묻기 시작했다. 그리하여 일상적인 가족 관계 이야기에서부터 시작하여 한국과 베트남에 관한 이야기들을 주고받고 있노라니 내 주변에는 어느덧 대여섯 명의 사람들이 더 몰려들었다. 역시 호기심 많은 베트남 사람들. 처음에는 수줍게 서로의 눈치만 보다가 누군가 말문을 트기만 하면, 우르르 달려들어 애초의 수줍음은 어디론가 내팽개쳐 버리고 쉴 새 없이 질문을 해댄다. 일상의 이야기는 늘 단조롭고 색다른 것이 없지만, 여러 종류의 사람들과 함께 하는 시간은 즐거운 것이다.

조용히 앉아 쉬려고 했던 기대를 채우지는 못했지만, 소박한 사람들의 밝고 환한 모습을 마음에 새기며 천천히 일어섰다. 바람은 덥고 땀은 자꾸만 흘러내리는데, 푸르게 출렁이는 벼논에는 더욱 싱싱함이 있어 보인다.

군데군데 자리를 잡고 있는 시골 마을들은 자신의 모습을 살짝 숨기려는 듯해서 더욱 아름답고, 키 큰 야자나무 뒤에 숨어 있는 모습이 누군가를 기다리고 있는 것처럼 보이기도 한다. 오랜 전쟁으로 많은 남자들을 잃어야 했던 베트남 여인들의 아픔과 기다림이 그렇게 남아 있는 것 같아 짠한 느낌이 든다. 그 모습들을 사진기에 담으며 길을 걸었다.

바로 그 순간, 색다른 장면이 눈에 들어왔다. 대낮인데, 많은 마을 사람들이 모여 잔치를 벌이고 있는 것 같아 사진기를 꺼내어 그 모습을 몇 장 찍었다. 그랬더니 그쪽에 있는 몇몇의 남자들이 벌떡 일어나 손짓을 하며 오라고 부른다. 갈 길이 바쁘기는 했지만, 그들의 열성적인 초대를 뿌리치는 것도 예의가 아닐 것 같아 논둑길을 밟아 그들에게로 다가갔다. 커다랗고 둥근 탁자 위에는 갖가지 음식들이 놓여 있었고, 식사는 막바지에 이르고 있는 것 같았다.

40대로 보이는 아주머니가 밥그릇과 젓가락을 가져다주며 음식을 권한다. 이미 식사를 해서 배가 부르다고 하자, 이번에는 서너 명의 남자들이 다가와 술을 권한다. 무더운 날씨에 술을 마시고 걷는 것은 위험할 뿐만 아니라, 가야 할 길이 멀기 때문에 마실 수 없다고 둘러대며 정중하게 사양했다. 대신에 그들의 진심어린 성의와 친절에 감사의 마음을 표했다. 옆 편의 탁자에는 나이가 들어 보이는 노인네들이 모여 앉아 점잖게 식사를 하며 담소를 나누고 있다.

40, 50대로 보이는 남자들이 벌겋게 달아오른 얼굴로 다가와 이것저것 묻기도 하고, 마치 오랜 친구라도 대하는 듯이 반겨준다. 순서를 가리지 않고 떠들어대는 그들의 말을 정확하게 알아들을 수가 없어서 내가 난처해하자, 옆에 앉아 있던 20대 후반으로 보이는 남자가 자세히 설명을 해준다.

동네의 유지 가운데 한 분이 돌아가셔서 장례를 마치고 제사를 드린 후에 함께 식사를 하는 것이라고 했다. 남녀노소 할 것 없이 그 마을의 모든 사람들이 한 데 모여 함께 슬퍼하고, 함께 기쁨을 나누는 모습이 너무나도 귀하고 아름답다고 생각했다. 처음부터 호기심을 보이며 내 곁에 다가와 서성거리는 아이들의 모습을 사진기에 담았다. 그리고 몇몇 남자들의 밝게 웃는 모습도 사진기에 담았다.

그렇게 정을 나누고 돌아서 길을 걷는데, 이전과는 달리 몸과 마음이 한결 가벼워진 느낌이 들었다. 열성적인 환대. 가난한 사람들은 낯선 사람들을 쉽게 초대하고 금방 하나가 되어 주는데, 왜 부유한 사람들은 그렇게 하지 못하는 것일까? "심령이 가난한 자에게 복이 있다."는 성경의 말씀이 문득 떠올랐다. 가난한 심령. 낯선 것들까지도 다 받아들일 수 있는 빈 마음.

'나는 과연 마음이 가난한가?'

누구든지 초대할 수 있는 가난한 마음, 그 안에 천국이 있는 것은 어쩌면 당연한 것이리라….

바람이 불어도 덥기는 마찬가지다. 이제 오전과는 달리 하늘이 완전한 코발트빛이다. 일체의 욕심과 투쟁을 용납하지 않을 듯한 깊이의 청정함. 분명 하늘을 만든 하나님의 마음을 닮았으리라.

'아, 슬프도록 거룩하여라!'

시간이 흐를수록 발바닥과 발가락은 더욱 아프지만, 몸은 전반적으로 무더운 날씨에 적응하기 시작한 것 같다. 무겁던 발걸음도 한결 가볍고 몸도 무겁게 느껴지지 않는다. 결코 만만치 않은 더위지만, 견딜 만하다. 이렇게 걸으면 될 것이다. 아픔을 안고 계속해서 걸으면서 나를 생각하고, 세상을 생각하고, 가족과 이웃들을 생각하고, 하나님을 생각한다. 쉬지 않고 흘러내리는 땀방울 때문에 2,3분 간격으로 안경을 벗고 손수건으로 얼굴을 닦아주어야 했고, 땀으로 빠져나가는 체내의 수분을 보충해 주기 위해 부지런히 소금물을 마시고, 사탕수수도 마시고, 코코넛도 마셨다.

이른 아침 시각인데도 금방 밝아져버린 세상이더니 해는 금방 넘어가버리고 오후 6시가 되기도 전에 거리에는 어둠이 진하게 내리기 시작했다. 서녘 하늘을 붉게 물들이던 저녁놀은 아쉬움과 그리움을 내 가슴에 안겨준 채 금방 그 자취를 감추어 버리고 만다. 왜 아름다운 것들은 그립고, 슬픈 것인지 모르겠다. 멈추지 않고 금방 지나가 버리기 때문일까?

마침내 빙즈엉(Binh Duong)에 도착하였다. 도시는 그다지 크지 않아서 가까스로 허름한 숙소 하나를 찾았다. 하루의 수고와 아픔, 모든 보람까지도 마음 편하게 내려놓을 수 있는 밤이 있어서 행복하다. 푹 쉬어야 한다.

몸이 피곤하여 금방 잠에 빠져들었지만, 얼마 지나지 않아서 깨어나고 말았다. 잠을 충분히 자 두어야 하는데, 정신이 말똥말똥하다. 하는 수 없이 책을 읽으며 다시 잠을 청해 보지만, 마음먹은 대로 되지 않는다. 문을 열고 밖에 나가 바람이나 쐬어야 할 모양이다.

조심스레 문을 열고 밖으로 발걸음을 내딛는 순간, 무수히 쏟아져 내리는 별빛! 이렇듯 또렷하고 많은 별을 본 적이 있었던가! 어둔 밤하늘에 뿌려대는 빛의 축제를 혼자서 넋을 잃고 바라보았다. 누가 저렇게 찬란하게 빛나는 보석을 하늘 가득 뿌려놓은 것일까? 아무리 욕심이 많은 사람이라고 할지라도 그 엄청난 양의 보석을 바라보노라면 그 중 하나라도 소유하고 싶은 마음이 사라지고 말 것이다. 그 많은 것들 가운데 하나를 취한다는 것은 너무나도 초라한 일이라는 것을 잘 알게 될 것이기 때문이다. 그냥 바라보는 것이 모두 다 소유하는 유일한 방법이라는 것을 금방 알아차리게 될 것이기 때문이다.

김광섭 시인의 〈저녁에〉라는 시가 문득 생각났다.

저렇게 많은 별 중에서
별 하나가 나를 내려다본다
이렇게 많은 사람 중에서
그 별 하나를 쳐다본다

밤이 깊을수록
별은 밝음 속에 사라지고
나는 어둠 속에 사라진다

이렇게 정다운
너 하나 나 하나는
어디서 무엇이 되어
다시 만나랴

누구의 가슴 속에든 별 하나씩 들어 있다고 한다. 소박하고 아름다운 꿈들로 이루어진 소망의 별 말이다. 가슴으로 와 박히는 숱한 별들을 그저 바라보는 것만으로 피로는 어느 정도 회복된 것 같았다.

이른 아침인데 사람들의 발걸음이 분주하다. 아침 햇살도 오후 햇살 못지않게 뜨겁게 느껴진다. 어제 분명히 10만 동이라고 했던 주인 아주머니는 아침에 방값으로 14만 동을 달라고 한다. 이유인즉, 에어컨이 있는 방이기 때문이란다. 자꾸만 말을 바꾸고, 눈 하나 깜짝하지 않고 거짓말을 쉽게 하는 사람들을 만나게 되면 기분이 그리 좋지는 않지만, 무조건 그들을 이해하기로 굳게 마음을 먹었다. 결국 12만 동을 주고 숙소를 나섰다.

땀드엉(Tam Duong)이라고 했다. 첫 번째로 휴식을 취한 곳이다. 한 가족으로 보이는 사람들이 콘크리트로 만든 탁자에 둘러앉아 차와 커피를 마시며 이야기를 나누고 있었다. 어른들은 담배를 피우기도 한다. 얼음을 띄운 시원한 코코넛을 마시는 동안, 40대 초반으로 보이는 한 남자가 내게 다가온다. 그리고 내게 담배와 커피를 권한다. 나는 담배도 피우지 않고 커피도 마시지 않았지만, 자연스럽게 대화는 시작되었다. 내게 특별한 호기심을 보이는 그들과 아침부터 많은 이야기를 나누었다. 그리 부유한 살림은 아닌 것 같았지만, 오순도순 행복하게 사는 가족처럼 보였다.

기온은 엄청나게 솟구쳐 올라 도로 위에 서 있는 자체만으로도 숨이 막힐 지경이었다. 2,3킬로미터를 걷고 한 차례씩 쉬기로 했다. 몸에 달아오른 열기가 식을 때까지 충분하게 쉬려고 의도적으로 노력했다. 그래도 다시 일어나 조금만 걸으면 온 몸이 땀으로 범벅이 되고 말았다.

갑자기 머리가 아프기 시작했다. 마음으로는 얼마든지 더 걸을 수 있을 것 같은데, 몸이 이상 신호를 보내온다. 곧게 뻗은 도로를 걷노라니 한동안 가게 하나 보이지 않는다. 머리는 계속해서 아파오고 그래서 쉬어야 할 것 같은데, 쉴 만한 곳이라곤 아무 데도 없다. 걸음의 속도를 최대한으로 늦추고 허름한 가게라도 나타나 주기만을 바라며 걸었다. 이러다간 길에서 죽을 수도 있겠다는 생각이 언뜻 머리를 스치고 지나갔다. 비틀거리듯 걸어가는 바로 그 순간 조그만 가게가 눈앞에 보이기 시작했다. 흐트러진 정신을 가다듬고 힘을 내서 걸었다.

잠시 숨을 돌리고 나서 중부 베트남의 쌀국수라고 할 수 있는 분보(Bun bo)를 한 그릇 시켜 먹고, 얼음 덩어리가 둥둥 떠다니는 시원한 녹차를 엄청나게 많이 마셨다. 눈을 감고 편안하게 쉬다가 책을 읽었다. 가게 안에서는 아기의 울음소리가 자주 들려왔다.

'날도 더운데 왜 저렇게 울게 하는 것일까?'

오후에 걷는 편이 오전에 걷는 것보다 차라리 더 나았다. 오후에는 동쪽의 바다 쪽에서 바람이 불어왔다. 오후에 부는 바람이 오전에 서쪽에서 불어오는 바람보다는 한결 건조한 편이고, 그래서 오전보다 서늘한 느낌이 더 드는 것 같았다. 그래도 40도를 오르내리는 기온인지라 도로 위에 발을 올려놓으면 얼굴 가득 금세 땀이 흘러내려 걸으면서도 부지런히 땀을 닦아내야 했다. 부지런히 걷되 자주 쉬고, 쉴 때마다 차가운 사탕수수에 소금을 조금 더 타서 마셨다. 그리고 물도 엄청나게 많이 마셨다.

그냥 지나가야 하는 봉선(Bong Son)이라는 작은 도시에는 작은 규모의 호텔들이 많이 있었다. 그러나 가야 할 길이 먼 내게는 모든 것이 그림의 떡이다. 그냥 멈추고 싶은 생각이 들지 않았던 것이 아니었지만, 하루하루 정확하게 계획된 일정 때문에 그곳에 멈출 수는 없었던 것이다.

바람은 불어왔지만 날씨는 무더워서 1킬로미터를 더 나아가기가 정말 힘들다. 도로 양편의 논에는 벼들이 이삭을 패기 시작한 곳도 있고, 이제 쟁기질을 시작하는 곳도 있다. 경운기를 이용해 쟁기질을 하는 모습과 여전히 소를 이용해 땅을 갈고 있는 모습이 변화의 과정에 있는 베트남의 상황을 가장 잘 설명해 주고 있는 것 같다. 더욱이 1년 내내 덥고 일조량이 풍부한 지역이다 보니 특별히 일정한 때를 맞추어 씨를 뿌리고 추수할 필요가 없는 것이다.

풍요로운 땅, 그러나 사람들의 삶은 가난하다. 그도 그럴 것이, 마을을 가로질러 걷다 보면 많은 젊은 남자들이 빈둥거리거나 특별히 하는 일 없이 놀고 있는 것을 자주 보게 되면서 일을 하지 않고 부유한 삶을 살 수는 없다는 당연한 이치를 확인할 수 있었다. 젊은이들이 일할 만한 마땅한 일자리도 없어서 그렇기도 하겠지만, 쉬고 노는 데에 익숙해져 있는 사람들의 얼굴에는 희망이란 단어가 별로 선명해 보이지 않는다.

땅거미가 지기 시작하더니 금방 저녁이 찾아왔다. 땀꽌(Tam Quan)이라는 도시는 제법 규모도 갖추고 있었지만, 쉴 만한 숙소 하나를 찾을 수가 없다. 초조한 마음으로 도시를 가로질러 거의 끝에 다다랐을 때에 반갑게도 하나의 숙소를 찾아냈다. 반가움! 쉴 수 있는 밤의 축복이어라.

짐을 풀고 땀에 흠뻑 젖은 옷가지들을 대충 빨아 말리고, 부리나케 샤워를 하였다. 새로운 옷으로 갈아입고 근처에 있는 길거리 식당에서 저녁을 먹었다. 어둠이 깊을 대로 깊어 사람들의 발길도 거의 그친 것 같다. 그러나 간간이 질주하며 울려대는 자동차의 경적 소리가 도시의 고요를 무참히 깨뜨리곤 한다. 숙소에 돌아와 오랜만에 뜨거운 커피를 한 잔 마셨다.

하루의 걸음을 멈추고 어둠을 마주 대하게 되는 고독의 시간, 나의 영혼을 돌아보는 귀중한 시간이다. 아브라함 헤셀(Abraham Heschel)은 "고독이 주는 보호와 축복 없이는, 영혼의 영역에서 의미 있는 일은 일어나지 않는다."고 하였다. 고독은 그냥 혼자 있는 외로움의 시간이 아니며, 절대자이신 하나님 앞에 홀로 서는 소중한 만남의 시간이며, 자신을 돌아보는 성찰의 시간이기도 하다. 조용히 성경 말씀을 읽고, 기도를 드리고, 하루 종일 보고 느끼고 경험한 일들을 기록하고, 작은 목소리로 찬양을 부르기도 한다. 그리고 책을 읽다가 잠자리에 든다.

몸이 무겁고 피곤하다. 걸어가야 한다는 당위성과 좀 더 머물고 싶다는 감정 사이에 팽팽한 긴장이 한동안 계속되었다. 그러나 억지로 짐을 챙겨 들고 길 위에 섰다. 배낭이 갑자기 더 무거워진 느낌이다. 그냥 생각 없이 걷기로 했다. 달리 방법이 있을 수 없고, 계속해서 걸어 나가다 보면 마음을 시원하게 해 줄 아름다운 풍경들도 접하게 될 것이다. 힘들고 지칠 때일수록 긍정적이고 밝은 미래를 생각해야 한다. 때로는 발이 아니라, 마음으로 걸어야 한다.

코코넛을 사 먹으러 들른 가게에는 열두어 살 가량 되어 보이는 여자 아이가 그물침대에 드러누운 채 여자 혼자서 더빙하고 있는 한국 드라마를 보느라 정신이 없어 보인다. 빨간색 플라스틱 의자에 짐을 내려놓고 자리에 앉으니 시원한 바람이 사방에서 불어와 더위를 식혀 준다.

잠시 후, 승합차 한 대가 멈추어 서더니 열대여섯 명의 사람들이 우르르 내린다. 주변이 갑자기 소란스러워지고 만다. 아무데서나 담배를 피워대는 사람들 때문에 시원하게 느껴졌던 바람이 금세 무덥게 느껴진다. 저마다 코코넛을 시켜 마신 후에 다행스럽게도 그들은 금방 떠났다. 한동안 혼자 앉아서 바람을 마음껏 받아들였다. 이대로 앉아 계속 머물고 싶은 마음을 떨쳐 내고 힘차게 일어섰다.

길게 이어지는 오르막길. 오르막길을 오를 때에는 평지를 걸을 때와는 달리 삼중고를 치러내야 한다. 오르막길의 삼중고는 육체적으로 힘이 더 든다는 것과 바람이 불지 않는다는 것, 그리고 화물차들이 시커먼 연기를 더욱 많이 뿜어대며 느리게 지나간다는 것이다. 그중에서도 자동차들이 내뿜는 매연은 가장 짜증스럽고 감당하기 힘든 고통이다. 땀에 젖은 손수건으로 최대한 코와 입을 틀어막을 수밖에 없다.

이러한 삼중고를 이겨내며 힘들게 고갯마루에 올라서도 바람은 거의 불지 않는다. 조그만 가게에서 미똠보(Mi tom bo, 베트남의 즉석 라면으로 쇠고기를 곁들임)를 한 그릇 사 먹었다. 쇠고기와 얼큰한 국물을 먹고 나니 기운이 조금 나는 것 같으나, 느끼한 미원 맛 때문에 입안이 얼마 동안 얼얼하다. 베트남 사람들은 정말 미원을 좋아하기 때문에 국수 한 그릇에 보통 한 숟가락 정도의 미원을 퍼 넣는다. 특히 외국인이나 특별한 사람에게는 친절의 표시로 더 많이 넣어주기 때문에 음식을 주문하면서 미원을 넣지 말라고 특별히 주의를 주어야 한다. 그래도 습관적으로 미원을 잔뜩 넣어주는 경우가 더 많다.

내리막길도 힘들기는 마찬가지다. 아니다. 이와 같이 무더운 여름날에는 모든 길이 다 힘들다. 그래도 논에서 일을 하는 농부들의 모습을 바라볼 때면, '나는 얼마나 행복한 고생을 하고 있나' 하는 생각이 들고, 이내 품고 있던 불평은 사라지고 감사의 마음으로 채워지게 된다. 무더위 속에서도 묵묵히 땅을 파고 일구는 사람들, 저들의 노동 속에 신성한 기도가 있는 것일 아닐까, 하는 생각을 해 본다. 그러므로 나의 걸음도 충분히 신성한 기도가 될 수 있을 것이고, 그렇게 되어야 할 것이다. 감사하며 하는 모든 일들이 다 기도가 아닐까 싶다.

사후인(Sa Huynh)이라는 해변 마을이 나타났다. 오른편으로는 백사장과 함께 쪽빛 바다가 펼쳐져 있다. 바닷가에는 사람 하나 보이지 않아서 더욱 고요해 보이고, 하얗게 부서지는 파도만이 쓸쓸하게 백사장을 핥고는 금방 먼 바다로 돌아간다. 그렇게 마음을 빼앗길 정도의 풍광은 아니다. 그래서 쉬지 않고 걸었다. 바다는 금방 시야에서 사라져버리고, 이전에 보았던 풍경들과 비슷한 마을들이 나타난다. 바람마저 멎어버려 더 이상 길에서 시간을 보낼 수가 없다. 나무 그늘 아래 앉아서 두어 시간 쉬면서 책을 읽기도 하고, 잠시 의자에 앉은 채로 낮잠을 자기도 했다.

오후 2시. 더 이상 지체할 수 없어 다시 무더위 속에 몸을 내던진 채 한걸음씩 옮기기 시작했다. 두어 차례 오르막길이 나타나기도 했지만, 평지를 걸을 때와 비슷한 속도로 걸었다. 그리 넓지 않은 들판에는 농부들의 모습도 거의 보이지 않는다. 그래도 바람이 살랑거리는지 벼 포기들이 가볍게 어깨를 흔들고 있을 뿐이다.

그렇게 이글거리던 태양도 서서히 힘을 잃어가는지 도로에는 땅거미가 내리기 시작한다. 힘들수록 자주 눈을 들어 하늘을 쳐다보며 걸을 수밖에 없다. 서쪽 하늘가에 매달린 채 머뭇거리는 햇살이 흰색 구름 뒤에서 은은한 빛을 발하고, 구름은 이러 저리 몰려다니며 여러 모양의 동물들과 꽃들을 그리기도 한다. 그렇게 구름은 갖가지 요술을 부리는 것 같다. 구름의 사이로 소박하게 펼쳐지는 빛살에는 무지갯빛이 영롱하게 나타났다. 저렇게 은은하고 아름다운 빛의 향연을 어떻게 담아낼 수 있을 것인가? 그 장엄하고 찬연한 구름과 빛의 조화를 거의 담아낼 수 없겠지만, 그 모습들을 아쉬운 마음으로 사진기에 담아보았다.

그러나 아름다운 순간들은 빠르게 지나가 버린다. 그리고 그 아쉬움의 자리에는 어둠이 급하게 밀려들어온다. 어둠이 내리자마자 개구리들은 기다렸다는 듯이 힘차게 합창을 하고, 자동차들은 일제히 전조등을 켠 채 더욱 빠른 속도로 내달린다.

'이렇게 어둔 도로 위를 걸어가는 사람이 나 말고도 또 있을까?'

배낭 뒤에 나의 존재를 분명하게 알려주기 위해 깜빡이등을 매달았다. 아무리 급하게 질주하는 운전자라도 나의 존재를 주의하지 않은 채 그냥 밀치고 지나가지는 못할 것이다. 내 손에 들려진 작은 손전등이 내가 걸어가야 할 길을 조심스럽게 비춰준다. 해는 이미 서산으로 넘어가 버렸지만, 뜨거운 열기가 남아 있어서 걸을 때마다 땀은 쉬지 않고 흘러내린다.

오늘의 목표 지점으로 정해 놓은 득포(Duc Pho)에 도달하였다. 온 신경이 숙소를 찾는 데에 쏠린다. 이전에 쉬어야 할 도시에서 숙소를 찾지 못해 밤늦게까지 이를 악물고 걸어야 했던 좋지 않은 기억 때문에 초조하기도 하고, 가슴이 두근거리기도 했다. 도시의 한복판에서 숙소를 찾게 될 때마다 마음속으로 질러대는 환호성!

람선(Lam Son)이라는 작은 호텔이다. 아주 작은 규모의 호텔인데, 그럭저럭 쓸 만하다는 생각이 들었다. 짐을 내려놓고 곧바로 밖에 나가서 저녁식사를 해결했다. 밤이 깊어갈수록 손님들이 들어오는지 숙소가 너무나도 소란스러워졌다. 그러나 피곤한 몸이 쉬는 것을 주저하지는 않았다.

"여호와는 나의 목자시니 내게 부족함이 없으리로다. 그가 나를 푸른 풀밭에 누이시며 쉴 만한 물가로 인도하시는도다. 내 영혼을 소생

시키시고 자기 이름을 위하여 의의 길로 인도하시는도다." 시편 23편의 말씀을 되새기며 오늘 하루의 일정들을 되돌아본다. 달라스 윌라드(Dallas Willard)는 "하나님이 우리에게 말씀하시는 것은 우리를 즐겁고 재미있게 해주기 위해서가 아니라, 우리 삶에 실제적 변화를 일으키기 위함이다."고 했다. 하루 종일 무더위 속을 걸으며 마음 편히 누울 만한 푸른 풀밭도 없었고, 쉴 만한 물가도 없었지만, 나를 인도하신 주님의 은혜로 인하여 부족함은 없었던 하루였다. 이제 이렇게 마음 편히 쉬고 있으니….

길거리에 옹기종기 쭈그리고 앉아 이야기를 나누는 마을 할머니들의 모습이 정겹다. 베트남을 떠오르게 하는 원뿔 모형의 모자인 논(Non)을 눌러쓰고 어제 밤에 있었던 온갖 정보들을 교환하느라 쉴 새 없이 이야기를 나누고 있다. 소박하고 정겨운 모습을 사진기에 담은 후 발길을 재촉하는데, 발바닥의 통증이 심해져서 제대로 속도가 붙지 않는다. 얼마 걷지도 않았는데 온 몸은 벌써 땀으로 범벅이다.

오늘 처음으로 마신 사탕수수는 여느 때와 달리 별로 맛이 없다. 커다란 얼음 덩어리를 대충 씻은 후에 잘게 부수어 컵에 담고, 거기에 사탕수수 즙을 부으면 시원한 사탕수수가 된다. 그냥 보기에도 지저분한 물에 얼음 덩어리를 씻는 것을 본 순간, '과연 저것을 마셔야 하나?' 망설여지기도 했지만, 너무 더운 나머지 아무 생각도 하지 않고 한숨에 다 마셔버렸다. 하지만 뒷맛이 개운하지 않았다.

타잉쭈(Thanh Tru)를 지나 한동안 걷다가 길가에 우뚝 서 있는 커다란 나무 그늘 아래서 30분 정도 휴식을 취했다. 시원한 바람이 부는가 싶다가 후텁지근한 바람이 불고, 다시 시원한 바람이 부는 반복과 순환 속에서 한낮의 더위는 심신을 더욱 지치게 하는 것 같았다. 그래도 걸음을 멈추고 쉬는 휴식의 시간은 참으로 달콤하고 소중한 것이다. 앞으로 나아가기 위해 쉬면서 피로를 풀어주고, 새로운 힘을 재충전해야 하는 것이다.

근처에 있는 식당에서 점심을 먹은 후에 다시 일어섰다. 낮에는 아무리 걸어도 거리는 전혀 줄어들지 않는 것 같고, 제자리에서 두 발만 구르고 있는 것처럼 느껴진다. 그러나 분명한 사실은 몸을 움직일수록 내 몸은 앞으로 나아가고, 내 발은 목적지에 그만큼 가까이 다가가게 된다는 것이다.

오토바이를 타고 지나가는 많은 사람들이 오토바이를 타고 가라고 친절하게 요구하지만, 아무리 힘들어도 끝까지 걸어가고야 말겠다는 각오를 되새기며 발목에 더욱 힘을 주었다. 물을 마시고, 땀을 흘리고, 하루에 대여섯 잔씩 사탕수수를 마시고, 적지 않는 양의 코코넛을 얼음과 함께 수차례 마셔야 한다. 그 모든 수분은 결국 땀으로 다 흘러나온다.

모득(Mo Duc)에서 하루 밤을 보낼 마음이었기 때문에 가벼운 마음으로 시작한 발걸음이었는데, 슬프게도 그곳에는 내 육체가 머물 수 있는 숙소 하나 보이지 않았다. 예상치 못한 상황이지만, 얼른 마음을 고쳐먹고 내친김에 이 근방에서 가장 큰 도시인 꽝응아이(Quang Ngai)까지 가기로 결심했다. 당연히 맞이하게 될 저녁. 아마도 밤 깊은 시각에나 그 도시에 도착하게 될 것이다. 그리고 그곳에서 편안한 휴식을 맛보게 될 것이다. 실망과 낙담을 재빨리 다른 소망과 꿈으로 바꾸며 무거운 몸을 가혹할 정도로 재촉했다.

그러나 한편으로는 어서 땅 그림자가 길게 드리우고 어둠이 찾아오기를 기다렸다. 그래야 강렬한 태양을 피할 수 있을 것이기 때문이다. 무더위 속을 미련스럽게 걷고 있는 이방인의 모습을 그 누구도 이해할 수는 없을 것이다. 그래서 그들의 시선은 늘 놀람으로 가득하고, 고개를 갸웃거리는 사람들도 적지 않다. 혼자서 길을 걸어가는 나는 그들이 보기에 결코 정상이 아니었을 것이다.

송베(Song Ve). 강물이 도시를 감싸고 도는 이 마을에 발길을 들여놓았을 때에는 이미 어둠이 짙게 깔리고 말았다. 발바닥과 발목, 그리고 종아리까지도 너무나 아파서 한걸음을 옮기는 것조차도 정말 힘들었다. 몇 번이고 그냥 길에 주저앉고 싶었고, 미친 듯이 드러누워 버리고 싶기도 했다. 그러나 한번이라도 주저앉아 버린다면 영영 더 이상 걷지 못할 것만 같아서 이를 악물고 참아냈다. 한번이라도 길바닥에 드러누워 버린다면 영영 일어나지 못할 것만 같아서 젖 먹던 힘까지 써가며 발걸음을 옮겼다.

어둠은 세상의 모든 사물들을 하나로 묶어버리거나, 철저하게 분리시켜 버리는 것 같다. 전부이거나 아무 것도 아닌 어둠, 나는 그 안에 철저하게 갇히고 만다. 사람들이 사는 집 앞을 걸을 때면 가끔씩 요란하게 짖어대며 달려드는 개들 때문에 긴장의 끈을 놓을 수가 없다. 엎친 데 덮친 격으로 배도 고팠다. 길가의 식당에 들어가서 바잉세오(Banh xeo)를 먹고 깜깜한 밤길을 걸었다.

밤에 걷는 것은 그래도 낮에 걷는 것보다는 덜 힘들었지만, 이미 몸이 지치고 지친 터라 정말 힘들었다. 아무도 없는 어둠 속을 홀로 걸을 때에는 그리운 친구들의 얼굴이 자꾸만 떠올랐다. 깊은 우물 속에서 물을 길어 올리듯 먼 추억 속에 숨어 있는 그 이름들을 천천히 호명하며 작은 목소리로 기도를 하였다.

라하(La Ha)라는 작은 마을, 길옆에 있는 작고 조용한 카페에서 시원한 음료수를 마셨다. 음료수를 마시고 싶지는 않았지만, 아픈 발을 조금은 주물러 주어야겠다는 생각에서 그곳에 들른 것이다. 50대로 보이는 아주머니와 이야기를 나누고 있는데, 30대 중반으로 보이는 젊은 아주머니가 두 아들을 데리고 와서 내 옆자리에 앉는다.

"어디까지 가시는 길이세요?"

"네, 걸어서 다낭까지요."

"뭐라구요?"

"저는 걸어서 여행하는 사람입니다. 날씨가 더워서 정말 힘들지만, 그래도 많은 것들을 보고 경험할 수 있어서 즐겁습니다. 오늘처럼 너무 힘든 날은 제외하구요…."

"그런데 왜 혼자서 하시나요?"

젊은 아주머니의 질문이 계속되었다.

"혼자 해야 더 많이 생각할 수 있으니까요."

사실, 어둔 밤에는 혼자서 걷는 것이 후회스럽기도 하고, 두렵기도 했기 때문에 누군가 함께 걸어줄 사람이 있다면 얼마나 좋을까, 하고 생각했었지만, 그 말을 하지는 않았다.

주인아주머니와 그 젊은 아주머니와 함께 셋이서 자연스럽게 이야기를 나누다 보니 시간은 저만치 흘러가고 있었다. 그렇다고 해서 내가 가야 할 길이 줄어드는 것이 아니었으니…. 아무튼 이야기를 주고 받으며 즐거워하면서도 중부지방의 베트남어는 남부지방의 베트남어보다 훨씬 더 알아듣기가 어렵다는 생각을 떨쳐버릴 수가 없었다. 그러나 서로 웃으며 즐겁게 이야기를 나눌 수 있어서 다소 피로가 풀리는 것 같았다.

지도상으로 볼 때에는 4킬로미터 남았는데, 6킬로미터를 더 가야 한다는 새로운 정보는 나의 발을 더욱 무겁게 만들어 버렸다. 힘들수록 힘을 내기 위해 노래를 불렀다. 복음성가도 부르고, 어릴 때에 많이 불렀던 동요도 불렀다. 노래를 부르는 순간만큼은 조금도 외롭지 않았다. 노래를 부를 때면 결코 혼자가 아니라는 생각이 들곤 하였다. 때로는 신명이 나기도 했다. 옛날 사람들이 어렵고 힘든 일을 하면서 왜 노래를 불렀는지 그 이유를 더욱 분명히 알 것 같았다.

밤 10시가 거의 다 되어서야 드디어 도시의 불빛이 밝게 빛나는 짱응아이에 들어섰다. 망설이지 않고 그 도시의 중심으로 들어가 괜찮아 보이는 호텔에 들어가 체크인을 했다. 이틀에 걸으려고 계획했던 거리를 하루에 걸었으니 힘들기도 하지만, 이제 마음에 한결 여유가 생긴 셈이다. 그래서 지치고 힘든 몸은 새로운 의미를 기꺼이 받아들일 수 있는 것이리라. 어둠은 늘 소리 없이 다가오고, 밤은 또다시 삶에 지친 사람들에게 평안과 안식을 제공해 준다. 물론 어떤 사람들은 어둠을 두려워할지도 모르지만 말이다.

아침 시간을 좀 차분하게 보내려고 했다. 창문가에 앉아 시가지를 내려다보면서 따뜻한 커피를 마셨다. 현대화를 향해 활기차게 기지개를 펴고 있는 지방 도시의 분주한 모습과 부지런히 질주하는 오토바이들은 생동감이 넘쳐 보인다.

'이런 곳에서라면 온종일 쉬었다 가도 좋으리라.'

그러한 불가능한 생각을 살며시 누르고 뒤로 한 채 배낭을 둘러멨다. 출발하자마자 가까운 이발소에서 15,000동을 주고 머리를 깎았다. 정말 저렴한 값이다. 머리를 깎고 나니 몸이 한결 가벼워진 느낌이다.

그러나 그러한 느낌도 잠시. 머리를 깎은 후에 머리를 물로 감지 않았기 때문에 옷 속에 들어간 머리카락 때문에 엄청 신경이 쓰였다. 일반적으로 베트남의 이발소에서는 손님이 특별히 원하지 않으면 머리를 자른 후에도 머리를 감겨주지 않는다. 그리고 대다수의 사람들은 그냥 머리만 깎고 돌아간다. 나도 그들처럼 했던 것인데, 얼마 지나지 않아서 후회를 하지 않으면 안 되었던 것이다. 불편하기 짝이 없는 보행, 달리 방법이 없다. 그냥 참으면서 걸어가야 한다. 옷을 벗어 던진 채 알몸으로 걸어갈 수도 없으니….

햇볕이 정말 강렬하다. 시내를 벗어나면서 상당히 긴 다리가 나타났다. 거의 1킬로미터 정도 되어 보이고, 넓은 강이 이 도시를 포근히 감싸고 있는 형상이다. 강물 위에는 작은 배들이 떠 있는데, 그 배에서 사람들이 생활하고 있는 것으로 보인다. 말하자면 스물이 넘는 수상가옥들이 강물 위에 떠서 출렁거리며 그들의 어렵고 힘든 삶을 말해주고 있는 것 같았다. 간간이 사람들의 움직임도 볼 수 있었다. 어려움이라는 것도 길들여지고 익숙해지면, 결코 불편한 것이 아닐지도 모른다. 그러므로 인간의 행복지수를 눈에 보이는 것으로 측정하려는 시도 자체가 얼마나 무의미한 것인지 모른다.

다리를 건너 30분 가량 걸으니 왼편 길옆에 제법 깨끗하고 운치도 있어 보이는 작은 호텔이 서 있다. 시간적으로 여유가 있다면 하루 정도 머무르고 싶은 마음이 강하게 들 정도로 예쁘고 아담한 모습이다. 도시를 한참 벗어난 위치에 서 있는 호텔의 용도는 과연 무엇일까? 혼자서 별 의미도 없는 생각을 하면서 무더운 더위를 이겨내려고 안간힘을 썼다.

인간은 생각하는 존재다. 그러나 생각하는 것이 늘 즐겁고 행복한 일만은 아니다. 숱한 인간관계와 사회라는 거대한 조직 속에 존재하는 갈등과 온갖 문제들을 맞닥뜨려야 하기 때문이다. 그래서 현대를 살아가는 많은 사람들이 복잡한 게 싫다는 이유로 일부러 생각을 회피하려고 하기도 한다. 이에 대해서 리영희 교수는 이렇게 말했다. "생각을 하는 괴로움을 회피하는 것은 생명의 정지를 뜻하며, 그런 생활태도는 인간의 가장 중요한 속성인 발전을 포기한 것"이라고. 나아가 그는 "실천만이 관념의 옳고 그름을 검증하는 것"이기 때문에 실천이 가장 중요하다고 하였다. 곰곰이 생각해 볼 말이 아닌가 싶다.

의지적인 노력으로도 폭염의 더위에는 쉽게 적응이 되지 않는다. 아픈 발바닥에 굳은살이 생기게 되면 고통도 점점 사라지고, 몸은 튼튼하게 다져져서 도로를 걷는 데에 적응이 되는데, 도로 위에 서 있기만 해도 땀이 줄줄 흘러내리는 여름의 무더위에는 그야말로 속수무책이다.

점심을 먹으면서 책을 읽고 있는데, 열대여섯쯤 되어 보이는 여자 아이가 자꾸만 내 주변을 오가며 조금은 무례하게 장난을 쳤다. 언니로 보이는 다른 여자가 하지 말라고 눈짓을 하지만, 아랑곳하지 않는다. 나는 아무런 이야기도 나누고 싶지 않아서 그냥 책을 읽고 있는데, 그 맹랑한 여자 아이가 배낭 안에 있는 내 물건에 손을 대는 것이 아닌가. 예의 없는 행동 때문에 화가 나서 버럭 소리를 질렀더니 천방지축으로 날뛰던 여자 아이가 다소 수그러든다.

남의 생각이나 입장에 대해서는 전혀 개의치 않는 사람들의 무례함은 때로 불쾌하게 한다. 아무 데서나 소변을 보거나 어디서든 웃옷을 벗은 채 돌아다니는 남자들의 모습을 볼 때면, 오직 자기 편의만을 생각하는 것 같아 씁쓸한 마음이 들곤 한다. 시간이 갈수록 조금씩 달라지기는 하겠지만….

어떤 마을 앞에 있는 논은 황량하게 비어 있는 경우도 있다. 추수를 끝내고 아직 벼를 심지 않은 모양이다. 마을에 따라 파종과 추수의 때가 전혀 다른 것이다. 그저 논에 물을 대고 땅을 파고 갈아 씨를 뿌리면 바로 그 시기가 파종시기가 되고, 알곡이 무르익어 거두어들이게 되면 그 때가 바로 추수시기가 되는 것이다. 그래서 사람들은 바쁠 것이 없어 보이고, 때로는 게을러 보이기도 한다.

그럼에도 불구하고, 도로를 질주하는 자동차들이나 오토바이를 보면, 뭐가 그렇게 급한지 도무지 이해할 수가 없다. 그냥 남에게 뒤지는 것을 참을 수 없는 독특한 민족성 때문인지도 모르겠다는 생각이 든다. 이 나라에서는 양보가 결코 미덕이 아닌 것 같다. 도덕은 남을 배려하는 마음바탕에서 비롯된다고 했던가?

이번에는 한적한 곳에 자리를 잡고 있는 구멍가게에 들렀다. 나이가 꽤 들어 보이는 할머니 둘이 앉아서 이야기를 나누고 있었고, 손자로 보이는 남자 아이는 사방을 뛰어다니며 이방인에게 자신의 존재를 확실히 심어주려고 안달하는 것 같았다. 검게 탄 얼굴에 땀으로 범벅이 된 나의 몰골을 보고 할머니 역시 호기심이 발동하기 시작하는 것 같다.

주인으로 보이는 한 할머니는 70대 후반으로 되어 보였는데, 제법 유식해 보였다. 나와 이야기를 나누고 싶었는지 오른손으로 자신의 가슴을 짚으며 제법 센스 있게 묻는다.

"아이 베트남, 유우?"

"한국 사람입니다."

베트남어로 대답해주었더니 무척 반가워하는 모습이다. 놀랍게도 이어진 말이,

"안녕하세요? 감사합니다."였다.

'누구한테 배운 것일까?'

너무나도 발음이 정확해서 놀라지 않을 수가 없었다. 베트남 텔레비전에서 자주 방영되는 한국 드라마 이야기며, 한국에 관해서 많은 이야기를 나누었다. 많은 베트남 사람들이 한국에 대해서 좋은 이미

지를 갖고 있는 것이 분명한 것 같다. 두 나라가 서로 더 노력하고 힘을 합해서 지속적으로 아름다운 관계를 만들어나가게 되기를 바라는 마음이다.

어둠이 다가오기 시작할 무렵, 쩌우오(Chau O)에 도착했다. 오늘은 겨우 20킬로미터를 넘었을 뿐인데, 힘들고 피곤하기는 마찬가지다. 조용하고 비교적 깨끗한 마을이고, 숙소도 이만하면 좋은 편이다.

정말 찌는 듯이 무덥다는 표현이 딱 어울릴 것 같은 날이다. 바람은 한 점도 없이 강렬한 햇볕만이 내리쬐었다. 아스팔트에서 올라오는 복사열은 숨이 막힐 정도여서 걸음의 속도를 낸다는 것은 불가능한 일이었다. 그렇다고 해서 걸음을 멈출 수는 없는 일. 더욱 천천히 걷고, 더욱 자주 쉬고, 쉴 때마다 충분히 쉬어준다는 생각으로 여행을 시작하였다. 몸도 마음도 가볍게 느껴졌지만, 그러한 느낌도 얼마 지나지 않아서 완전히 사라지고 말았다. 그야말로 더위와의 치열한 싸움이었다.

즐겨 마시던 사탕수수도 이제는 질려서 마시고 싶지 않았지만, 극심한 갈증 때문에 어쩔 수 없이 주문해서 마시는 반복을 해야 했다. 그러나 마시는 횟수는 최대한 줄이려고 애를 썼다. 설상가상으로 지도상으로 알고 있었던 거리보다 실제 거리는 5킬로미터가 더 되었기 때문에 심리적으로 낙담이 되었고, 육체적으로는 더욱 힘들었다. 어제도 그랬는데, 오늘도 마찬가지여서 이틀 동안 애초에 계획했던 거리보다 10킬로미터를 더 걸어야 했다. 오늘과 같은 날씨에는 1킬로미터가 얼마나 힘들고 어려운 거리인지 직접 경험해 보지 않고서는 결코 실감하지 못할 것이다.

점심을 먹으면서 얼음이 둥둥 떠다니는 차가운 녹차를 2리터 정도

나 마셨다. 사탕수수 대신에 수분으로 섭취한 것이기는 했지만, 한자리에서 엄청난 양을 마신 것이다. 그래도 전혀 배가 아프거나 탈은 나지 않았다. 주인 할머니가 얼마나 부지런한지 쉴 틈도 없이 주변을 쓸고, 식탁을 자주 닦았다. 그래서 가게가 너무나도 깨끗하고 잘 정돈되어 있었다.

"가난한 집도 깨끗이 땅을 쓸고 가난한 여자도 깨끗이 머리를 빗으면 비록 겉모양새가 빼어나지는 못할지라도 기품이 절로 풍아(風雅)하리로다." 홍자성이 지은『채근담』에 나오는 말이다.

역시 집이나 가게도 주인을 닮아가기 마련이다. 깨끗한 식당은 음식을 먹는 사람에게 위생적으로 안전하다는 확신을 주기에 충분한 것 같았다. 깨끗한 음식, 보기 좋은 음식이 맛도 더 좋다는 옛말이 하나도 틀리지 않다는 생각이 들었다.

얼굴보다 훨씬 더 검게 그을린 내 발을 보더니 할머니는 놀란 표정이다. 가게에 들러서 음료수를 마실 때나 식당에 들러서 밥을 먹을 때마다 사람들은 나의 모습에 엄청 놀란 표정들을 보여주곤 한다. 내가 보기에도 외계인이나 괴물처럼 보였으니 그들이 보기에는 더욱 괴상하게 보였을 것이다.

해가 서산으로 넘어가려고 하는 저녁 무렵에는 언제나 마음이 부유해지는 것 같다. 무더위도 한풀 꺾이고 바람이 살랑거리기도 하지만, 붉게 물든 하늘가를 바라보며 걷는 것만으로도 즐겁고 행복하다. 날마다 되풀이되는 일몰이지만, 일출과는 달리 일몰의 모습은 날마다 판이하게 그 모습이 다르고, 뭔가 특별한 사연이 있는 그림처럼 보여서 애틋한 감정까지 솟아나곤 한다. 그리고 나는 놀라운 힘을 얻게 되는 것이다.

누이타잉(Nui Thanh)에 이미 도달했는데, 3킬로미터가 더 남았다는 지표석 때문에 더 걸었다. 그 사이 세상은 어둡게 채색되어 버렸고, 이미 도시를 지나쳐버렸다는 사실을 확인한 순간, 주변을 아무리 둘러보아도 숙소는 보이지 않았다. 무거운 마음으로 3킬로미터를 되돌아가야 했다. 내일 다시 걸어야 할 3킬로미터까지 합하면 왕복 6킬로미터를 추가로 부담해야 한다. 어둠 때문에 발걸음은 더욱 무거웠고, 그릇된 판단을 한 내 자신이 너무나도 원망스러웠다. 그렇게 배워가는 것이려니 생각하며 스스로 위안을 삼아야 했다.

숙소를 잡은 후에 하루 종일 흘린 땀을 씻고 옷을 갈아입으니 기분이 금방 새로워진다. 호텔 근처의 길거리에 있는 식당에서 밤바람을 맞으며 천천히 밥을 먹고 있는데, 50대 후반으로 보이는 주인 남자가 다가오더니 내 식탁 앞의 의자에 앉는다. 그의 손에는 텔레비전 리모컨이 들려 있었다. 외국인으로 보이는 나를 위해 영어로 나오는 채널로 바꿔주려고 하는 모양이었다. 거의 말이 되지 않는 짧은 영어로 뭔가 말을 걸어보려고 하는 그의 모습이 천진스러워 보였다. 처음에 영어로 몇 마디 응답해 주다가 도무지 의사소통이 되지 않아서 그냥 베트남어로 이야기를 하였다. 그 남자는 잘 하지도 못하면서도 영어로 한마디라도 더 해보려고 무진장 애를 쓰는 것 같았다.

'그래도 본인이 어느 정도 영어가 되어야 할 것이 아닌가?'

그 남자는 누이타잉의 기차역에서 일을 하고 있다고 했다. 자신이 공무원이라는 사실에 상당한 자부심을 갖고 있는 것 같았다. 이름은 띤(Tin)이고, 나이는 47세라고 했다.

"네? 정말이세요?"

너무 놀랐다. 내가 보기에는 정말 50대 후반으로도 손색이 없어 보이는 인상착의였기에 놀랄 수밖에 없었다.

"그러면 저와 나이가 같은데요."

“그러면 우리는 친구네요.”하며 손을 내민다. 나도 밝게 웃으며 손을 내밀어 약간은 투박한 그의 손을 힘을 주어 잡았다. 둘이서 맞잡은 손을 흔들며 금방 친구가 되었다.

‘내가 젊게 보이는 것일까, 그 사람이 나이가 더 들어 보이는 것일까?’

여행지에서는 친구를 사귀는 데 나이가 그리 중요하지는 않다. 서로 교감하는 마음, 그것이면 충분하다. 우리는 한동안 이야기를 나누었고, 뜨겁게 포옹을 한 뒤 헤어졌다. 밤을 새워가면서라도 이야기를 나누고 싶어 하는 눈치였지만, 피곤한 나의 몸이 원하는 것은 오직 휴식, 휴식뿐이었다.

어제 걸었던 길을 다시 걸어야 한다는 사실에 왠지 분하고 억울한 생각이 떠나지 않았지만, 하루를 시작하는 발걸음은 한결 가벼웠다. 어제 밤에 이야기를 나누었던 띤(Tin)을 만나고 떠나려고 잠시 기차역에 들렀더니 띤은 보이지 않았고, 잠시 어디 갔다는 직원의 말만 듣고 돌아서 나와야 했다. 환하게 웃는 소박한 띤의 얼굴을 떠올리며 걸음을 옮기기 시작했다.

후텁지근한 날씨는 오전과 오후, 시간에 관계없이 기승을 부리기 때문에 한밤중에 걷는 것이 아니라면, 맞닥뜨려야 할 상황이었다. 그러나 그와 같은 자연의 힘과 맞서 싸우는 것은 스스로를 해치거나 무너뜨릴 수밖에 없는 일이다. 어떻게든 자연의 일부가 되기 위해 적응해 나가는 것이 가장 지혜로운 일일 것이다. 더욱 천천히 걸으면 되는 것이다. 그냥 더위에 내 몸을 내맡겨버리면 되는 것이다. 그렇게 걷다 보니 나도 모르게 6킬로미터나 이동해 있었다. 온 몸이 땀으로 흥건해져 있었지만, 놀랍게도 전혀 힘들다는 생각이 들지 않았다.

점심을 먹은 후에 다시 힘차게 걸었다. 작고 아담한 초등학교 건물이 무성한 나무 뒤에 숨어서 이방인을 훔쳐보고 있는 것 같았다. 나는 그 눈길을 짐짓 모른 체하며 오직 더위와 친구가 되어 더위 속을 걸어나갔다. 가장 힘들다고 생각될 때면 무의식적으로 가족들의 얼굴이 떠올랐고, 어렵고 힘들었던 기억들이 되살아나곤 했다. 그런데 아프고 힘들었던 기억들은 깊이 더듬어 파고들어갈수록 놀랍게도 현재의 고통을 이길 수 있는 힘으로 작용했다.

스스로 용기를 북돋아주며 미래를 향해 걸었다. 지금 내가 처한 위치에서 나를 만나 주시는 하나님을 기억하면서 나를 다양한 방식으로 인도하시는 하나님께 감사하는 마음으로 걸었다. 때론 내가 감당하기 어려워 보이는 고통이라 할지라도 하나님이 함께 하시는 고통에는 반드시 놀라운 신비와 은혜가 숨어 있다는 사실을 굳게 믿기 때문이다. 나의 입에서는 나도 모르게 찬양이 흘러나오고 있었다.

나의 등 뒤에서 나를 도우시는 주
평안히 길을 갈 땐 보이지 않아도
지치고 곤하여 넘어질 때면 다가와 손 내미시네.
일어나 걸어라. 내가 새 힘을 주리니
일어나 너 걸어라. 내 너를 도우리.

한낮의 더위를 살짝 피하면서 책을 읽고 있는데, 요란하게 천둥소리가 으르렁거린다. '소나기라도 내렸으면…,' 하는 마음이었는데, 그 소리만 요란할 뿐, 비는 내리지 않는다. 그래서 짐을 챙겨 들고 다시 걷기 시작하였다. 천둥소리는 계속해서 요란하고 그 횟수도 더해갔다.

'정말 소나기라도 한 차례 뿌려 주려는가?'

하늘이 그리 어두워지지는 않았다. 그러나 구름이 흘러가면서 간혹 태양을 가려주어서 따가운 느낌이 들지 않아서 걷기에는 아주 좋았다.

우르릉 쾅쾅! 요란하게 울부짖으며 두어 차례 번개가 치더니 갑자기 빗방울이 떨어지기 시작했다. 순간, 비에 젖게 될 것을 생각하기보다는 시원해질 것이라는 기대에 흥분하였다. 그래서 비를 피할 생각을 전혀 하지 않고 가볍게 발걸음을 옮겼다. 몰라보게 서늘한 느낌이 들기 시작했다. 몇 방울 떨어지다 그치고 말 것이라고 생각하였다.

그런데 빗줄기는 더욱 거세졌다. 비를 피할 장소를 찾아야 한다. 마음이 갑자기 급해지기 시작했다. 서둘러서 비를 피할 만한 가게의 처마 밑으로 달려 들어갔다. 마치 하늘이 터진 것처럼 비는 엄청나게 쏟아 부었고, 삽시간에 도로를 흥건히 적시고 낮은 곳으로 흘러내리기 시작했다. 순간적으로 재빨리 피하지 않았더라면 비에 흠뻑 젖고 말았을 것이다.

20여 분이 지난 후, 거짓말처럼 비는 멎었다. 그러나 해는 여전히 구름 속에 숨어 있어서 이전처럼 덥다는 느낌이 들지는 않았다. 다시 걷기 위해 도로에 올라섰을 때 정말 놀라지 않을 수 없었다. 도로의 중앙선을 중심으로 한쪽에는 물이 흥건히 젖어 있는데, 다른 쪽에는 전혀 비가 내리지 않았는지 바짝 말라 있는 것이 아닌가? 순간적으로 뿌리고 지나가는 소나기가 지역을 명확하게 구분지어 버린 것이다. 이 거짓말과도 같은 사실은 경험해 보아야만 비로소 그 신비를 깨달을 수 있을 것이다. 양털 뭉치로 여호와 하나님을 시험했던 기드온의 이야기가 생각났다.

기드온은 이스라엘 백성들이 미디안의 압제 속에서 신음할 때에 하나님으로부터 이스라엘을 구원할 지도자로 부르심을 받았다. 그러나 기드온은 자신을 통해서 이스라엘을 구원하게 되리라는 놀라운 사실을 믿을 수도 없었고, 받아들일 수도 없었다. 그래서 자신의 손으로 이스라엘을 구원하시려거든 양털 한 뭉치를 타작마당에 두고, 만일 이슬이 양털에만 있고 주변 땅은 마르면 자신의 손으로 이스라엘을 구원하실 줄을 알겠다고 하였다. 그러나 이튿날 바로 그와 같은 일이 벌어졌다. 양털은 이슬에 젖어 있는데, 주변의 땅은 바짝 말라 있었다. 그럼에도 기드온은 하나님의 부르심을 믿지 못하고, 한 차례 더 시험을 하였다. 반대로 이번에는 양털 뭉치만 마르고, 주변 땅에는 이슬이 있게 해 달라고 하였다. 이튿날 역시 그대로 되었던 것이다.

하나님께서 하시는 일을 인간은 다 이해할 수 없고, 하나님께서는 하시고자 하시는 일을 다 하실 수 있는 전능하신 분이다. 기적은 과거의 일로 끝나버린 것이 아니라, 바로 지금, 어디서든 누구를 통해서든 일어날 수 있다.

소나기가 내리고 난 뒤, 계속해서 해는 얼굴을 드러내지 않아서 덜 힘들게 걸을 수 있다. 그래서 주변을 좀 더 자세히 볼 수 있는 여유까지 생긴다. 꽝남(Quang Nam) 성은 다른 지역에 비해서 더 활발한 개발이 이루어지고 있다는 느낌이 들었다. 도로 주변 이곳저곳에서 공사하는 사람들의 모습이 자주 눈에 들어왔고, 내가 보기에는 괜찮아 보이는 도로에 다시 아스팔트를 까는 작업을 하고 있는 곳도 많았다.

부지런히 걸었기에 어둠이 찾아오기 전에 땀끼(Tam Ky)에 접어들었다. 도시의 입구에 있는 작은 다리를 건너면서부터 도시는 시작되었고, 다리를 건너자마자 왼쪽으로는 규모가 제법 큰 성당이 장엄하게 서 있었다. 뜰 가운데에는 정말 오래 되어 보이는 고목이 신비를 간직한 채 서서 오랜 역사를 말해주고 있는 듯했다. 도시는 그다지 크지 않은데, 건물들은 비교적 오래된 것 같아 보이고, 시가지는 1번 국도를 따라 상당히 길게 늘어서 있다. 짐을 푼 숙소는 밖에서 보기와는 달리 많이 낡은 상태였고, 시설도 좋지 않아서 불편한 편이었다. 하지만 두 다리를 쭉 뻗고 쉴 수 있다는 것만으로도 충분했다.

하루 종일 그냥 걸었다. 힘들었지만 계속해서 걸었다. 걷는 것만이 목적이었고 의미였다. 스쳐 지나가는 무수한 사람들. 음식을 먹거나 시원한 음료수를 마실 때마다 허름한 가게나 식당에서 만난 사람들. 그들과 주고받았던 많은 대화들. 그 안에 있는 말들을 생각하면서 걸었다. 도로 위에는 내 발자국 하나 남아 있지 않을 것이다. 고통과 가끔씩 느꼈던 감격과 환희, 그 모든 기억들은 그것을 몸으로 경험한 사람의 가슴 속에만 남아 있게 될 것이다.

아스팔트와 무수하게 마찰하면서 발가락과 발바닥에서는 이내 피까지 맺히고 터져 흐르기까지 하는데, 길은 내게 과연 무엇을 말하고 있으며, 무엇을 가르쳐 주는가? 아프고, 그로 인하여 비틀거리더라도 똑바로 가라고 말하고 있는 것일까? 똑바로 가다 보면 목적지에 도달하게 될 것이고, 그곳에서 고통의 의미가 무엇인지 알게 될 것이라고 가르쳐 주려는 것일까?

설령 중도에서 포기하게 되고, 목적지에 도달하지 못하게 된다 할지라도, 길에 서 있었던 순간들을 가슴에 담을 수 있는 것만으로도 충분하다는 생각을 해 본다. 광활한 하늘을 유유히 떠가는 뭉게구름의 순박함과 순간순간 달라지는 저녁놀. 잠시 멈추어 서서 대자연의 섬세한 손길을 감상할 수 있었다는 것만으로도 걸음의 이유는 충분하다. 아스팔트에서 올라오는 복사열과 40도를 넘나드는 온도와 강렬한 햇볕이 간혹 숨이 막힐 정도로 압박을 해오기도 하고, 길바닥에 드러누워 버리고 싶은 마음을 이겨내면서 보다 강해진 자신을 확인하게 되는 순간의 뿌듯함. 저녁이 주는 휴식과 고요함!

햇볕은 여전했다. 그러나 걸음은 경쾌하게 시작했다. 땀을 연신 흘리면서도 힘차게 발걸음을 내디뎠다. 아스팔트를 새롭게 포장하는 구간을 지날 때에는 정말 숨이 막힐 지경이었지만, 일을 하는 인부들의 고생을 생각하며 짜증을 내지는 않았다. 하늘에서 내려오는 태양의 열기보다 도로에서 올라오는 열기가 더 심하고 견디기 어려웠다.

5킬로미터를 쉬지 않고 걸어 꿰푸(Que Phu) 지점에 도달했을 때 차량들이 거의 속도를 내지 못하고 정체하는 모습을 보았다. 공사 때문에 한쪽 길을 막기 때문일 것이라고 생각했고, 베트남에서는 흔히 있는 일이라 여기며 그냥 걸었다. 마을의 중간 지점에 이르렀을 때에 도로의 한편에 엄청나게 많은 사람들과 오토바이들이 모여 있는 것을 보게 되었다. 사람들의 웅성거리는 모습 속에서 차량들의 정체 원인이 공사 때문이 아니라, 교통사고 때문이라는 사실을 금방 알게 되었다.

젊은 여학생으로 보이는 한 사람이 자전거와 함께 도로 위에 넘어져 있었고, 이미 숨이 끊어져 버렸는지 얼굴과 몸은 돗자리로 가려져 있고, 미처 가려지지 못한 새하얗게 변해버린 두 발만이 싸늘한 죽음을 말해주고 있었다. 그 옆에서는 동생으로 보이는 다른 한 여학생이 발을 동동 구르며 소리 내어 울고 있었다.

도로에서 질주하는 자동차와 오토바이, 그리고 자전거. 모든 교통수단을 이용하는 대다수의 운전자들이 안전에 얼마나 무관심한지 깜짝 놀랄 때가 한두 번이 아니었다. 운전을 하면서 핸드폰으로 장시간 통화를 하는 것은 다반사고, 젊은이들은 오토바이나 자전거를 타고 가는 도중에도 문자를 주고받기도 한다. 얼마나 무섭고 위험한 광경인지 모른다. 그래서 사고는 사방에서 도사리고 있고, 언젠가 그 사고는 나에게도, 나와 깊은 관계를 맺고 있는 사람에게도 찾아오게 될 것이다. 왜 이들을 그러한 사실에 대해서 심각하게 받아들이지 않는 것일까? 씁쓸하고 슬프고 우울한 생각을 안고 걷다가 7킬로미터 정도를 지나서야 첫 번째 휴식을 취했다.

이상하게도 날은 무더운데 발걸음은 무겁지 않았다. 다른 날 같으면 2,3킬로미터를 걷기도 힘이 들었는데, 오늘은 5,6킬로미터 정도를 걸어야 쉬고 싶은 생각이 들었다. 상황이 결코 나아진 것은 아닌데, 아마도 이제 얼마 남지 않았다는 심리적인 성취감과 안정감 때문에 마지막으로 남아 있던 힘이 솟구쳐 오르기 때문인지도 몰랐다.

꿰쑤언(Que Xuan) 마을의 정말 허름한 가게에 발길을 멈췄다. 나이 든 할머니와 할아버지 두 분이서 흙먼지 풀풀 날리는 거리를 바라보며 도란도란 이야기를 나누고 있는 모습이 정겨워 보였기 때문일까? 이방인을 맞이하는 모습이 어딘지 어색하고 낯설게 여겨졌지만, 따뜻한 감정을 전하려고 애쓰는 그 모습이 너무나도 소박하고 아름답게 보였다. 얼음을 타서 음료수를 마시며 이야기를 시작하였는데, 얼마 지나지 않아서 옆집 이발관 아저씨까지 합세하였다. 이곳까지 걸어온 나의 도보여행에 대해서 소개를 하자 너무나도 놀라는 모습이다. 마치 어려움을 당해서 불가피하게 걸어야만 하는 처량한 신세로 보였는지 뭔가 도와주려고 안절부절 못하는 모습이었다.

"아닙니다. 저는 일부러 도보여행을 하고 있는 중입니다."

"이렇게 날씨가 더운데 걷는단 말이오?"

"네. 덥긴 하지만 계속 걸을 겁니다. 햇볕이 너무 따가워서 힘들지만, 그래도 걷다 보면 즐겁습니다. 덕분에 이렇게 좋은 분들을 만날 수도 있어서 더욱 좋지요."

금세 얼굴이 활짝 핀 꽃과 같아진다. 시간이 지날수록 서로 정감이 오가기 시작했는지 얼음과 함께 시원한 음료수를 더 내온다. 서로 나누어 마시며 시간 가는 줄 모르고 이야기를 나누었다. 이렇듯 밝고 소박하게 살아가는 사람들의 모습을 사진기에 담고 싶어졌다.

"우리 사진 한 장 찍으면 어떨까요?"

"좋아요."

전혀 망설이지 않는다. 마치 기다리기라도 했던 것처럼 벌떡 일어나 사진을 찍을 준비를 하느라 부산을 피운다. 할머니는 쓰고 있던 모자를 벗어 옆에 두고 안으로 들어가더니 다른 옷으로 갈아입는다. 그리고 얼른 거울을 들여다본다. 아름다움을 추구하는 여자의 속성은 나이와 전혀 상관이 없는 것일까? 여자는 감옥의 독방에 갇혀도 거울과 빗만 있으면 외롭지 않다고 말하던 누군가의 말이 문득 떠올랐다.

웃옷을 벗은 채로 앉아 이야기를 나누던 할아버지도 재빨리 옷을 걸치고 제법 근엄한 자세를 취한다. 옆집 아저씨는 수줍은 듯 피하려고 하였지만, 내가 강하게 권했더니 이내 자리를 잡고 앉는다. 넷이서 사진을 찍은 후에 화면으로 보여 주었더니 어린애처럼 좋아 하며, 할머니가 나와 둘이서 한 장 더 찍자고 해서 한 장 더 찍었다.

"하노이에 돌아가서 사진을 찾아 보내드릴게요."

단정한 글씨로 주소와 이름을 적어 내게 주었다. 할머니의 이름은 롱(Long)이라고 했는데, 남자 이름 같다는 생각이 들었다.

"다음에 찾아오실 수 있나요?"

"글쎄요. 또 오고 싶긴 하지만, 확실하게 말씀드리기는 어렵습니다."

아쉬운 마음으로 손을 흔들며 헤어졌다. 정오의 시간에 뜻밖에 만난 즐거운 경험이었다. 아니, 정오의 선물이라고 해야 하겠다.

남프억(Nam Phuoc)은 미선(My Son) 유적지로 가는 길목에 있는 마을이다. 마을 중심에서 왼편으로 약 30킬로미터를 더 가면 옛날 참파 왕국의 유적지인 미선에 다다르게 된다. 호이안(Hoi An)과 더불어 유네스코 문화유산으로 지정된 미선 유적은 4세기 말에 참파 왕이 시바(힌두교의 파괴와 창조의 신)를 모시는 목조 사당을 지으면서 역사가 시작되었다. 그러나 화재로 소실된 후 7세기에 벽돌을 이용해 재건하였으나 일부는 소실되었고, 다시 베트남 전쟁 중에는 미군 전투기의 폭격으로 많이 파괴되었다고 한다. 현재는 8세기에서 13세기 말까지 지은 70여 개 건물의 유적들이 초목 아래 자리를 잡고 있다. 접착제를 사용하지 않고 벽돌을 끼워 맞춘 형식으로 지은 건축 기법과 벽면의 조각 등에서 참파 왕국의 훌륭한 문화 예술을 짐작할 수 있다.

남프억 마을이 끝나면서 긴 다리가 나타났다. 1킬로미터가 조금 넘는 다리는 넓은 강을 가르며 시원하게 뻗어 있다. 다리를 건널 때면 마음이 확 트이는 느낌이 들어서 좋다. 사방으로 고개를 돌려가며 풍경을 볼 수 있어서 좋고, 열기가 묻어 있기는 해도 바람이 막힘없이 불어와서 시원한 느낌이 들어서 더욱 좋다. 맑은 하늘에 솜사탕처럼 떠서 춤추는 하얀 뭉게구름이 나를 향해 유혹의 손짓을 하고 있다.

빙디엔(Vinh Dien)에서 오른쪽으로 길을 바꾸면 10킬로미터 정도 떨어져 있는 곳에 많은 관광객들의 발길이 닿는, 오래된 도시인 호이안(Hoi An)이 있다. 호이안은 미선 유적지와 함께 유네스코 문화유산에 지정된 곳으로, 참파 왕국에서 응우엔 왕조 시대에 걸쳐 중국, 인도, 이슬람 세계를 연결하는 국제적인 무역항 역할을 했다. 16, 17세기에는 일본 무역 상인들도 드나들었고 일본인 마을이 생겨나기도 했다. 전성기에는 천 명 이상의 일본인들이 살았다고 하며, 막부의 쇄국 정책으로 마을이 쇠퇴했다. 현재는 당시의 모습이 거의 남아 있지 않고, 현재 남아 있는 오래된 마을은 그 후에 이주한 화교들이 이룬 것이라고 한다.

1번 국도가 눈에 띄게 넓어지기 시작했다. 중부 지방 최대의 도시인 다낭(Da Nang)이 멀지 않았음을 보여주는 확실한 증거라고 할 수 있을 듯하다. 애초에 빙디엔에서 하루를 쉬고 갈 생각이었으나 좀 힘들더라도 쉬지 않고 곧바로 다낭까지 가기로 마음을 바꿨다. 그래서 걸음을 재촉하였다. 걸음의 속도는 자연히 빨라졌고, 덩달아 마음까지 급해지는 것 같았다. 그리고 다급한 마음만큼이나 어둠이 빠르게 찾아왔다.

다낭의 외곽지역에 도착했을 때, 그만 길을 잘못 들었는지 내가 지금 어디에 있는지 도무지 방향을 종잡을 수가 없었다. 몸은 지칠 대로 지쳐 있었고, 이틀 동안 걸으려고 했던 거리를 뙤약볕을 받아가며 하루에 걸었기 때문에 발바닥이나 발도 상당히 아팠다. 길에서 갈팡질팡하며 시간을 보내다가는 온 밤을 다 보낼 것 같아 마음이 초조해지기 시작했다.

일단 교통수단을 이용해서 시내의 중심가로 들어가 숙소를 잡아야 할 것 같다는 생각이 들었다. 지나가는 사람에게 물어보니 시내로 들어가려면 3킬로미터 정도 가면 된다고 해서 그냥 걸어가기로 마음먹고 천천히 걸어갔다. 그때 오토바이를 타고 지나가던 한 청년이 내 옆에 멈췄다. 뭔가 방황하는 듯한 나의 모습이 그의 눈길을 끈 모양이다.

"어디 가시는 길이세요?"

"네, 시내에 가려고 하는데요. 가장 번화한 곳으로 가려면 얼마나 더 가야 하지요?"

"걸어서 가기에는 너무 먼데요."

순간 눈앞이 깜깜해져 왔다. 더 이상 걷고 싶지도 않았고, 더 이상 걸을 힘도 바닥나버리고 말았기 때문이었다. 난감해하는 나의 모습이 애처로워 보였던 것일까?

"일단 제 뒤에 타세요. 제가 그곳까지 데려다 드리지요."

"고마워요."

나는 말보다 더 빠른 속도로 지친 몸을 그의 오토바이에 실었다. 염치고 뭐고 가릴 상황이 아니었다. 시원하게 바람을 가르며 달리는 기분은 그야말로 날아갈 것만 같았다. 가는 동안 오토바이 위에서 이런저런 이야기를 나누며 꽤 오랜 시간 달려갔다.

상당히 먼 거리였다. 아마 걸었다면 자정을 넘어서야 목적지에 도착했을 것 같은 생각이 들었다. 그것도 지리를 정확히 알아야 그 정도일 테고, 물어물어 가려면 그 이상의 시간이 소요되었을 것이다. 어쩌면 밤새도록 거리를 헤매다가 이름 모를 거리에 쓰러져 잠이 들었을지도 모를 일이었다.

고마운 청년의 친절 덕분에 위기를 극복하고, 시내 중심지 – 많은 관광객들이 오가는 번화가에 무사히 도착했다. 자꾸만 거절하려는 그 청년에게 감사의 마음을 표시한 후 나는 다시 혼자가 되었다. 그러나 아무 것도 두려울 것이 없었다.

한강(Song Han)을 따라 길게 이어진 강변도로는 다낭의 대표적인 거리인데, 주말이라서 그런지 도로에나 강변에는 엄청나게 많은 사람들이 나와 밤경치를 구경하기도 하고, 거리를 오가며 분주하게 움직이고 있다. 벤치에 앉아 달콤한 밀어를 나누는 연인들의 모습도 눈에 띈다. 거리는 온갖 불빛들로 휘황찬란하다. 그러나 나는 무조건 쉬어야 했다. 너무 피곤해서 잠도 오지 않는 밤이었지만, 마음은 평안으로 가득했다.

아무런 움직임이 없어도 여행이 끝난 것은 아니다. 하루 종일 홀로 객실에 앉아 지난 시간들을 되돌아보며 새로운 날들을 꿈꾸는 것도 여행의 일부이기 때문이다. 무더운 날씨와 발바닥의 온갖 통증들. 그 아픔의 과정 속에서 맞이하고 보냈던 여러 마을들의 풍경들. 그리고 하늘 가득 떠다니던 뭉게구름. 환상적이었던 저녁놀. 변덕스럽게 토해냈던 신음과 감탄, 그리고 좌절과 환희의 순간들!

길은 나에게 아무런 말을 하지 않았지만, 나의 귀는 길의 소리를 분명히 들었고, 자연을 향해 한없이 열려 있었다. 그리고 나는 그 자연의 일부였다.

다섯 번째 발걸음

다낭(Da Nang)에서 동허이(Dong Hoi)까지

여행일시(1) : 2011년 11월 12일~11월 15일
여행일시(2) : 2011년 12월 9일~12월 17일

다낭(Da Nang)에서 동허이(Dong Hoi)까지

여행일시(1) : 2011년 11월 12일~11월 15일
여행일시(2) : 2011년 12월 9일~12월 17일

"예수님의 길은
지금 우리가 살고 있는 이 장소에서,
지금 여기에 있는 사람들과 함께 깊이
그리고 충만하게 사는 길이다."
— 유진 피터슨(Eugene H. Perterson) —

혼자서 걷는다는 것이 갈수록 어렵고 힘들다는 생각이 든다. 실제로 육체적으로 많이 힘이 든다. 그러나 여기에서 포기할 수는 없다. 그러한 마음으로 하노이를 출발하였다.

다낭(Da Nang)은 중부지방에서 가장 크고 활기가 넘치는 도시이며 베트남에서 네 번째로 큰 도시다. 해변을 따라 기다랗게 늘어선 도시는 사방에서 건설의 몸부림이 한창이다. 공항이 도시의 한복판에 있어서 도시의 어디로 가든 이동이 편리하지만, 비행기의 소음으로 시끄럽다. 도심을 가로질러 해변에 이르기까지 여느 대도시와 마찬가지로 엄청난 수의 오토바이 물결을 경험하게 된다. 사람들은 바삐 움직이고, 거리는 소란하다.

해변 길에 이르자 넓은 도로가 시원하게 펼쳐진다. 끝이 보이지 않

을 정도로 긴 해변. 몇몇 사람들이 조그만 광주리 배를 이용해 고기잡이를 하고 있다. 해변은 제대로 관리가 되지 않아 온갖 쓰레기 더미로 지저분하고 악취까지 풍겨나와 얼굴을 찡그리게 한다. 시원한 바닷바람을 맞으며 걸어가는 길, 아무리 걸어도 멀리 보이는 해안선은 좀처럼 줄어들지 않는다. 활처럼 구부러진 해안선을 따라 바다 물결이 철썩거리며 한가로이 왔다가 물러간다.

다낭의 시가지에서 거의 10킬로미터 정도 떨어진 바닷가에 위치해 있는 조용한 숙소를 잡았다. 어둠과 함께 인적도 끊어지고 간간이 차량들이 질주하는 소리와 파도 소리가 들려올 뿐이다. 밤이 어둡지 않다면 어떨 것인가? 진정한 쉼이 없을지도 모른다는 생각을 해 보면서 어둠이 주는 축복에 감사한다.

어둔 밤에도 많은 사람들은 밝은 빛을 향해 몰려들고, 그곳에서 자신들이 원하는 쾌락을 얻는다. C. S. 루이스(Lewis)는 쾌락과 기쁨을 구분하여 설명하면서, “쾌락은 인간의 노력으로 얻을 수 있지만, 기쁨은 인간의 노력으로 얻을 수 없고 외부로부터 들어오는 것”이라고 하였다. 나아가 “그 기쁨을 맛본 사람은 결코 쾌락을 구하지 않게 된다.”고 하였다.

밤과 어둠. 어둠 속에서 자기를 부정하는 시간을 갖는 것은 그리스도인에게 있어서 참으로 중요하다. 본회퍼(Dietrich Bonhoeffer)는 “자기부정은 더 이상 자기 자신이 아니라 오직 그리스도만을 아는 것”을 뜻하며, “십자가 아래서 걷는 일은 비참하고 절망적인 일이 아니라 영혼에 생기를 넘치게 하고 평화를 가져오는 일이며 가장 큰 기쁨”이라고 하였다. 그러나 나를 포함하여 대부분의 그리스도인들은 십자가 아래서 걷는 일을 애써 피하려고 하는 것 같다. 십자가 아래에 서야 맛볼 수 있는 역설의 은총을 누리기 위해 먼저 나를 솔직하게 내려놓아야 하겠다.

어둠이 걷히고 나면 공기는 한결 산뜻한 느낌이 든다. 밤새 잠을 자고 깨어난 수목들이 양질의 산소를 뿜어내기 때문일까? 그래서 지친 심신이 아침이면 새로운 활력을 얻게 된다. 아침마다 새로운 공기, 아침마다 새롭게 다가오는 주의 성실하심에 대해서 묵상을 한 후, 바다가 바로 곁에 누워 있는 식당에서 블랙커피와 함께 바잉미(Banh my, 베트남식 바게트 빵)로 아침식사를 하였다.

식사를 마친 후에 배낭을 짊어지고 숙소를 나섰다. 푸른빛이 넘실거리는 바닷가를 거닐며 시원한 바다의 냄새를 가슴 깊이 들이마시는 것도 새롭다. 바다 옆 편으로는 높고 긴 산맥이 하늘에 닿아 있는 것 같다. 구름에 가려 산꼭대기는 그 모습을 드러내지 않는다.

이른 아침부터 해변에는 낚시를 하는 사람들의 모습이 간간이 보인다. 모래 언덕을 가로질러 다가가 말을 걸어본다. 아직 한 마리도 낚아 올리지 못했다며 부끄러워하는 모습이 천진해 보인다. 나이는 50대 중반은 족히 되어 보이지만 말이다. 날마다 드넓은 바다를 바라보며 살아와서 그런지 그의 얼굴에서 욕심이라고는 전혀 찾아볼 수가 없다.

그날그날 잡은 물고기를 가지고 살아왔을 터, 세 끼 밥을 먹고 살면 그만, 더 이상 바랄 것이 없는 것이라며 무욕(無慾)의 의미를 가르치려는 듯 그의 웃음이 더욱 청빈해 보인다. 바다를 향해 힘껏 낚싯줄을 던지는 그의 모습을 사진기에 담아 본다. 부디 많이 잡기를 바라는 마음으로 악수를 나누고 헤어졌다.

다낭 시가지를 등 뒤로 밀어내며 한동안 걷고 나니 바야흐로 하이번(Hai Van, 海雲) 고개가 시작된다. 몇 년 전에 개통된 터널을 이용하면 6킬로미터 남짓이면 되는 길인데, 바다를 바라보며 굽이굽이 이어진 길을 따라 걸어야 제 맛이다. 그래서 일부러 긴 옛길을 택하였다. 낌리엔(Kim Lien)이라는 항구 마을이 산자락을 따라 차분하게 자리를 잡고 있다. 여전히 많은 차량들과 오토바이들이 고갯길을 이용하는지 생각했던 것보다는 자주 눈에 띈다. 그래서 한적한 느낌이 덜하고, 차분히 생각하며 걷는 것을 방해한다.

길을 걷는다는 것, 혼자서 길을 걷는다는 것은 신앙인의 순례에 비유할 수도 있다. 그 누구의 도움도 없이 오직 침묵 속에서 한 걸음씩 내딛어야 한다. 스스로 격려하고 스스로 채찍질해 가면서 모든 기쁨과 아픔, 그리고 정적과 고독까지도 내면 깊은 곳에서 다독거리며 홀로 다스려야 한다. 물론 신앙인에게 있어서 순례의 길은 결코 혼자 걷는 것이 아니리라. 눈에 보이지는 않지만, 주님과 동행하는 것이기에 때론 극한의 어려움도 당당히 이겨낼 수 있는 것이다. 육체적으로 감당하기 어려운 한계점을 넘어서게 되면 비로소 정신은 더욱 맑고 투명해지고 영적으로도 더욱 단순해지게 된다. 어쩌면 순례의 목적이 하나님 앞에서 한 인간이 단순함을 찾아가는 것인지도 모른다.

스페인의 시인인 마차도(Machado)는 "길이 없다 하여도 계속 앞으로 나아가면 스스로 길을 만들 수 있을 것이다."고 하였다. 길을 걷는 사람에게 얼마나 격려가 되는 말인가? 본회퍼(D. Bonhoeffer)는 "네가 어디로 가고 있는지 모르는 것이 네가 어디로 가는지를 아는 올바른 방법이다."고 하였다. 하나님의 임재를 의식하며 걷는 나의 길은 이미 그분의 것이며 그분의 손에 있음을 믿는다.

꾸준히 이어지는 오르막 굽이길을 따라 혼자서 걷는 모습이 너무나도 특이한 모양인지 오토바이나 자동차를 타고 지나가는 사람들이 예사롭지 않은 눈길을 보내기도 하고, 손을 흔들어 격려해 주기도 한다.

정오가 조금 지나서 마침내 해발 496미터에 이르는 고갯마루에 올라섰다. 하이번 고갯길은 21킬로미터 정도 되는데, 과거에는 워낙 길이 험하고 맹수들이 나타나서 사람들이 거의 700년 동안 넘기를 두려워했던 길이었다고 한다. 이곳에서는 멀리 다낭 시가지와 랑꼬(Lang Co) 마을을 동시에 바라볼 수 있다. 수많은 차량들이 관광객들을 실어와서 내려놓았는지 여기저기 사람들의 발길이 분주하다. 사람들은 허름한 식당에 앉아 점심을 먹기도 하고, 무너진 모습 그대로 서서 오랜 세월을 말해주고 있는, 반쯤은 훼파된 건물들을 둘러보며 사진을 찍기도 한다.

광장을 등지고 몇 걸음 올라서면 낡은 건축물이 눈앞에 서 있다. 금방 무너져 내릴 것만 같은 모습인데, 해운각(海雲閣)이라는 한자의 글씨만은 뚜렷하다. 이 건축물은 후에(Hue)에 도읍을 두고 있었던 응우웬(Nguyen) 왕조의 밍망(Minh Mang) 왕이 이곳을 방문하고 아름다운 경치에 감탄하여 돌로 만든 문이라고 한다. 시원한 바람이 불어오는 후미진 건축물의 그늘에 앉아 휴식을 취하면서 손에 닿을 듯이 낮게 떠서 흘러가는 하얀 뭉게구름을 바라보노라니 내 마음도 어느새 둥둥 떠오르는 것 같다.

다시 짐을 챙겨 들었다. 이제는 계속되는 내리막길이다. 내리막길은 오르막길에 비해 걷기에 쉽고 속도도 더 낼 수 있지만, 사실은 더 조심해야 한다. 걸음을 옮길 때마다 모든 체중이 양 무릎에 실리기 때문에 무릎이 더욱 아플 수 있고, 급한 마음에 서두르다가 넘어지기라도 하게 되면 커다란 위험을 당할 수도 있기 때문이다. 뭔가 다 이루었다고 생각하는 지점에 위험이 있는 것은 삶에 있어서나 걷는 데 있어서나 마찬가지다. 그러므로 내리막길을 걸을 때에 더욱 조심스럽게 발걸음을 옮겨야 하고, 서두르려는 욕망을 계속해서 눌러야 한다.

베트남에서 가장 아름다운 마을 가운데 하나로 알려져 있는 랑꼬(Lang Co) 마을을 눈앞에 바라보면서 걷는다. 오른편으로는 여전히 쪽빛 물결이 춤추는 바다가 이어지고, 왼편의 산은 더욱 크고 웅장한 모습으로 버티고 서 있다. 산의 웅장함에 비견할 만한 계곡들이 심심하지 않게 나타난다. 폭포로 떨어지는 물줄기의 소리도 우렁차고 물은 맑고 깨끗하다.

한번은 계곡에 내려가 시원한 물에 발을 담고서 한동안 휴식을 취하기도 했다. 가득히 쌓인 피로가 확 풀린 것 같아 너무 행복한 시간이었다. 그러나 다시 걷기 시작하면 얼마 지나지 않아서 다리가 아프고 어깨가 아파서 아무데서나 주저앉아 쉬고 싶은 마음이 일곤 했다. 눈앞에 보이는 마을은 눈에 아른거릴 뿐, 신기루처럼 더 이상 다가오지 않는 것만 같았다.

그렇다고 자주 쉴 수는 없는 일이다. 해가 떨어지기 전에 마을에 들어가 쉴 곳을 찾아야 하기 때문이다. 땅거미가 내려앉기 시작하자 강한 햇살을 피할 수 있어서 다소 서늘한 느낌이 들었고, 오늘의 목적지인 랑꼬 마을이 손에 잡힐 듯 가까이 다가온 것 같았다. 마음에 한결 여유가 생겨 그늘진 도로변에 앉아 책을 읽으며 휴식을 취하였다.

랑꼬 마을. 예쁜 호리병 속에 담겨 있는 것 같은 작고 아름다운 마을이다. 몇 걸음만 옮기면 바다에 이를 수 있는 곳에 있는 숙소를 잡았다. 파도소리를 들으며 고요한 이 마을의 숨결에 편히 기대어 보는 것도 좋으리라. 힘겹게 걸어야 하는 지점마다 경치는 더욱 아름다운 모습으로 드러났다. 한 인간의 삶도 마찬가지이리라. 고통과 아픔의 흔적은 진정 아름다운 법이다. 십자가의 고난이 없는 곳에는 부활의 영광도 있을 수 없을 것이다.

밤새 내리던 빗줄기가 아침이 되자 그 기세를 꺾더니 하늘이 맑게 개이기 시작했다. 인적 하나 찾을 길 없어 쓸쓸한 느낌마저 드는 해변을 잠시 걸으며 여름 내내 이 바다의 손님이었을 수많은 사람들을 생각해 본다.

이름 하나 알 수 없는 사람들이었을 테지만, 깔깔거리며 모래 언덕을 뛰어다녔을 해맑은 어린아이들의 모습이나 양질의 햇살을 온 몸에 받으며 일광욕을 하였을 낯선 사람들의 건강함에 대해서 생각해 보는 것도 색다른 맛이다.

비가 완전히 멎기를 기다리느라 아침에 조금 늦게 숙소에서 나왔다. 오늘의 목적지인 푸록(Phu Loc)까지의 거리는 28킬로미터이다. 시가지를 가로질러 1번 국도가 이어지고 있기 때문에 많은 차량들로 인하여 랑꼬 거리는 늘 시끄럽고, 먼지가 자욱하다. 어린애들이나 몸이 불편한 노인들이 오가는 시가지에서도 속도를 줄이지 않은 채 급하게 내달리는 차량들, 무엇이 그리 바쁜 것일까?

4킬로미터를 걸은 후에 조그만 가게에서 첫 번째 휴식을 취하였다. 시원한 음료수를 마시며 주인아저씨와 한동안 이야기를 나누는데, 푸록까지 가려면 두 개의 고갯길을 넘어가야 하기 때문에 무척 힘이 들 것이라며 오토바이를 타고 가는 것이 좋을 것이라고 한다. 아무리 어렵고 힘든 길이라 할지라도 나의 생각을 바꾸고 싶은 마음이 전혀 없었다. 오직 두 발로 걸어서 갈 것이다. 상당히 어렵고 힘든 길이 될 것이지만, 즐거운 시간이 되기를 빌어주는 그의 마음이 고마웠다.

마음의 각오를 단단히 하고 몸을 일으켰다. 얼마 걷지 않아서 푸자(Phu Gia)라는 첫 번째 고갯길이 나타났다. 몸을 앞으로 굽히고 몇 걸음 옮기기 시작하자 오른쪽 무릎이 심하게 아파왔다. 더욱 천천히 걸음을 옮기면서 아픈 부위를 문질러주기도 하고, 자주 멈춰 서서 쉬기도 했다.

그러나 다시 걷기 시작하면 이내 심한 통증이 밀려와 한 걸음을 내딛는 데에도 많은 힘이 들었다. 설상가상으로 도로는 심하게 훼손되어 거의 비포장도로나 다름이 없는데, 육중한 트럭들과 대형 버스들이 지나가면서 굉음과 함께 심한 먼지를 일으킬 때에는 숨을 쉬기조차 어렵다. 모든 상황들이 내 편이 아닌 것 같다. 배낭의 무게 때문에 양쪽 어깨도 아프기는 마찬가지였지만, 무릎의 심한 통증 때문에 어깨에는 신경을 쓸 여유조차 없다. 발을 질질 끌다시피 해서 오르막 구간을 다 걸었다.

내가 스스로 만든 시련이기는 하지만, 시련 속에서도 기뻐하고 시련을 자랑하는 것을 배워야 한다고 생각하며 한 걸음씩 걸었다. 인내를 통해서 세상에 더 깊이 들어갈 수 있고, 그 안에서 하나님을 체험하게 되기 때문이다. 하나님은 완벽한 인간이 아니라 있는 그대로의 인간을 사랑하시고, 나와 같이 한없이 약하고 부족한 사람을 사랑하신다.

고갯마루에 올라서면 어디선가 시원한 바람이 불어와 더위를 살짝 식혀준다. 차분히 숨을 고른 후에 내리막길에 접어들었을 때에는 무릎의 통증이 별로 느껴지지 않았다. 그러나 시간이 조금 더 지나고 나자 여지없이 통증이 찾아와서 육체적으로나 심리적으로도 무척 힘이 들었다.

평지에 들어서자 나타난 널따란 주유소의 한쪽 마당에 앉아 숨을 돌리며 휴식을 취했다. 지나가는 사람들이 한번쯤은 눈길을 돌려 나의 모습을 바라보기도 하고, 이해할 수 없다는 듯 고개를 갸웃거리기도 한다. 지친 내 몸 하나 제대로 가눌 수 없는 지경이라 그들의 그러한 행동이나 눈길 하나하나 관여할 바 아니었다. 그냥 퍼질러 앉아 쉬는 것만으로도 편안하고 행복할 뿐이었다.

행복한 사람은 결코 남의 시선을 의식할 필요가 없다. 행복은 다수결의 원리에 입각한 민주적인 절차에 의해 만들어지는 것이 아니라, 각자의 마음가짐에 달려있기 때문이다. 저마다 다른 방식으로 행복을 향유하는 다양한 소수들이 잘 어우러진 사회가 진정 건강한 사회가 아닐까, 하는 생각을 해 본다.

끊임없이 이어지는 평탄한 길. 중간에 허름한 식당에서 분보(Bun Bo)로 점심을 해결하였다. 곁들여 마신 커피는 너무나도 달고 쓴 맛뿐이었다. 커피의 주생산지인 베트남에서 이 정도로 달고 쓰기만 한 커피를 마시는 것도 아주 드문 일일 것이라는 생각이 들었다. 베트남에서 생산되는 커피의 원료는 상당히 좋은 편인데 가공기술이 그에 미치지 못하기 때문에 커피의 제 맛을 누리지 못하는 것이다. 아쉽고 안타까운 일이다.

오르막길은 한동안 나타나지 않았지만, 몸도 마음도 지칠 대로 지친 상태여서 내가 지금 걷고 있는 행위에 대해서 약간의 회의가 일어나기 시작했다. 인간은 올바른 일을 진행하면서도 그 일에 대해서 고민하고 갈등을 할 때가 참으로 많은데, 지금 나의 경우가 바로 그러한 것 같다는 생각이 들었다. 하나님을 믿고 따른다고 하면서도 자신의 생각과 이익 앞에서 번번이 넘어지고 후회했던 적이 얼마나 많았던가? 나는 항상 그렇게 흔들거리는 모습으로 살아왔을 것이다. 그리고 어쩌면 앞으로도 그렇게 살아갈지 모른다. 넘어지고, 다시 일어서고, 또다시 넘어지고, 또다시 일어서서 하나님을 바라보며 걸어가는 것이 순례의 길이요, 신앙인의 삶은 아닐까? 자꾸만 흐트러지는 마음을 다시금 다져본다. 그리고 또다시 한 걸음을 내딛는다.

프억뜨엉(Phuoc Tuong)이라는 두 번째 고갯길이 나타났다. 오전에 한 차례 넘었던 고갯길보다 더 길고 험하다. 마음을 비우고 오직 한 걸음을 앞으로 옮긴다는 기분으로 몸을 움직인다. 아무리 어렵고 힘들어도 멈춰 서지 않고 몸을 움직이다 보면 일정한 거리로 이동하고 있는 자신을 발견하게 된다. 점점이 이어진 고통의 순간들이 기다란 선으로 이어져 아름다운 기억으로 남게 된다. 그래서 고통스런 삶도 지나고 나서 보면 아름답고 애틋해 보이는 모양이다. 그렇다. 아름다운 것들은 다 아프거나 아픈 것들은 다 아름답다.

고갯길을 다 지나고 나자 멀리 오른편으로 눈이 시릴 만큼이나 파란 바다가 얼굴을 드러내기 시작했다. 좁은 철로 위에는 육중한 기차가 요란한 경적을 뿜어대며 느릿한 걸음으로 지나간다.

해는 서서히 산 너머로 사라져가고 대지에는 산 그림자가 길게 드리우기 시작한다. 그리고 지친 내 걸음도 마침내 푸록(Phu Loc)의 한복판에 이르렀다. 그런데 곧게 펼쳐진 마을 어디를 둘러보아도 지친 내 몸 하나 쉴 곳이 없다. 주변의 관공서 건물들은 밝고 환한 모습으로 제법 위용까지 갖추고 서 있는데, 피곤한 나그네의 몸을 받아줄 숙소 하나 찾아볼 수 없으니 온 몸이 무너져 내리는 것만 같았다.

사람들에게 물어물어 찾아낸 숙소. 마을을 완전히 등진 채 바닷가 후미진 곳에 자리를 잡고 있는 숙소. 안도감을 느끼며 들어선 입구의 분위기가 예사롭지 않다. 넓고 호화로운 로비며 친절하게 맞이하는 여직원의 태도 또한 심상치 않다. 객실의 요금표를 들여다 본 순간, 나의 마음은 금방 절망으로 바뀌고 말았다. 가장 싼 방이 300불, 그리고 1,000불이 넘는 방도 있었다.

아픈 발을 절뚝거리며 찾아왔는데, 숙박 요금이 너무나도 비싸다. 이런 곳에 이렇게 비싸고 호화스런 리조트가 있을 필요가 있을까? 이런 의문을 품고 씁쓸한 마음으로 무거운 발길을 돌려야 했다. 무릎은 더욱 아프고 마음은 한없이 슬펐다. 돈 때문이 아니었다. 내 손에는 그곳에서 쉴 수 있을 만큼의 넉넉한 돈도 있었다. 그리고 언제든지 질러댈 수 있는 카드도 있었다. 지친 몸을 부리고 그냥 편하게 쉴 수 있는 작은 공간 하나 찾을 수 없다는 사실 때문에 슬펐다.

다시 발을 절뚝거리며 어둠 속을 헤치고 1번 국도를 향해 걸었다. 어둠이 이미 짙어 주변의 사물들마저 구분해 낼 수 없다. 다낭과 후에 사이를 오가는 버스를 타고 일단 후에에 들어가 숙소를 잡아야 한다. 일단 그곳에서 잠을 잔 후에 다시 버스를 타고 되돌아와서 걸음을 시작하면 될 것이다.

푸록이라는 마을이 이미 끝나고 시작되는 무이네(Mui Ne)라는 고개의 마루에 서서 쌩쌩 달리는 로컬 버스를 가까스로 잡아탔다.

그런데 운전기사의 난폭한 운전 때문에 후에에 도착할 때까지 공포에 떨어야 했다. 쉬지 않고 눌러대는 경적 소리에는 귀가 먹먹할 정도였고, 중앙선을 완전히 무시한 채 엄청난 속도로 추월하는 모습은 정말 눈을 뜨고 볼 수조차 없었다. 뭐가 그리 바쁜 것인지 도무지 이해할 수가 없었다. 한순간의 사고로 모든 승객들의 목숨이 사라질 수도 있다는 생각은 전혀 하지 않는 것일까? 승객들의 태평한 모습도 놀랍기는 마찬가지였다. 엄청난 위험부담과 무서운 공포감을 내 힘으로는 도저히 떨쳐버릴 수가 없었다.

베트남 사람들은 일반적으로 생명에 대해 다소 가볍게 여기는 것 같다는 생각이 든다. 교통사고가 나서 피를 흘리는 사람을 보고서도 전혀 손을 쓰지 않은 채 모여 서서 웅성거리기만 하는 사람들의 모습도 자주 볼 수 있고, 목숨을 잃은 사람이 있어도 가족 외에는 슬퍼하는 사람도 거의 보지 못하였다. 오랜 전쟁이 이들을 이렇게 만든 것일까? 목숨을 두려워하지 않기 때문에 오랜 전쟁에서 살아남은 것일까? 베트남에는 이해하기 어려운 면들이 적지 않다.

후에(Hue)에 도착하여 짐을 풀고 나니 비로소 안도의 한숨을 쉴 수 있게 되었다. 마음은 평안했지만, 저녁 내내 양 무릎과 온 몸의 통증 때문에 제대로 잠을 이룰 수가 없었다. 이튿날에도 무릎의 상태는 전혀 호전되지 않았다. 그냥 길을 걷는 것조차 어려워서 이번 여행은 여기서 접기로 했다. 이렇게 중도에서 멈춰야만 하는 내 자신에게 화가 났다.

그러나 먼저 몸을 추슬러야 한다. 그리고 도보여행을 중단했던 그 장소에서부터 다시 시작해야 할 것 같다. 집으로 돌아오기 위해 짐을 싸야 하는 내 마음은 무겁기만 했다.

세상을 살다 보면 의지와 열정만으로는 안 되는 일들이 많다. 믿음이라는 것도 나 혼자의 감정과 열정만으로 세워나가는 것이 아니라, 하나님과 완전한 일치를 이루어나갈 때에 건강하고 완전한 모습으로 존재하게 될 것이다. 나와 하나님과 세상의 모든 사람들과 자연과의 조화와 일치, 그러한 삶을 살아가는 것이 예수 그리스도의 장성한 분량의 충만에 이르는 삶이 아닐까? 내가 중심이 아닌 하나님이 중심이 되는 삶을 살기 위해서 더욱 낮게 엎드려야 하겠다.

한 걸음도 더 이상 내딛을 수 없을 정도로 심했던 무릎의 통증으로 중단되었던 길에 다시 오르기 위해 짐을 챙겼다. 인터넷을 통해 중부지방의 날씨를 살펴보니 비가 온다는 예보다. 비가 내리지 않았으면 좋으련만, 내 뜻대로 할 수 없으니 받아들일 수밖에 없다.

공항에 도착하여 수속을 마치고 후에로 가는 비행기에 올랐다. 기내에는 빈자리가 거의 없이 손님들로 꽉 찼다. 대부분의 사람들은 서

양 사람들이고 나머지 사람들 가운데 대다수는 중국인 단체 관광객들 같다. 그리고 베트남 사람들은 아주 적은 수에 지나지 않아 보인다.

1시간 남짓 비행한 후에 푸바이(Phu Bai) 공항에 도착하였다. 다행히도 비가 내리다가 멎은 상태여서 짐을 챙긴 후에 청사 밖으로 나와 1번 국도를 향하여 걸었다.

먼저 숙소를 잡기 위해 후에 방향으로 2,3킬로미터 정도 걸어갔다. 땀이 약간 나긴 했지만, 그다지 더운 날씨는 아니다. 약간 후미진 곳에 자리를 잡고 있는 미니 호텔을 잡아 짐을 풀고 나니 얼마 지나지 않아 비가 내리기 시작한다. 비가 내려 하늘이 계속 어둡더니 밤이 금방 다가온다. 그리고 창문 가득 빗방울 소리가 들려온다.

쉬지 않고 내리는 빗소리를 들으며 아침을 맞이했다. 저녁 내내 내리고서도 비는 전혀 그칠 것 같은 기미를 보이지 않는다. 그러나 나는 걸어야 한다. 걷는 동안 무릎만 심하게 아프지 않다면 거센 빗속이라도 끝까지 걸을 것이라고 마음속으로 강하게 다짐하고 가벼운 걸음으로 숙소를 나섰다.

1번 국도에서 후에에서 다낭을 향해 달리는 시외버스에 몸을 실었다. 지난 번 여행 때에 무릎이 너무 심하게 아파서 중단할 수밖에 없었던 푸록(Phu Loc)의 무이네 언덕에 내려 비닐 비옷을 걸쳐 입었다. 오늘 도달해야 할 거리가 짧지 않지만, 결코 서두르지 않을 것이다. 늦더라도 욕심을 버리고 천천히 걸을 것이다. 오랜 시간 빗속에 있어야 할지라도 차분한 마음으로 걸어갈 것이다.

비는 좀처럼 그치지 않고 도리어 더욱 거세진다. 그것도 바로 앞에서 바람이 불어오기 때문에 고개를 들 수조차 없다. 신발 속에는 이미 물이 고여서 걸음을 옮길 때마다 질척거리는 소리가 나고 점점 무겁게 느껴진다. 신발이 닿는 아스팔트만을 내려다보면서 고개를 푹 숙인 채 걸어갈 수밖에 없다. 더욱 겸손하게 고개를 숙여야만 얼굴 가득 내리치는 빗줄기를 조금이라도 피할 수 있기 때문이다. 믿음 생활에 있어서나 세상의 모든 일에 있어서 어려움을 피하기 위해서는 더욱 낮게 엎드리는 수밖에 없다.

바람이 거세게 몰아치고 비가 세차게 내리칠 때에는 우산도 소용이 없다. 그냥 비를 맞으며 빗속을 뚫고 지나가야만 한다. 인생도 마찬가지다. 고통이나 시련이 극도로 심해지게 되면, 그 누구의 위로나 도움도 무용지물이 되고 만다. 오직 혼자서 그 어둠의 터널을 뚫고 지나가야 한다.

빗속을 걷는다고 해서 특별히 더 힘이 드는 것은 아니다. 불편하고 거추장스럽기는 하지만, 먼지가 없어서 애써 손수건으로 코와 입을 틀어막지 않아도 된다. 뙤약볕 아래서 걸으며 땀을 뻘뻘 흘려야 했던 날들에 비하면 비오는 날에는 거의 땀을 흘릴 필요도 없기 때문에 에너지가 덜 소모되기도 한다. 엄청나게 큰 경적 소리를 울려대며 질주하는 대형 차량들만 없다면, 빗속이라도 즐거운 마음으로 걸을 수 있을 것 같다.

비옷을 입었다 벗었다 하는 것이 다소 번거로워서 자주 쉬지 않았지만, 천천히 걸어서 그런지 많은 거리를 걸어도 별로 피곤하지는 않았다. 그래서 20킬로미터 정도까지는 순조로운 편이었다. 20킬로미터를 넘어서자 다리가 아파오기 시작했지만, 그럭저럭 견딜 만한 정도여서 걸음의 속도를 줄이고 천천히 걸었다. 마음속으로라도 상황 때문에 불평하지 않으려고 스스로 다짐하면서 비를 맞으며 걷는 것도 즐거워했던 어린 시절을 떠올려 보기도 하였다. 어린이처럼 빗속에 있는 나 자신의 상황을 즐기기로 했다. 그런 마음을 갖고 걸으면 훨씬 발걸음이 가벼워지는 것 같았다. 육체의 아픔을 이겨내기 위해 마음으로라도 밝고 긍정적인 생각을 하는 것은 상당히 유익하다는 것을 실감할 수 있었다.

진한 커피 한 잔을 마시며 휴식을 취하는 동안 『채근담』 몇 페이지를 읽었다. 세상의 모든 일에 집착하지 않아야 진정 자유로워질 수 있으리라. 세상의 모든 갈등과 분열의 원인에 바로 과도한 집착이 있지 않을까, 생각해 보면서….

신발이 축축하여 다시 신발을 신을 때면 거북하기 짝이 없다. 그래서 처음 얼마 동안은 걸음걸이마저도 어색해 보인다. 하루 종일 쉬지 않고 내리는 빗속을 걸어가는 한 사람, 한 걸음 한 걸음 앞을 향해 나아가게 되면 반드시 목표 지점에 도달하게 된다. 행동하는 자만이 자신이 꾼 꿈을 이룰 수 있을 것이다.

그리고 생각하는 자만이 올바른 목표에 도달할 수 있는 법이다. 생각만 하고 행동하지 않는다면 그는 결코 앞을 향해 나아갈 수가 없고, 행동만 하고 생각하지 않는다면 그는 자칫 엉뚱한 방향으로 나아가고 말 것이다. 생각하고 나서 행동하고, 행동하고 나서 다시 생각하면서 자신의 삶을 꾸려나가는 사람만이 자신과 타인에게 유익한 존재로 살아가게 될 것이라 믿는다.

30킬로미터 정도를 걸어 마침내 푸바이(Phu Bai)에 도착하여 뜨거운 물에 몸을 담갔다. 먼저 추위에 움츠러든 몸을 풀어주고, 아픈 다리도 정성껏 주물러 주었다. 밖에는 여전히 비가 내린다. 내일까지도 멎지 않으려나….

오늘도 여전히 빗속을 걸어야 한다. 밤새도록 내렸는데 빗줄기는 조금도 약해지지 않는다. 나의 기대와는 다르지만 비가 멎기까지 마냥 기다릴 수는 없으리라. 배낭을 멘 채로 비옷을 뒤집어 쓴 모습이 처량해 보이겠지만 한 걸음씩 걸어갈 것이다.

이곳에서 비는 자주 만나야 하는 것이기에 사람들은 비옷을 입은 채로 오토바이나 자전거를 타고 평소와 다름없이 활동한다. 좋은 날만 선택해서 행동할 수만은 없는 일이다. 자연의 흐름에 따라 순응하며 살아가는 것, 그것이 행복한 삶의 첫걸음일 테니 말이다.

나도 모르게 걸음은 자꾸만 빨라진다. 날씨가 싸늘하기 때문에 몸은 자꾸만 움츠러들고, 추위를 몰아내기 위해 걸음이 빨라지는 것이다. 어딘가에 앉아 쉬는 일이 오히려 번거롭고 거추장스러워서 7킬로미터를 걸은 후에야 한 차례 걸음을 멈추었다. 쉴 때면 신발을 벗고 양말까지 벗는다. 물에 통통 부어오른 발가락이 마르기까지 어정쩡하게 앉아 쉬다가 물에 젖은 양말을 다시 신고 물이 고여 있는 신발 속에 발을 집어넣을 때의 기분이란 뭐라 말할 수조차 없다. 쉴 때마다 이러한 일은 되풀이 된다.

후에 시내가 점점 가까워지는지 도로도 넓어지고 차량들도 눈에 뜨게 많아진다. 도시로만 몰려드는 사람들. 도시에는 사람들의 욕망을 채워 줄 여의주라도 있는 것일까? 도시는 온갖 종류의 사람들을 빨아들이는 블랙홀이라도 된다는 말인가? 내게 있어서 도시는 짐을 부리고 마음 편하게 쉴 수 있는 숙소가 있다는 것 때문에 반가울 뿐이다. 무거운 발걸음이 더 이상 떨어지지 않을 정도의 아픔과 피로에 휩싸일 때에는 더욱 그렇다.

후에는 약 400년(1558-1945) 동안 응우웬(Nguyen) 왕조의 수도였던 곳으로, 베트남 민족의 지식과 정신을 상징하는 무형과 유형의 문화재가 많이 남아 있는 곳이다.

후에 시내에 들어와 숙소를 찾아 짐을 내려놓은 후에 먼저 인터넷으로 일기예보를 검색했다. 내일, 그리고 모레도 계속해서 비가 내릴 것이라는 예보다. 어떡하나? 계속되는 빗속의 도보여행….

다시 빗속으로 들어간다. 사흘째 계속해서 빗속을 걷는 셈이다. 어쩌면 이번 여정 내내 비를 맞으며 걸어야 할지도 모른다. 몸도 마음도 차분하게 가라앉은 느낌이다. 후에 시내를 가로질러 흐르는 흐엉(Huong)강을 따라 걸으며 비 내리는 후에의 모습을 사진에 몇 장 담아본다.

푸쑤언(Phu Xuan) 다리를 건너면 왕궁이 나타나고, 그보다 앞쪽에 우뚝 선 깃발 탑이 위용을 드러내 보이고 있다. 비에 흠뻑 젖은 채로 거센 바람에 펄럭거리는 금성홍기(金星紅旗)라 불리는 베트남의 깃발! 베트남 곳곳에서 볼 수 있는 글귀인 "독립, 자유보다 더 귀한 것은 없다."는 말처럼 독립과 자유를 이루어낸 베트남의 기상을 드러내 보여주고 있는 것 같다. 해자(垓字)를 넘어 길게 쌓여진 성벽 너머에 왕궁이 있다. 오른편으로 왕궁을 두고 4킬로미터 정도 계속해서 걸어야 마침내 왕궁 주변을 벗어나게 된다.

비가 내려도 사람들의 움직임은 평소와 다를 바가 없다. 도로의 가장자리를 따라 걸으며 자취가 남지 않을 발자국을 하염없이 찍어준다. "바람이 성긴 대숲에 오매 바람이 지나가고 나면 대는 소리를 지니지 않고, 기러기가 차가운 못을 지나매 기러기가 가고 나면 못은 그림자를 남기지 않는다." 『채근담』의 한 구절을 생각하면서 불필요한 세상의 일들에 집착하지 않으리라 다짐해 본다.

텅 빈 무논에는 비까지 내려 풍경이 황량하기 짝이 없는데, 하얀 오리 떼들이 한가로이 유영(遊泳)한다.

그래, 너희들의 세상이로구나! 그냥 그대로 놓아주기에 전체를 소유할 수 있는 너희들, 너희들만이 온전히 세상을 품을 수 있구나!

곧게 뻗은 길, 앞에서 불어오는 바람 때문에 고개를 들어 앞을 보기조차 어렵고, 걸음은 점점 더 무거워지기만 한다. 가끔씩 지나가는 오토바이들이 멈춰 서서 어딜 가느냐고 묻기도 하고, 태워다 주겠다며 호의를 보이기도 하지만, 부드럽게 거절하고 계속해서 걸었다.

뜨하(Tu Ha)에 도착하여 다행스럽게도 새로 지은 깨끗한 숙소를 찾았다. 규모는 작지만 아담하다. 숙소에 들어가 짐을 내려놓고, 유리창 밖으로 내리는 비를 바라보노라면 힘들었던 기억도 금세 사라져 버리고, 나는 어느덧 부유한 낭만주의자가 된다.

하염없이 떨어지는 빗방울 소리와 함께 서서히 찾아오는 밤, 그 어둠 안에서 홀로 꿈을 꾸는 나!

비가 멎었는가 싶어 가벼운 마음으로 길을 나섰는데 이슬비가 끊임없이 내린다. 그래도 굵은 빗방울을 맞으며 걸었던 지난날들을 생각하면 이슬비도 반갑기 그지없다. 약간은 쌀쌀한 느낌이 들기 때문에 걷기에는 비교적 좋은 날씨라고 할 수 있을 것 같다.

오늘은 퐁디엔(Phong Dien)까지 약 17킬로미터 정도만 걷고 쉬려고 했지만, 기분 좋게 더 걸어야겠다는 가벼운 욕심 때문에 나중에 엄청나게 고생해야 했다. 애초에 마음먹었던 거리보다 20킬로미터나 더 걸어야만 했기 때문이다.

이슬비는 점점 기세가 약해지더니 오후가 지날 무렵부터 거의 느끼지 못할 정도의 습한 바람결만이 느껴질 뿐이었다. 처음 6킬로미터를 걷고 나니 제법 기다란 다리가 나타난다. 안로(An Lo)라고 하는 다리인데, 이 다리를 건너자마자 안로(An Lo)라는 시장이 시작된다. 사람들이 모여들어 식료품들이며 생활용품들을 사고파는 모습이 소박하고 분주하다.

여러 종류의 오토바이들과 자전거들이 뒤엉켜 움직일 때면 도저히 풀리지 않을 실타래처럼 보여 답답한 느낌이 들 정도인데, 잠시 다른 데 눈을 돌리고 나면 거짓말 같이 풀어져 제각기 갈 길로 가고 있는 것이다. 타국인의 눈에는 신비롭다는 생각이 들 정도인 베트남 사람들의 일상이다.

도로변은 여전히 온갖 종류의 쓰레기들로 지저분하다. 곧게 뻗은 대추야자나무들을 방패삼아 숨은 듯 자리 잡고 있는 농가의 주택들은 지붕이 낮아 안이 잘 들여다보이지 않는다. 몇 마리 암탉들이 어린 병아리들을 데리고 부지런히 마당을 파헤치며 모이를 찾고 있다. 오른편으로는 국도와 나란히 철로가 놓여 있고, 간간이 요란한 기적 소리를 울리며 기차가 지나가기도 한다.

한적한 느낌이 드는 길거리 커피숍에서 차를 마시며 주인아주머니와 이야기를 나누는데, 중부지방 특유의 사투리 때문에 잘 알아들을 수가 없다. 남편을 불러오더니 얘기를 나누란다. 익숙한 말이어서 대화가 원활하게 이루어졌다.

알고 보니 주인아저씨의 고향이 하노이 근처인 하떠이(Ha Tay)라는 것이었다. 지금의 아내를 만나 후에 지역으로 내려와 이제까지 살고 있다는 것이다. 세상에 사연 없는 만남, 사연 없는 사람은 없을 것이다. 그리고 사랑은 무수한 장벽들을 뛰어넘는 위대한 힘이 되곤 한다. 이 남자도 그 사랑의 힘 때문에 고향을 등지고 낯선 타향에서 이제껏 살아가고 있는 것이리라.

퐁디엔에 도착하였다. 이대로 멈추기에는 날씨가 서늘하고 비까지 완전히 그쳐서 걷기에 더없이 좋을 것이라는 생각이 들었다. 걸음도 가벼운 편이었다. 그래서 더 걸어보기로 하였다. 지루하게 되풀이되는 풍경들이 별로 마음에 와 닿지 않는다. 이러한 길을 걸어야 하는 나 자신에 대해서 생각해 본다.

처음 도보여행을 시작할 때에는 호기심과 열정만으로 힘차게 걸었다. 이제는 점점 힘이 들고 처음에 가졌던 호기심과 열정도 많이 수그러든 편이다. 단단한 아스팔트 위를 어느덧 1,000킬로미터 이상 걸었으니 제법 요령이 생겼으리라 생각할 수도 있을 것이다. 그러나 걸으면 걸을수록 더욱 힘이 들고 걸음은 느려지는 것 같다. 조금만 욕심을 부려 걸음의 속도를 높이거나 보폭을 늘이기라도 하면 신체는 곧바로 고통의 신호를 보내온다. 더욱 낮은 자의 자세로 걸어야만 완주할 수 있다는 단순한 진리를 가르쳐주려는 것 같다.

그래서 이제는 호기심과 열정 대신에 인내와 소망을 꼭 붙들고 천천히 걷는다. 길 위에 홀로 서서 오랜 시간 걸어가기 위해서는 바보가 되어야 한다. 남들의 시선을 지나치게 의식할 필요가 없지만, 가끔씩 손을 흔들며 지나가는 사람들이나 "헬로!"하고 외치며 지나가는 아이들을 향해 손을 흔들어 주며 밝고 환하게 웃어 주기도 해야 한다.

그러나 피로가 극에 달해 아무 데나 주저앉고 싶을 때, 누군가 다가와 오토바이로 태워다 주겠다고 호의를 보일 때, 단호하게 거절할 수 있는 순전한 바보가 되어야 한다. 자신이 가야 할 길을 옳은 방법으로 가기 위해 효율성과 합리성까지도 거부할 수 있는 단순한 바보가 되어야 한다. 그러한 바보만이 결과에만 연연해하지 않고, 때로는 이해할 수 없는 고통의 과정 속에 깃들어 있는 하나님의 뜻을 헤아리게 될 것이다. 고통이 주는 유익을 깨달을 때에는 영적인 성장이나 성숙이 일어나지만, 그것을 깨닫지 못할 때에는 인생의 무거운 짐이 될 뿐이다. 도보여행의 유익은 과정 속에서 의미를 찾아가는 노력에 있는 것이다.

그동안 오른편으로 달리던 철로가 이제 도로의 왼편으로 자리를 바꾸었다. 1번 국도와 평행선을 이루며 달리는 외길뿐인 베트남의 철길. 기차가 서로 교행하기 위해 간이역에 멈춰 서서 기다려야 하는 시간이 많기 때문에 북쪽에 있는 수도 하노이에서 남쪽의 호치민까지 이동하려면 적어도 30시간 이상이 걸린다. 그래서 베트남의 남과 북은 더욱 길고 멀게 느껴진다.

그럼에도 불구하고, 거센 외세를 이겨내고 제 힘으로 독립과 통일을 이루어낸 베트남 사람들의 신념과 용기가 부럽기만 하다. 물론, 미리서 잘 준비하여 외세의 침략 자체를 사전에 막아낼 수 있었다면 더욱 좋았을 테지만….

이제는 멈추고 싶은데, 쉴 만한 곳이 없다. 흐린 날씨 때문에 금방 어둠이 깔리기 시작하는데 어떡하나? 더 이상 걸을 힘도 거의 바닥이 난 상태라서 정말 난감하기 짝이 없다. 도로변에 앉아 아픈 발바닥을 주물러 가며 스스로 용기를 불어넣어 보지만, 몇 걸음만 더 걸으면 금방 힘이 들고 통증이 몰려온다.

비틀거리다시피 해서 숙소가 있을 것이라고 예상했던 하이랑(Hai Lang)에 도착했으나, 마음에 드는 숙소를 찾지 못해 애가 타기 시작했다. 길 잃은 사람처럼 사방을 두리번거려 보아도 냐응이(Nha Nghi, 베트남의 여관이나 여인숙)는 보이지 않는다. 어둠은 더욱 급한 걸음으로 다가와 주변을 검은색으로 채색하기 시작한다. 달리 방법이 없다. 도로변에 서서 지나가는 자동차를 세워 몸을 실었다. 일단 좀 규모가 큰 도시로 이동하기로 한다. 내일 아침 이곳으로 다시 돌아와 걸음을 시작하면 될 것이다.

세옴(오토바이 택시)을 타고 어제 저녁 무렵에 버스를 탔던 자리로 되돌아왔다. 반바지 차림으로 오토바이를 탔기 때문에 엄청나게 추워서 10여 킬로미터를 달리는 동안 몸을 오들오들 떨어야 했다. 오토바이에서 내리니 그야말로 살 것 같다는 생각이 들었다.

먼저 아침식사로 분까(Bun ca)라는 중부 지방 특유의 국수를 한 그릇 시켰다. 민물 생선을 푹 고아서 끓인 국물에 딱딱한 느낌이 드는 쌀국수가락을 불릴 대로 불린 음식이다. 맛이 영 비릿한 게 내 입에는 쉽게 달라붙지 않는다. 값은 10,000동(600원 정도)이다.

이른 아침 학교 정문 앞에 서서 친구를 기다리던 몇몇 아이들이 손을 흔들어 아침 인사를 보내준다. 기분 좋게 받아주고 가벼운 발걸음으로 하루를 시작한다. 일정한 규칙도 없이 중간 중간에 도로확장 공사를 하다 만 곳들이 많아 비가 그치고 나니 자동차들이 지나갈 때마다 흙먼지가 뿌옇게 일어난다. 손수건으로 입과 코를 틀어막고 걸어야 할 정도다.

꽝찌(Quang Tri)라는 시골 도시에 접어들자 오른편에 폐허의 성당 건물이 앙상하게 서 있다. 정말 뼈대만 앙상하게 남아 있어 보기에도 흉물스러워 보일 정도다. 사진을 찍고 가까이 다가가 보니 문화유적임을 설명하고 있는 간판이 서 있다. 그 내용은 대충 이렇다. 1955년에 세워진 롱흥(Long Hung)이라는 천주교회인데, 1972년 미국과 전쟁을 할 때에 꽝찌라는 마을을 지키기 위해 이곳에서 81일 동안 밤마다 쉬지 않고 전투를 치렀으며, 전쟁의 흔적을 고스란히 남겨두기 위해 1986년 국가 보존 유적으로 지정되었다는 것이다.

아픈 역사의 모습을 그대로 방치해 둠으로써 역사의 내용을 보존하려는 베트남의 정신을 가르치려는 것일까? 어차피 인간의 역사는 성쇠와 흥망이 교차하는 역사가 아니었던가? 찬란한 역사만으로 이루어진 국가나 민족이 있을 수 없을진대, 아프고 치욕스런 역사의 유물을 일부러 남겨둠으로써 어리석은 역사를 되풀이하지 말라고 교훈하는 것보다 더 실감나는 역사 교육은 없으리라.

그런데, 왜 우리나라는 일제(日帝)의 조선총독부 건물을 해체해버리고 만 것일까? 그것도 역사를 바로 세우겠다며. 누구를 위해? 역사는 아름답게 치장하면 치장할수록 본유의 생명력을 잃게 되고, 그 민족이나 국가는 역사가 주는 교훈을 망각하게 되고 외면하게 될 것이다.

꽝찌의 중심지는 1번 국도에서 약간 오른쪽으로 벗어난 곳에 자리를 잡고 있어서 조금 먼 벌치에서 바라보기만 하면서 지나가야 했다. 타익한(Thach Han)이라는 제법 긴 다리를 건너면서 바라보는 꽝찌의 모습은 전쟁의 아픔을 다 이겨냈는지 이제는 평화로워 보인다. 꽝찌에서 그리 멀지 않은 아이뜨(Ai Tu)라는 마을은 그냥 스쳐 지나갔다. 찌에우퐁(Trieu Phong)이라고도 하는 아이뜨(Ai Tu, 愛子)는 '사랑하는 아들'이라는 뜻인데, 그렇게 불리게 된 이 마을의 내력이 자못 궁금하다.

시원한 바람이 불어 걷기에는 안성마춤이다. 시간이 흐르다 보니 발가락과 다리는 아프고 어깨도 뻐근하다. 오늘은 이상하게도 걸음에 속도가 붙지 않는다. 그러나 쉬지 않고 걸었다. 동하(Dong Ha)에는 생각했던 것보다 더 많이 걸은 후에 도착하였다. 동하는 꽝찌 성의 성도(省都)답게 제법 큰 규모의 도시다. 생동감 있게 움직이는 도시의 사람들. 그 속으로 들어가 한통속이 되고 나면 나 역시 편리함에 쉽게 길들여지는 속물임을 깨닫게 된다. 동하에서 잡은 호텔은 제법 크고 방도 깨끗하고 좋은 편인데, 직원이 불친절했다.

동하 시장은 참으로 독특한 모습이다. 멀리서 바라보면 마치 고급 빌라들이 모여 있는 예쁜 빌리지처럼 보인다. 그리고 그 규모도 상당히 크다. 사람들은 이른 아침부터 해가 넘어갈 때까지 복잡한 시장을 드나들며 저마다의 필요를 채우며 삶을 영위해 나간다. 시장이 끝난 지점부터 곧바로 시작되는 동하 다리를 건너면 동하 시내는 등 뒤에서 한 걸음씩 멀어져간다.

만나면 반드시 헤어지게 되어 있는 인생이라는 거대한 수레바퀴. 그러므로 매 순간 바르게 선택하고, 바르게 말하고, 바르게 행동해야 한다. 삶은 일정한 목적을 바라보며 걸어가는 기나긴 경주이지만, 어느 한 과정인들 소홀히 해서는 안 된다. 그 작은 과정들이 귀한 인연이 되어주고, 하나님의 섭리 안에서 아름다운 열매를 맺어나가게 하는 것일 테니 말이다.

자동차들이 잠시 뜸해지면 갑작스럽게 찾아오는 도로의 고요함이 낯설지만 반갑고 마음까지 평온해진다. 그러다가 돌연 경적을 울려대며 치달리는 대형 트럭들 때문에 깜짝 놀라곤 한다. 직선으로 길게 이어지는 도로의 양편에는 황량한 논들이 펼쳐져 있다. 가끔씩 쟁기질하는 농부들의 모습도 보이지만, 논에는 사람이 거의 없는 편이다.

완만한 오르막과 함께 시작되는 소박한 모습의 도시가 조링(Gio Linh)이다. 학생들이 점심시간을 보내기 위해 집에 돌아가려는지 학교에서 도로변으로 와르르 몰려나온다. 눈치 빠르게 낯선 한국인을 알아보고서 "안녕하세요?"하고 인사하는 학생들도 있다. 거의 매일 베트남 텔레비전에서 방영되는 한국 드라마의 위력을 실감하게 되는 순간이다.

몇 차례 휴식을 취하는 동안 한번은 조그만 냇가에 앉아 유유히 흘러가는 물결을 바라보며 노래도 흥얼거려 보았다. 그리고 길옆에 드러누워 있는 전신주에 걸터앉아 간식으로 초코파이를 먹으며 아픈 발을 주물러주기도 하였다. 오늘은 오른쪽 새끼발가락이 유별나게도 아파서 걸음을 옮길 때마다 심한 통증을 느껴야 했고, 그로 인하여 엄청나게 신경이 쓰였다. 물론, 발목도 아프기 시작했고 허벅지에서도 조금씩 통증이 느껴지기 시작했지만, 모든 아픔을 이겨내고 순조롭게 걸었다.

내일도 비가 내릴 것이라는 일기 예보 때문에 오늘은 조금 더 많이 걷기로 하고 걸음도 빨리했다. 히엔르엉(Hien Luong)이라는 다리를 건너고 나니 오늘 멈출 예정지인 호싸(Ho Xa)가 이제 6킬로미터밖에 남지 않았음을 알리는 표지석의 글씨가 유난히 뚜렷하게 보인다. 이미 몸은 지쳐 있고 발은 여전히 아프지만, 힘을 내야만 한다. 다리를 건널 때마다 다리의 중간 지점에 서서 흘러가는 물을 한동안 바라보곤 하는 것이 습관이 되어 그냥 선 채로 1,2분 정도의 시간을 보내곤 했다.

계속해서 걷는 동안 몇 개의 오르막길들도 있었지만 힘든 정도는 아니었고, 도리어 곧게 뻗은 길을 걸을 때가 훨씬 더 지루하곤 하였다. 아무리 걸음을 옮겨도 꼭 그 자리에 있는 것처럼 느껴지기 때문이다. 그래도 쉬지 않고 몸을 움직이면 목표물은 그만큼 다가온다.

호싸를 바로 눈앞에 두고 한 번 더 쉬기로 하고 길옆에 있는 빈터에 주저앉았다. 이제 다 왔다는 안도감에 한참 동안이나 쉬다가 다시 일어나니 온 몸이 더 무거워진 것 같다. 다시 3킬로미터를 더 걸은 후에야 숙소를 찾았는데, 외형과는 달리 내부가 열악하다. 여기저기 뚫린 구멍으로 바람이 들락거려 몹시 싸늘하고, 실내에 있어도 몸이 움츠러든다. 그러나 지친 몸을 내려놓아야 한다. 감사하게도 숙소에 도착하니 비가 내리기 시작했다.

"자비의 원천이 되신 하나님, 당신께 찬양과 영광을 돌리옵니다. 내가 불행하게 될수록 당신은 나에게 더 가까이 오시고 계셨습니다."

어거스틴(St. Augustine)의 고백을 되새기며 밤을 맞는다.

이슬비가 내리는 가운데 여장을 챙겨들고 숙소를 나섰다. 아침에 성경을 읽으며 하나님의 심판과 은혜에 대해서 묵상하였다. 오른쪽 새끼발가락의 상태가 점점 더 악화되어 가는지 걸을수록 심한 통증이 몰려왔다. 이슬비는 점점 굵은 빗줄기로 바뀌어가고 바람도 점점 더 세게 불어온다.

이러한 상황 속에서는 몸을 최대한 움츠리고 고개를 푹 숙인 채 오직 땅만 보고 걸어야 한다. 걸음마다 몰려오는 통증과 빗길을 걷는 지루함을 떨쳐버리기 위해 내가 아는 모든 사람들을 떠올리며 기도하며 걷기로 마음을 먹었다. 기도하며 걷는다고 해서 금방 통증이 완화된다거나 지루함이 갑자기 줄어드는 것은 아니었지만, 기도에 집중함으로써 통증 때문에 일어나는 마음의 불평과 지루함으로 인해 생겨나는 마음의 원망을 가라앉히는 데에는 분명 도움이 되는 것 같았다. 믿음이란 무엇일까? 자기 앞에 있는 모든 장애물들이 다 사라지게 해 주는 묘약은 아닐 것이다. 오히려 그 모든 장애물들을 자기 것으로 받아들이되, 그것을 극복하고 넘어갈 수 있는 힘과 방법을 믿음을 통해서 얻게 되는 것이 아닐까?

비도 줄기차게 내리고 나도 줄기차게 걸었다. 그렇게 8킬로미터를 걸은 후에 첫 번째로 휴식을 취했고, 두 번째 휴식은 다시 10킬로미터를 더 걸은 후에 취했다. 몸은 자주 쉬라고 요구했지만, 철벅거리는 신발과 입었다 벗었다 해야 하는 것이 번거로운 비옷 때문에 거추장스러워서 고통을 이겨내며 무리하게 걸을 수밖에 없었다. 두 번째 휴식을 취했던 식당에는 대여섯 살쯤 되어 보이는 아이 혼자서 집을 지키고 있었다. 엄마는 어디 가셨느냐고 물으니 동네의 결혼식에 갔다며 수줍은 듯 일정한 거리를 유지한 채 나를 바라보기만 한다. 몸이 많이 지친 터라 그냥 걸을 수만은 없어서 플라스틱 의자에 앉아 배낭에 넣어두었던 초코파이를 몇 개 꺼내어 그 아이와 함께 나누어 먹었다.

세 번째 휴식은 점심을 먹을 만한 식당을 찾아 취했다. 배가 무척 고팠던 터라 볶음면으로 맛있게 먹으며 가게 주인과 함께 많은 이야기를 나누었다. 이야기를 나누는 동안 사람들이 내 주변으로 점점 모여들기 시작했다. 기행(奇行)에 가까운 나의 도보여행에 대해 한편으로 신기해하면서도 하나같이 이해할 수 없다는 표정들을 숨기지는 못하는 것 같았다. 그들과 섞여 한동안 이야기를 나눈 후에 일일이 악수를 나누고 다시 무거운 걸음을 옮기기 시작했다. 아픈 발바닥 때문에 비틀거리며 5킬로미터를 더 걸었을 때, 전혀 예상치 못하게도 길가에 서 있는 제법 깨끗한 숙소를 만났다. 오늘은 그만 멈추기로 한다. 새로 지은 숙소여서 모든 것이 깨끗하고 침대와 이불도 상태가 아주 좋았다. 모처럼 편안한 잠을 이룰 수 있으려나 보다.

뜨거운 물에 몸을 담그고 나니 피로가 상당히 풀린 느낌이다. 커튼을 열어젖히니 하염없이 내리는 빗줄기가 창가에 와 부딪히더니 이내 부끄럽게 굴러 떨어진다.

걸을 때에는 힘든 장애물이었던 빗줄기, 이제 그 빗물이 창가에 와 닿는 소리를 들으니 마음이 참으로 평화롭구나! 모든 사물들이 낮은 곳을 향하여 낙하하는 곳에 진정 평화와 화해가 있는데, 유독 인간이 힘쓰며 올라가려는 상승의 자리에는 안타깝게도 늘 갈등과 분열이 끊이지 않는다.

여전히 비를 맞으면서 걸어야 했다. 이른 아침부터 거센 비바람을 맞으면서 걸었다. 몸은 점점 힘이 들고 신발에는 물이 가득 고여 걸음을 옮길 때마다 고통스러웠지만 계속해서 걸었다. 나를 이기기 위해 안간힘을 써가며 오기로 걸었다. 걷다 보니 40킬로미터를 넘어섰고, 마침내 이번 여정의 마지막 종착지인 동허이(Dong Hoi)에 도달하였다.

날씨가 추워서 세 차례밖에는 쉬지 않았다. 휴식을 취하기 위해 멈춰 서면 온몸이 싸늘하게 오므라드는 것 같아서 체온을 빼앗기지 않기 위해서 아픈 발을 질질 끌어가면서도 끊임없이 걸어야 했다. 고통이 극에 달할 경우에는 의도적으로 십자가에 달리신 주님을 생각하였지만, 고통은 여전히 사라지지 않았다. 그러나 지금 당면하고 있는 나의 고통에 함께하시는 하나님의 사랑에 대해서는 조금도 의심이 일지 않았다. 내 자신에게 값싼 동정심을 보내고 싶지는 않았다. 나는 더욱 강해져야 한다. 스스로 선택한 길이기에 스스로 감당해야 할 몫이라고 여기며 최대한 모든 상황들을 긍정적으로 받아들이려고 애쓰는 것이 길에서 내가 취할 수 있는 최선의 길이라 생각했다.

꽌하우(Quan Hau)라는 다리는 인상적이었다. 549미터에 달하는 길이에 웅장하게 버티고 서 있는 모습이 듬직해 보였다. 삶에 지친 모든 사람들이 편하게 건널 수 있도록 자신의 등을 내주는 아량 넓은 장수(將帥) 같다는 생각이 들었다. 다리를 건너면서 시작되는 도시가 꽌하우(Quan Hau)다. 비가 내린 탓인지 거리는 무척 한산해 보인다.

동허이가 시작되는 표지석이 나타나고서도 4킬로미터 가량을 더 걸어야 시내에 도달할 수 있을 정도로 동허이 시내는 큰 편이었다. 별로 길지는 않은데 길다는 뜻을 지니고 있는 자이(Dai) 다리를 건너자 비릿한 생선 냄새가 코끝으로 파고든다.

동허이는 아름답고 생동감이 넘치는 꽝빙(Quang Binh) 성의 대표적인 도시이다. 동허이 고성(古城)의 초라한 모습이 옛날의 이야기를 조용히 전해주고 있을 뿐, 도시는 사람들의 욕망의 속도만큼 빠른 속도로 변화하고 있다. 지친 몸을 얼른 내려놓아야 하겠다.

이튿날, 오전에는 객실에서 책을 읽으며 차분하게 쉬다가 쌀국수 한 그릇을 먹은 후에 1번 국도를 따라 동허이 공항을 향해 걷기 시작했다. 7킬로미터의 거리를 더 걸으니 아담한 모습으로 서 있는 공항 청사(廳舍)가 낯선 나그네를 맞이해 준다. 마음속에서 솟아오르는 작은 성취감으로 인하여 내 얼굴에도 엷은 미소가 피어올랐다.

참으로 많은 비를 맞으며 걸었던 시간들, 고통과 아픔의 시간들 속에는 내면을 더욱 충실하게 가꾸는 인내의 과정들이 있었고, 십자가의 사랑에 대한 깊은 감사가 있었다.

여섯 번째 발걸음

동허이(Dong Hoi)에서 빙(Vinh)까지

여행일시 : 2010년 12월 11일~12월 20일

동허이(Dong Hoi)에서 빙(Vinh)까지

여행일시 : 2010년 12월 11일~12월 20일

"이같이 너희 빛이 사람 앞에 비치게 하여
그들로 너희 착한 행실을 보고
하늘에 계신 너희 아버지께 영광을 돌리게 하라."
— 〈신약성경〉 마태복음 5장 16절 —

길 위에 두 발을 올려놓으면 어떻게든 걸음은 옮겨지게 마련이다. 동허이(Dong Hoi) 공항에서 간편한 복장으로 옷을 갈아입은 후, 새롭게 단장된 길을 따라 15분 가량 걸어 나가자 곧바로 1번 국도와 만난다. 이제부터 이번 도보여행의 종착지로 정한 응에안(Nghe An) 성의 성도(省都)인 빙(Vinh)에 도달하기 위해 북쪽 방향으로 계속해서 걸어가기만 하면 된다.

처음 시작하는 걸음이라 어딘지 모르게 낯설고 어색한 느낌이 들지만, 신체가 미처 준비하기도 전에 늘 의욕은 앞선다. 그러나 의욕에 따라 급하게 걸음을 옮기게 되면 얼마 가지 못해서 힘을 잃게 된다는 사실을 몇 차례의 도보여행을 통해서 이미 터득했기 때문에 속에서 불쑥 솟아 일어나는 욕심을 지그시 눌러가면서 될 수 있는 대로 천천히, 그리고 가볍게 발걸음을 옮겨나갔다. 멀리 가려면 천천히 걸어가야 한다.

날씨는 쾌청하다. 30도를 넘어서지는 않아서 무더운 느낌이 들지는 않은데, 배낭을 둘러메고 조금만 걸어도 금방 땀이 난다. 수확이 끝난 들녘에는 아무 것도 심어져 있지 않아서 황량한 느낌마저 든다. 사람들에게 아낌없이 베풀어 주는 땅의 마음. 땅은 이제 휴식을 취하며 다시 곡식을 심어 가꿀 농부들의 따사로운 손길을 기다리고 있는 것이다.

빈곤과 침묵의 오랜 잠에서 깨어난 베트남은 이제 발전의 발전을 거듭하며 세계를 향하여 힘차게 날아오르려 하고 있다. 그래서 날이 갈수록 도로 위에는 여러 종류의 차량들이 늘어가고, 모든 차량들이 급하게 달리며 사람과 물건들을 여러 지역으로 실어 나르고 있다. 쉬지 않고 요란하게 경적을 울려대는 자동차들 때문에 도로변은 늘 소란하다. 가는 곳마다 새롭게 집을 짓는 모습도 눈에 띄는데, 이 모든 것들이 지금 베트남이 눈부시게 발전하고 있음을 보여주는 증거들이라고 할 수 있다.

환라오(Hoan Lao)라고도 불리는 보짜익(Bo Trach)에 도달하면 호치민 루트로 가는 길이 나오는데, 호치민 루트는 베트남의 식민지 투쟁 역사에 있어서 아주 중요한 길이다. 그쪽으로 방향을 잡게 되면, 유네스코 유산으로 등재된 퐁냐-깨방(Phong Nha-Ke Bang)으로도 갈 수 있다.

그러나 내가 가야 하는 길은 1번 국도. 남북으로 길게 이어진 그 길을 따라 걷는 것이다. 그 길에서 보고, 느끼고, 경험하고, 생각하면서 내게 주어진 소중한 기억과 시간들을 그 길에 한줌씩 뿌려놓는 것이다. 그래서 이 땅의 사람들을 더 깊이 이해하고, 더 넓게 이해할 수 있는 마음을 얻게 된다면 이보다 더 큰 의미는 없으리라. 그래서 때로는 힘든 걸음 속에서도 새로운 힘을 얻게 되고, 지친 심신(心身)을 일으켜 세울 의미와 목적을 발견하게 되는 것이다.

브루스 다마레스트(Bruce Damarest)는 "모든 인간의 마음속에는 하나님을 느끼고 싶고, 하나님과 다시 연결되고 싶은 갈급함이 항상 존재한다."고 하였다. 오랜 식민 통치와 전쟁으로 얼룩진 이 땅의 영혼들에게도 아직 그러한 갈망이 남아 있을까? 일찍이 이사야 선지자는 "좋은 소식을 전하며 하나님의 통치를 전하는 자의 산을 넘는 발이 아름답다."고 하였는데, 오늘 나의 발은 과연 그러한 발이 되고 있는지 모르겠다. 마음대로 복음을 전할 수 없는 이 땅에서 오늘 내가 할 수 있는 일은 이 땅의 영혼들을 위해 기도하며 한 걸음씩 걸어가는 것뿐이다.

오른편으로 낮은 모래 언덕이 보이지만, 그 너머에 있을 바다는 보이지 않는다. 하얀 모래 언덕이 파란 바다의 모습을 가리고 있어서 내게는 아쉬움이 있지만, 그 언덕으로 인하여 거센 바다 바람을 막아줄 것이므로, 들판에서는 여러 종류의 농작물들이 성장하고, 값진 열매를 맺을 수 있게 될 것이라 생각하니 나의 욕심만을 차리려고 했던 자신이 부끄러울 뿐이다. 서로를 세우고 기르는 자연의 존재 자체가 얼마나 오묘하고 신비로운지!

별다른 특색 없이 이어지는 도로를 걷다가 어느 민가의 그늘 아래에서 잠시 휴식을 취하며 땀을 식힌다. 그래도 그늘에 앉아 있으면 시원한 바람이 불어서 금방 땀도 식고, 피로도 조금은 물러가는 것 같다. 신발을 벗고 양말도 벗은 후, 발바닥을 정성스럽게 주물러 준다. 도로와 계속되는 마찰 때문에 발바닥에는 열기가 가득하다. 그래서 휴식을 취할 때마다 발바닥의 열기를 식혀주는 것이 중요하다. 그 열기의 도(度)가 넘어서게 되면 이내 발가락이나 발바닥에 물집이 생기게 된다.

모든 일이든 시작해서 처음 얼마 동안이 가장 힘들다. 겨우 10여 킬로미터 정도밖에 걷지 않았는데, 벌써부터 발이 아파온다. 그러나 나는 포기할 수 없는 길, 결코 포기해서는 안 될 길 위에 서 있다. 이 길은 내가 스스로 선택한 길이기에 어떻게든 걸어가야 한다. 앞으로 나아가야만 하는 숙제를 안고 있는 것이다. 몸이 힘들고 지칠 때면 의지로 걷는다. 속도를 늦추더라도 정지하지 않고 앞으로 걸어 나가면, 가야 할 목표 지점은 그만큼 내게로 다가오는 것이다.

도보여행. 특히 이곳 베트남에서의 도보여행이 힘든 것은 적당히 쉬어야 할 지점에 쉴 만한 숙소가 없다는 점이다. 그렇다고 아무 집에나 들어가서 잠을 재워달라고 부탁할 수도 없다. 사유재산을 인정하고 있으면서도 베트남 사람들은 외국인을 자신의 집에서 재운다는 것에 대해서는 도저히 불가능한 일이라고 생각하고 있기 때문이다. 사실 불가능할 것 같지 않은데도 실행에 옮겨 보지도 않고 무조건 불가능하다고 하는 그들의 사고방식이 더 견고한 것 같아서 몇 차례 시도해 보았지만, 모두 허사였다.

그 동안의 경험이나 나의체력을 고려해 볼 때, 하루에 20, 30킬로미터 정도 걸은 후에 하룻밤을 쉬는 것이 나에게 맞는 여정인 것 같은데, 때로는 50킬로미터 이상을 걸어야 하는 경우가 발생하기도 해서 그때마다 여간 힘들고 곤혹스러운 것이 아니었다.

갑자기 눈에 띄는 마을, 리화(Ly Hoa)라는 마을이다. 리화라는 이름의 다리를 건너면 오른편으로 길게 펼쳐지는 이 마을은 아마도 베트남에서 내가 본 마을 중에서 가장 깨끗한 마을인 것 같다. 강을 사이에 두고 양 옆으로 줄지어 늘어서 있는 건물들이 대부분 새로 지은 듯하고, 벽과 지붕의 색깔도 한결 밝고 화사하다. 내가 걷고 있는 1번 국도에서 오른편으로 꺾어서 들어가야만 이 마을에 들어갈 수 있는데, 시간을 지체할 수가 없어서 그냥 바라보기만 하면서 1번 국도를 따라 걸었다.

오늘도 예상했던 곳에서 숙소를 찾지 못했다. 얼마나 더 걸어야 하는지 도무지 알 수가 없다. 가슴 깊은 곳에서부터 걱정이 몰려온다. 그 걱정을 애써 떨쳐버리기 위하여 그냥 앞만 보고 걷는다. 걸을 수 있을 때까지 걷는다.

그런데 오늘은 참으로 운이 좋았다. 도저히 있을 곳이 아닌, 한적한 도로변에 조그만 숙소가 있는 것이 아닌가! 객실의 상태가 좋지 않아도 좋았다. 그냥 땀을 씻고 등을 바닥에 대고 드러누울 침대만 하나 있으면 더 이상 부러울 것이 없을 테니까….

입구에 들어서자 허름하기 짝이 없는 가라오케에서 소란한 노래 소리가 가장 먼저 들려온다. 베트남 사람들은 노래 부르는 것을 아주 좋아할 뿐만 아니라, 시간과 장소를 가리지 않고 최대한 볼륨을 높여서 노래 부르는 것을 좋아한다. 주변의 상황이나 남의 기분에 대해서는 전혀 생각하지 않는 것 같다. 그래서 때로는 짜증스러울 때도 없지 않다.

샤워를 한 뒤, 커피를 한 잔 마시니 이내 기분이 새로워진다. 뭉친 근육들을 정성을 다해 풀어주고, 전등불을 켰으나 여전히 어두컴컴한 숙소에서 그 누구의 간섭도 받지 않은 채 책을 읽을 수 있다는 사실, 행복은 바로 내 곁에, 그리고 내 안에 있음이 분명하다. 적어도 이 순간만큼의 행복감은 그 누구도 빼앗아가지 못하리라.

불을 끄고 침대에 드러누우니 창문 가득 풀벌레의 울음소리가 들려온다. 아니, 노래 소리인지도 모르겠다. 청명하고 은은하게 들려오는데, 내가 처음 이 숙소에 들어섰을 때부터 들려오던 가라오케의 그 소란한 노래 소리가 더욱 크게 들려와 청빈한 어둠을 깨뜨려 버린다. 게다가 옆방에 든 손님들은 밤늦은 시각까지 얼마나 큰 소리로 이야기를 주고받는지 도무지 잠을 이룰 수가 없다. 몸은 피곤한데….

주일 아침. 〈시편〉을 묵상하며 혼자서 예배를 드린 후에 배낭을 어깨에 둘러멨다. 오르막길로 시작하는 하루. 천천히 걸으면서 좀 더 깊은 생각에 잠길 수 있어서 좋다. 오르막길을 오를 때에는 〈주기도문〉을 묵상하며 걷는 것이 좋은 것 같다. 전체를 묵상하는 것보다 한 구절만을 묵상하는 것이 더 좋은데, 오늘은 하나님의 이름의 거룩함에 대해서 묵상하며 걸었다.

하나님의 이름. 이름은 관계성을 나타내준다. 이름은 자신의 것이면서도 남이 더 많이 사용한다. 그러나 그 이름을 함부로 사용하지는 않는다. 하나님의 이름도 마찬가지다. 하나님의 이름은 '나와 너'라는 인격적인 관계 안에서만 나의 삶에 역동적으로 작용을 한다. 그러므로 하나님과의 친밀한 관계를 위해 애쓰는 사람은 하나님의 이름이 더욱 거룩하게 여김을 받게 되기를 원하며, 자신의 유익을 위해 함부로 사용하지 않을 것이다.

고갯마루에 올라서니 오른편으로 가까이 바다가 보인다. 그리고 채 2킬로미터도 더 걷지 않아서 바로 길 옆에 깨끗하고 아름다운 호텔이 서 있는 것이 아닌가! 어제 밤을 보냈던 허름하고 소란스러운 숙소에서 편안한 잠을 자지 못했던 터라 생각할수록 아쉬움이 남았다. 이곳에서 바다를 바라보며 시원한 파도 소리를 들으면서 낭만적인 밤을 보낼 수도 있었을 텐데, 이곳에 이런 호텔이 있으리라고 생각이나 할 수 있었겠는가? 더욱이 이방인인 내가…. 순간의 고통을 이겨내지 못하고 눈앞의 상황이 전부인 줄로 알고 살아가는 연약한 한 인간의 한계, 그 어리석음만이 분명하게 드러날 뿐이다.

아쉬운 마음을 애써 누르며 길을 걷는다. 오른편에는 바다가 있으나, 얕은 모래언덕으로 가려져 있어서 파란 바다는 보이지 않는다. 길거리에서 스쳐지나가는 사람들이 짧고 간단한 인사말을 보내주기도 하고, 보다 적극적인 사람들은 손을 내밀어 악수를 청하기도 한다. 발은 아프고 몸은 피곤하지만 그들에게 가볍게 인사말로 응답하거나 손을 내밀어 그들의 손을 잡아주며 그들의 얼굴 가득 환하게 피어나는 건강한 미소를 보는 것은 즐겁고 행복한 일이다.

길옆에 있는 식당에서 쌀국수를 먹으며 오가는 사람들의 모습을 물끄러미 바라보기도 하고, 그들이 주고받는 이야기들을 몰래 훔쳐 듣기도 한다. 그러다가 나도 모르게 그들과 하나가 되어 열심히 대화를 나누기도 한다. 한낮의 더위를 피하기 위해 그늘에 앉아 책을 읽으면 잠시 힘들었던 시간을 잊어버리게 된다. 그러나 시간은 한순간도 멈추거나 머뭇거리지 않는다.

다시 일어나 걸어야 한다. 거대한 다리가 눈앞에 나타난다. 740미터에 이르는 긴 다리에 다다르니 강하게 불어오는 바람과 함께 어디선가 해산물을 가공하는지 짭조름한 생선 냄새가 콧속으로 밀려든다. 갑자기 허기가 느껴지면서 식욕이 강하게 살아났다.

깨끗한 강물, 바다로 이어져 있는 듯한 넓은 강물 위에 배 한 척이 떠 있다. 아마도 그 작은 배에서 한 가족이 생활을 하고 있는 모양이다. 빨래 줄에는 여러 종류의 옷가지들이 걸려 있고, 양질의 햇살은 그 옷가지들을 보송보송하게 말려주고 있다. 그 풍경이 소박하고 정겨워 보이지만, 다리 위에 서서 한동안 바라보고 있노라니 어딘지 모르게 짠하고 애틋한 느낌이 밀려온다. 마음속에 오래 간직해 두기 위해 살짝 사진 한 장을 찍어 보았다.

해변의 마을들은 비교적 깨끗하고 새롭다는 생각이 든다. 농촌에 비해 훨씬 부유한 것 같은 느낌도 든다. 그래서 곳곳마다 새로운 주택들을 짓느라 여념이 없고, 벽에 칠하는 페인트 색깔도 밝고 환하고 선명하다.

어제에 비해서는 전반적으로 힘이 덜 들었지만, 무리하지 않기로 했다. 바돈(Ba Don)에 도착하여 먼저 숙소를 찾아 여장을 풀었다. 해는 아직도 많이 남아 있다. 땀이 밴 옷가지들을 빨고 샤워를 한 후 근처 거리를 둘러보았다. 그리고 미장원에서 머리도 짧게 깎았다. 사람들이 북적거리는 사거리 가게 앞에서 시원한 콜라를 마시며 책을 읽는데, 오토바이(Xe om) 기사들이 어디를 갈 것인지 자꾸만 묻는 바람에 책을 읽을 수가 없다. 최대한 밝은 표정으로 거절의 의사를 표해 보지만, 그들은 좀처럼 물러서지 않는다. 나는 이미 걸음을 멈추기로 했고, 이곳에서 밤을 보낸 후에 내일 아침에 다시 떠날 것인데, 도대체 그들은 나를 어디로 데려다 주고 싶은 것일까?

나는 끝까지 걸을 것이다. 두 발로 걸어서만 이동할 것이다. 어둠이 내리면 바삐 움직이던 사람들도 일손을 멈추고 저마다 안식을 취하게 될 것이다. 지친 몸과 마음도 밤을 지나고 나면 어느 정도 회복될 것이고, 모든 사람들에게 평등하게 새날이 찾아올 것이다. 그리고 나는 새로운 마음가짐으로 힘차게 걸음을 내딛게 될 것이다.

미숫가루를 타서 마신 후 짐을 챙겨들고 숙소를 나섰다. 금방이라도 비가 쏟아져 내릴 것만 같이 흐린 날씨다. 여행 중에 비라도 만나게 된다면 걷는 데에 훨씬 많은 어려움이 생기게 되고, 걸음의 속도도 마음대로 조절할 수가 없게 될 것이다. 더욱이 오늘의 일정은 55킬로미터에 이를 수도 있다. 중간 지점에서 쉴 수 있는 숙소를 찾지 못하게 된다면 말이다. 그러한 일이 발생해서는 안 되겠지만, 그 역시 알 수 없는 일이고, 내 힘으로는 통제할 수도 없는 일이다. 두 발만 믿고 우직하게 걸어 나가기만 하면 될 일이다.

이제 베트남의 도로는 차량들이 지나갈 때마다 엄청난 흙먼지가 일어난다. 과도하게 많은 분량의 흙을 실은 트럭들이 도로 위를 지나가면서 적지 않은 양의 흙을 떨어뜨리기 때문에 도로 위에는 흙먼지가 한 겹 뒤덮여 있는 형국이다. 그러한 흙먼지에 심한 매연까지 섞여 특히 대형 차량들이 지나갈 때에는 마치 연막탄을 터뜨린 것 같다. 계속해서 손수건으로 코와 입을 틀어막아야 한다.

사람들은 일을 하다가도 홀로 길을 걷는 나에게 어디 가느냐고 묻는 것을 잊지 않는다. 남의 일에 유난히도 관심이 많은 베트남 사람들. 어떻게 일일이 다 대답해 줄 수 있겠는가? 그냥 손만 흔들어 주고 말없이 걸을 뿐이다.

12킬로미터 지점을 지나고 나니 슬슬 배가 고파온다. 길옆에 있는 식당에 들어가 쌀국수 한 그릇을 시켜 먹는다. 땀이 흘러내리는 더운 날씨에 뜨거운 국물이라니, 이열치열(以熱治熱)이다. 식사를 마치고 한동안 휴식을 취하고 나니 다시 힘이 솟는다.

정오에 임박하면서 햇볕이 강하게 내리쬐기 시작했다. 아침에는 비가 내릴까 걱정을 하기도 했는데, 잔뜩 찌푸린 먹구름은 내 걱정과 함께 어디론가 도망쳐 버리고, 대신 밝고 환한 태양이 머리 위로 떠올라 강한 햇살을 쏘아대고 있는 것이다. 설상가상으로, 오른쪽 발목이 걸을 때마다 아파서 참으로 견디기 힘들다.

점심을 먹기 위해 집으로 돌아가는 것인지 엄청나게 많은 학생들이 자전거를 타고 도로로 쏟아져 나온다. 거의 1킬로미터 정도에 이르도록 길에 늘어선 학생들의 모습이 젊게 움직이는 베트남의 희망을 말해주고 있는 것 같다. 그렇다. 베트남은 진정 젊고 활기찬 나라다.

나무그늘 아래서 앉아 쉬면서 아픈 발바닥과 다리를 힘껏 주물러 주었다. 그리고 벌써부터 잡히기 시작한 물집을 터뜨려 주었다.

인간의 몸은 왜 이다지도 연약한지…. 작고 사소한 한 부분이 아픈데도 온 신경이 다 곤두서고, 온 몸이 함께 고통을 겪는 것 같다. 사도 바울은 이와 같은 유기체로서의 지체들의 소중함을 설명하면서 "더 약하게 보이는 몸의 지체가 더 요긴하고, 우리가 몸의 덜 귀히 여기는 그것들을 더욱 귀한 것들로 입혀 주며, 우리의 아름답지 못한 지체는 더욱 아름다운 것을 얻느니라."고 하였다. 그리고 가장 중요한 것은 그 모든 지체들이 모여 '한 몸'을 이룬다는 것이다.

길게 이어지는 오르막길. 아래쪽으로는 새롭게 길이 나 있었는데, 긴 터널이 최근에 완성된 모양이다. 몸은 이미 피곤하고 지쳐버린 터라 무조건 최단 거리를 선택해서 걸어야만 했다. 터널의 길이는 500미터에 조금 못 미치지만, 터널 안을 지나가는 자동차들이 연신 경적을 울려대는 바람에 터널을 벗어날 무렵에는 귀가 멍멍했다.

꽝빙(Quang Binh) 성에서 하띵(Ha Tinh) 성으로 행정구역이 바뀌면서 오른편으로 다시 바다가 그 모습을 드러냈다. 그리고 약간 오르막길이 끝난 지점에 작은 호텔이 서 있었다. 이곳에서 하루 밤을 보내기 위해 들어가 보았으나 상태가 너무 좋지 않아서 포기하고, 조금 더 걸어가기로 했다. 아름다운 해변이 있는 곳에는 반드시 좋은 호텔이 있을 것이라고 확신했기 때문이다. 사람들은 누구나 아름다운 곳에서는 하루쯤 머무르고 싶은 충동을 갖게 될 것이니 말이다. 이러한 나의 느낌을 전적으로 믿어보기로 하였다.

다리가 많이 아팠지만, 저녁까지라도 걸을 생각이었다. 하지만 1시간 가량 더 걸었을 때 상당히 운치 있고 깨끗한 호텔이 나타났다. 역시 내 예상대로 아름다운 곳에는 쉴 만한 숙소가 있었다. 바닷가를 옆에 두고 자리 잡은 넓은 부지에 리조트 형식으로 조성된 호텔이었는데, 한적하게 산책을 할 수 있도록 조경도 잘 해 놓았고, 바로 옆에 조용한 해변이 넓게 펼쳐져 있어서 너무나도 좋았다. 가격도 저렴한 편인데, 객실이 조금 낡고 실내의 조명이 어두운 게 흠이라면 흠이었다.

숙소에 짐을 풀어놓고 서둘러 바닷가로 나갔다. 맨발로 하얀 모래를 밟으니 사각거리는 소리가 귓가에 투명하게 들려온다. 넓은 해변에 사람은 하나도 없는데, 개 두 마리가 빠른 속도로 뛰어다니고, 열두어 마리 가량 되는 소들이 해안선을 따라 느린 걸음으로 이동한다. 백사장에 설치되어 있는 배구 네트에는 색깔도 모양도 없는 바람이 흔적 없이 빠져 지나가고 있다. 그물의 코가 아무리 촘촘히 짜여 있다고 할지라도, 그림자 하나 남기지 않고 다가왔다가 지나가버리는 바람을 붙잡아 두지는 못할 것이다.

시원한 바닷물에 두 발을 담고서 느리게 걸어 본다. 해는 뉘엿뉘엿 서산으로 넘어가고, 나그네의 가슴에는 문득 그리움이 외로움과 짝하여 살짝 밀려든다. 한없이 펼쳐진 넓고 파란 바다, 그 앞에 홀로 있다는 사실에 문득 서글픔이 몰려든다. 그 서글픔 안에 그리운 사람들의 얼굴이 떠오른다. 고개를 들어 먼 수평선을 바라보며 싱싱한 파도 소리를 들으면 서글픔도 포말처럼 사라지고, 문득 새로운 힘이 솟는다. 내게 아직도 꾸어야 할 푸르고 건강한 꿈들이 있다는 사실을 깨닫게 된다. 이렇게 살아 있기에….

파도 소리와 함께 하루를 시작했지만, 아직도 걸어야 할 길은 많이 남아 있다. 25킬로미터 가량 줄곧 걸어서 끼아잉(Ky Anh)에 도착하였다. 중간에 길가에 있는 식당에서 쌀국수를 시켜 먹었다. 배가 몹시 고팠던 터라 정신없이 먹었다. 그런데 반쯤 먹었을까, 국물 위에 파리 한 마리가 둥둥 떠 있는 것이 아닌가? 더 이상 먹을 수가 없다. 화가 나기도 했지만, 여행을 하다 보면 간혹 경험할 수 있는 일이라 생각하며 불쾌한 감정을 속으로 꾹꾹 눌러버렸다.

사람의 마음이라는 것이 얼마나 간사하고 변화무쌍한지 모른다. 보지 않고 먹을 때에는 맛있게 잘 먹었는데, 보고 나서는 더 이상 먹을 수가 없으니 말이다. 그렇다고 맛이 갑자기 달라진 것도 아닌데 말이다. 일찍이 원효대사가 그와 비슷한 경험을 하고 크게 깨달음을 얻었던 적이 있었다. 결국 모든 것이 마음의 문제이고, 인간이란 어쩔 수 없는 존재인가 보다.

길을 걷다가 두어 차례 그늘진 들판에서 쉬기도 했다. 부지런히 물도 마시고, 쉴 때에는 작은 목소리로 노래를 불러 보기도 했다. 호기심 많은 사람들은 오토바이를 타고 빠른 속도로 내 곁을 스쳐 지나가면서도 "헬로!"하고 인사를 하곤 한다. 응답하려고 고개를 돌리면 벌써 저만큼 지나버리고 만다.

'무엇 때문에 인사를 하는 것인지….'

어깨가 아프고, 다리도 아프고, 발바닥도 아프다.

끼아잉은 제법 큰 마을이다. 그러나 깨끗한 호텔 하나 찾을 수가 없다. 일단 제일 큰 호텔을 찾아 들어갔다. 낡은 건물이어서 별로 기대는 하지 않았지만, 값에 비해 많이 낙후된 느낌이었다. 아직도 외국인에게 특별대우(?)를 해주는 호텔이다. 서비스는 전혀 특별하지 않은데, 요금만 특별하게 요구한다. 내국인은 20만동, 외국인은 30만동이란다.

시설이야 다소 좋지 않더라도 최상의 휴식을 취할 수 있다면 그만이다. 이방의 땅에서 다툴 필요도 없고, 모르는 척하고 따라주는 것이 마음에 이롭다. 그래도 객실이 환하고 밝은 것은 마음에 든다.

저녁 무렵에 밖에 나가 시장을 둘러보았다. 시장의 규모는 생각했던 것보다 엄청나게 크고, 미로처럼 이어진 점포 사이를 걷다 보니 출구가 어디인지 도무지 알 수가 없을 정도다. 오랜 세월 동안 형성되었을 시장의 모습이 복잡한 만큼 정겹고 애틋한 느낌이 든다. 이렇게 얽히고설킨 채 살아가면서도 사람들은 서로 밝게 웃으며 이야기를 주고받을 수 있고, 서로의 삶을 방해하지 않고 나름대로 존중해가면서 하루하루 건강하게 살아가고 있는 듯하다. 이렇듯 재래시장에 가면 지친 삶에 새로운 활력을 얻게 되고, 더욱 열심히 살아야겠다는 다짐을 새롭게 하곤 한다.

저녁에는 엄청나게 비가 쏟아져 내리더니 한동안 정전이 되고 말았다. 읽고 있던 책을 덮고서 그냥 침대에 드러누웠다. 눈을 감아보지만, 잠은 오지 않는다. 세찬 비바람이 유리창을 두드리는 소리가 제법 크게 들린다. 좀처럼 그칠 것 같지 않은 빗발이다. 힘차게 유리창을 두드리는 빗소리를 듣고 있노라면 나도 모르게 통쾌한 느낌이 든다.

밤새도록 세차게 비가 내리더니 이른 아침까지도 비는 그치지 않고 계속해서 내렸다. 그래서 숙소에서 책을 읽으며 비가 어느 정도 멎기를 기다려야 했다. 빗줄기가 거의 멎는 것 같아 짐을 챙겨들고 숙소를 나섰다. 비가 내리지는 않았지만, 금방이라도 쏟아져 내릴 듯이 하늘은 검은 구름으로 뒤덮여 있었다. 비가 내리지 않는다면 걷기에는 더없이 좋은 날씨지만, 언제든 비라도 내린다면 낭패가 아닐 수 없다. 급한 마음으로 부지런히 발걸음을 옮기는데 시간이 흐를수록 검은 구름은 서서히 물러가고, 기온은 금방 오르기 시작했다. 강하게 쏟아지는 햇빛으로 인하여 도로는 금방 말라버렸고, 복사열 때문에 숨이 턱에 차올랐다.

쟁기질을 하는 농부의 모습이며, 한가로이 풀을 뜯는 물소들의 느릿한 모습이 평화롭고 한적한 농촌의 풍경을 그려내고 있다. 도로 위에는 쉴 새 없이 스쳐지나가는 오토바이들과 자동차들의 매연과 소음으로 잠시라도 조용한 때가 없다. 이토록 오랜 시간 동안 도로 위를 걸으면서도 습관적으로 울려대는 대형 자동차들의 요란한 경적 소리에는 적응이 되지 않는다. 그래서 경적이 울릴 때면 깜짝 놀랄 때가 한두 번이 아니었다.

점심을 먹고 나서 식당 주인 부부와 함께 한동안 이야기를 나누었다. 나의 도보여행에 대해서 자세히 설명을 해 주는데도 그들 두 부부에게는 신기하기만 한 모양이다. 무엇이 또 그리 궁금한지 둘이서 번갈아가면서 묻는 말에 대답을 해주다 보니 거의 한 시간 가량이 흘러가 버렸다. 신발 끈을 고쳐 묶고 막 일어서려는데, 건강하게 여행을 마치라며 진심어린 축복을 해준다.

걷는다는 것, 혼자서 여러 날들을 침묵 속에서 걷는다는 것, 그것이 내 인생에 있어서 무슨 의미와 가치가 있는 것일까? 지금은 분명히 알 수도 없을 뿐더러 알아야 할 이유도 없다. 오랜 세월이 지난 후에, 아무도 모르는 곳에서, 아무도 보아 주는 이 없이 외롭게 땀 흘리며 걸었던 모든 과정들이 나를 일깨우고, 나를 사랑하고, 이해하기 어려운 모든 상황들을 이해하고 받아들이기 위한 나만의 몸부림이었다고 말할 수 있을지도 모르겠다. 길을 걸으면서 세상 속에서 나와 다름을 보고, 나와 같음을 보며, 인간이라는 공통점과 서로에게 존재하는 인간 본유(本有)의 차이점을 발견하게 되기도 한다.

나는 길에서 지적이고 분석적으로 알고 있는 하나님을 가슴으로 알고 싶다. 하나님을 가슴으로 안다는 것은 무엇일까? 그것은 나의 생각, 직관, 의지, 느낌, 그리고 관계를 총동원하여 하나님을 사랑한다는 의미가 아닐까? 크고 위대한 일이 아니라, 지극히 작은 일들 속에서, 사소한 일상의 삶 속에서 하나님께 전적으로 순종하는 것을 말하는 것이리라.

햇살은 따갑고 온 몸은 피곤하고 발바닥은 몹시 아프다. 여기서 멈추기로 한다. 작은 마을 어귀에서 만난 작고 허름한 숙소, 오늘은 이곳에 지친 내 육신을 부려놓아야 할 모양이다. 휴식을 취한 후, 저녁 무렵에 시장(Cho Voi)을 둘러보았다. 열심히 살아가는 사람들, 그들 속에 들어가 그들의 표정을 물끄러미 바라보거나 그들의 말을 엿듣는 것도 즐거운 일이다. 꾸밈이 없는 그들의 삶, 그 안에서는 민족과 인종도 크게 문제가 되지 않을 것이라는 생각을 해 보는 것이다.

밤에는 숙소의 주인 가족들과 함께 베트남과 말레이시아의 축구 경기를 시청하였다. 함께 소리를 지르기도 하고, 아쉬움을 토하기도 하면서 모처럼 시원하게 스트레스를 풀 수 있어서 좋았다. 그들과 함께 소리를 지르는 동안 나는 더 이상 이방인이 아니었다. 아쉬운 것은 베트남이 2대 0으로 패하고 말았다는 것이다.

밤은 어둠과 함께 더욱 깊은 침묵 속으로 빠져 들어간다. 침묵은 하나님을 바라볼 수 있는 은혜의 시간이며, 침묵의 시간은 바쁘고 분주한 생활 속에서 하나님이 들어오실 공간을 만들 수 있다. 마음을 진정하고 조용하게 함으로써 하나님께 나의 전부를 드리게 된다.

비가 내리고 세찬 바람이 분다. 어제와는 달리 기온이 갑자기 곤두박질쳐서 제법 춥다는 느낌이 든다. 좀처럼 그칠 것 같지 않지만, 그래도 비가 그치기를 기다리며 아침 시간을 숙소에서 보냈다. 그러나 비는 그칠 기미를 조금도 보이지 않고 더욱 세찬 바람과 함께 기세등등하게 유리창을 두드린다.

더 이상 숙소에서 시간을 보낼 수는 없다. 마음을 단단히 먹고 빗속으로 온 몸을 던져야 한다. 다행히 비옷을 챙겨 왔기 때문에 크게 문제될 것은 없지만, 거세게 불어대는 바람과 강한 빗줄기 때문에 무릎부터 발바닥까지는 물에 젖을 대로 젖어서 체온이 점점 내려가는 것 같았다. 그럴수록 걸음을 빠르게 옮기면서 어떻게 해서든 체온을 올리려고 노력을 해 보았다. 운동화에는 물이 가득 차서 걸음을 옮길 때마다 질퍽거렸다. 바람은 정면에서 불어와서 몸과 고개를 최대한 앞으로 숙인 채 걸어야 했다.

강한 맞바람을 맞으며 빗속을 걷는 것이 불편하고 힘들기가 이루 말할 수 없었지만, 긍정적인 면도 찾아보면 있게 마련이다. 땀을 흘리지 않아도 되니 물을 자주 마시지 않아도 되고, 자동차들이 스쳐지나갈 때에도 먼지가 일지 않아서 좋다. 대신에 고인 빗물을 튀기고 가는 얄미운 차량들도 있지만, 속수무책으로 매연과 흙먼지를 마시는 것보다는 훨씬 낫다. 그리고 걸음을 빨리 옮길 수도 있다.

손이 가장 차가웠다. 시간이 흐르면서 손이 마비되어 가는 것 같아서 연신 주먹을 쥐었다 폈다, 반복하며 걸었다. 노란색의 비옷을 둘러입고 거센 빗속을 마냥 걸어가는 내 모습은 틀림없이 미친 사람처럼 보였을 것이다. 아무래도 상관없는 일이다. 길고 긴 베트남을 남북으로 종단하기 위해서는 어차피 한두 차례 빗속을 걸어야 할 것이고, 오늘에야 그 특별한 경험을 하게 된 것일 뿐이니까 말이다. 자연 환경이 어떠하든지 나의 목표에 따라 걸음을 옮길 것이고, 힘들고 어려운 만큼 성취에 대한 만족감도 커질 것이다.

체온이 너무 내려가고 온 몸이 떨려 와서 잠시 걸음을 멈추고, 길가에 있는 식당에서 쌀국수를 한 그릇 사 먹었다. 따뜻한 국물을 마시고 나니 속이 어느 정도 풀리는 것 같았지만, 그치지 않고 불어오는 바람 때문에 온 몸은 여전히 춥기만 했다. 차라리 움직이는 편이 나을 것 같아서 금방 일어섰다.

어제까지만 해도 30도에 육박했던 기온이 갑자기 13도 정도로 떨어지게 되다니…. 강한 바람과 비로 인하여 체감 온도는 더욱 차갑게 느껴졌다. 몸이 피곤했지만 멈추지 않고 걸었다. 그렇게 해야만 체온을 유지시킬 수 있을 것 같았기 때문이다. 어깨도 아프고 다리도 아팠지만, 이겨야 한다는 의지만으로 걷고 걸었다. 그리고 마침내 껌쑤이엔(Cam Xuyen)에 도착했다.

이제 문제는 이곳에서 내가 쉴 숙소를 순조롭게 찾을 수 있는가 하는 것이다. 시가지의 절반을 지났는데도 여전히 숙소가 나타나지 않아서 무척 불안하고 초조해지기 시작했다. 시장(Cho Hoi)을 막 지나 사거리에 이르자 호텔을 광고하는 표지판이 나타났다.

'오른쪽으로 400미터!'

표지판을 보니 제법 괜찮을 것 같다는 생각이 들었다. 제법 한적한 곳에 자리를 잡고 있는 지엉방(Gieng Vang)이라는 하얀색 건물의 호텔이었다. 규모는 크지 않지만, 깨끗하고 아름다운 것이 우선 마음에 들었다. 객실의 상태는 더욱 좋았다. 넓으면서도 아늑하고 편안한 느낌이 들어서 대만족이었다. 직원이 객실까지 따라와서 친절하게 안내를 해 준 후 돌아갔다. 20만동으로 가격도 아주 저렴한 편이다.

먼저 뜨거운 물로 몸을 씻었다. 그러고 나니 몸이 조금씩 풀리는 것 같았다. 대충 짐을 정리하고 나서 주변을 둘러보기 위해 밖에 나갔는데 바람결이 너무나도 차가워서 오랜 시간 돌아다닐 수가 없다. 그냥 호텔로 돌아와 저녁을 먹은 후에 객실에서 책을 읽으며 힘들고 불편했던 하루의 일정을 되돌아보았다. 저녁이 되면 또다시 쉴 곳이 있다는 것이 무엇보다도 감사하고, 고통 후에 맛보는 쉼의 달콤함이 바로 이런 것이 아닌가, 하는 생각을 해 본다. 길에서 만난 사람들, 그리고 무수한 풍경들, 그 모든 것들이 서로 조화를 이루며 존재하기에 오늘 나의 생명도 고귀한 가치를 안고 존재하게 되는 것이리라.

날씨가 너무나도 싸늘해서 오전 내내 객실에서 책을 읽으며 시간을 보냈다. 추운 날씨 때문에 정말 밖에 나가고 싶은 마음이 들지 않았다. 오늘은 15킬로미터 정도만 걸을 생각이기 때문에 오후에 출발을 해도 여유롭게 목적지에 도달할 수 있을 것이다. 그래서 마음이 한결 여유로운 편이다. 조그마한 호텔의 2층에 자리를 잡고 있는 카페에서는 대여섯 명의 젊은 청년들이 모여 앉아 커피를 마시며 조금은 요란스러운 분위기 속에서 카드놀이를 하고 있고, 그들과는 상관없이 스피커에서는 시끄러울 정도의 소리로 음악이 흘러나오고 있다.

'소음에는 참으로 무덤덤한 베트남 사람들….'

호텔의 규모는 작은데, 일을 하는 직원들은 많아 보인다. 오가는 손님들이 그리 많지 않아서 직원들 역시 특별히 하는 일이 없어 보이는데도 사무실이나 관공서, 식당 등 어디를 가든 직원들이 많고, 서로의 역할이 명확하게 구분되지 않아 보이기도 한다. 젊은이들의 일자리 창출을 위해 의무적으로 많이 고용하도록 되어 있는 것 같다는 생각이 든다.

얼굴이 밝고 환한 직원들과 가볍게 이야기를 나누다가 조금 일찍 점심을 먹은 후에 12시에 호텔을 나섰다. 다소 차가운 날씨이긴 하지만, 걷기에는 그리 나쁜 날씨가 아니다. 오히려 좋은 편이라고 해야 할 것 같다. 이틀 동안 바람과 함께 내린 비로 인하여 거리와 도로는 깨끗하고 쾌적하다. 인간이 만들어낸 온갖 종류의 먼지와 쓰레기들을 말끔히 치워버린 자연의 소리 없는 정화작용! 자연이 하는 일들 때문에 인간은 불편해하고 짜증을 내기도 하지만, 자연의 부단한 움직임이 없다면 인간 세상은 머지않아 부패하고 붕괴해 버릴지도 모른다. 자연 앞에서, 자연이 베풀어주는 은총 앞에서 늘 감사하며 더욱 겸손한 마음으로 살아가야 할 일이다.

도로에서 조금 떨어진 풀밭에 앉아 휴식을 취하면서 혼자서 노래를 부르기도 했다. 노래는 지친 피로를 풀어주기도 하고, 때로는 외로움을 달래주기도 한다. 그리고 간혹 알 수 없는 힘을 북돋우어 주기도 한다. 그래서 사람들은 노동을 하면서도 노래를 불렀고, 노래를 부르면서 설움과 아픔도 날려버리고, 새 힘을 얻었던 것이리라.

하띵(Ha Tinh)에 도착했다. 제법 도시의 규모를 갖춘 곳이다. 도시에 어울릴 법한 큰 호텔도 있다. 외국인에게는 값을 차등 적용한다고 해서 한참 동안 직원에게 설명을 해서 내국인 적용을 받게 되었다. 베트남 사람에 비해 한국인은 부유하고 잘 살기 때문에 돈을 더 많이 내야 한다는 직원의 설명. 나의 설명은 이러했다. 한국 사람이 베트남 사람에 비해 부유한 것은 사실이지만, 나처럼 부유하지 못한 사람도 있고, 이곳에 오는 베트남 사람들은 대부분의 한국 사람들에 비해 월등히 부유하지 않은가?

직원들이 열린 자세를 갖고 나의 말에 귀를 기울여 주었기 때문에 대화가 가능했던 것이고, 결국 매니저에게 전화로 물어본 후에야 가능하다는 대답을 해주었다. 베트남 생활을 하게 된지 꽤 오래 되었다는 사실을 강조하며 설득을 했던 게 효과를 발휘한 것 같다. 물론 영어가 아닌 베트남어로 의사소통을 할 수 있었던 것도 조금은 도움이 되었으리라. 베트남 사람들 역시 정감(情感)이라는 것을 소중하게 생각하기 때문이다.

가장 높은 층의 객실을 요구했더니 흔쾌히 받아들여준다. 객실에 들어와 창밖을 바라보니 시가지가 한눈에 들어온다. 평화롭고 활기에 넘치는 모습이다. 한쪽 편으로는 높은 건물들이 우뚝 서 있어서 발전하고 있는 도시의 모습을 보여주고 있지만, 다른 한쪽 편으로는 여전히 농사를 짓는 모습을 하고 있다. 언젠가는 저 모든 농토가 도로가 되고, 아파트와 빌딩 숲으로 바뀌게 될 것이다. 그리고 사람들은 재산을 쌓아가기도 하겠지만, 그들이 꿈꾸었던 행복한 삶과는 점점 멀어지게 될 것이다. 성경의 말씀처럼 사람의 생명이 그 소유의 넉넉한 데 있지 않기 때문이다.

하루의 일과를 마치고 집으로 돌아가는 걸음들이 분주하고, 어둠은 서서히 대지를 뒤덮기 시작한다. 일터에서 집으로 돌아온 사람들은 함께 식사를 나누며 하루의 일과에 대해서 많은 이야기를 나누며 즐거워할 것이다. 돌아갈 집이 없는 사람들, 기다릴 식구들이 없는 사람들의 마음은 어떠할까? 돌아갈 집이 있고, 함께 이야기를 나누며 살아갈 가족이 있다는 사실에 진정 감사하며 살아가는 사람들은 얼마나 될까, 생각해 본다.

걷기에 더없이 좋은 날씨다. 햇살이 비치기는 하지만, 바람이 시원하게 불어주기 때문에 땀은 조금밖에 흘리지 않았다. 하띵(Ha Tinh)에서 타익하(Thach Ha)까지는 시가지가 거의 연결되어 있어서 같은 도시라고 해도 될 것 같다. 오른쪽 발목과 발가락이 끊임없이 아프고 걸음을 옮길 때마다 통증이 심하게 느껴졌지만, 참고 참아가면서 부지런히 걸었다. 대부분의 도로는 평지인데다가 곧게 뻗어 있는 구간이 길어서 훨씬 지루하고 단조로운 느낌이 들었다. 그래도 힘은 덜 들었다. 길에서 스쳐지나가는 사람들에게 여유롭게 눈길도 주고, 그들이 인사를 할 때마다 손을 흔들어서 반갑게 인사를 해주기도 하였다.

아침에 출발할 때에는 응헨(Nghen)이라는 곳에서 멈출 예정이었으나, 날씨가 서늘하고 별로 땀이 나지 않아서 좀 무리해서 더 걷기로 했다. 응헨의 관공서들이 무리지어 서 있는 넓은 광장에서 한낮의 휴식을 만끽하였다. 넓은 공터의 한복판에 둥글게 호수를 만들고 그 주변으로 관공서들이 들어서 있는데, 호수의 표면에 비치는 건물들의 모습이 색다르게 보인다. 사진을 두어 장 찍은 후에 나무 그늘 아래 앉아서 발과 다리를 정성껏 주물러 주었다. 바람은 모양도 없이 불어와 지친 어깨를 살짝 두드리고 지나가고, 오전 수업을 마친 수많은 학생들이 점심을 먹기 위해 자전거를 타고 집으로 돌아가고 있다.

다시 시작하는 마음으로 일어섰다. 15킬로미터를 더 걸어야 숙소가 나타날 것으로 예상되는 홍링(Hong Linh)이라는 마을에 도착하게 될 것이다. 마음은 가볍고 홀가분한 편인데, 발목과 발가락이 점점 더 아파서 생각처럼 걸음에 속도가 붙지 않는다. 땀을 거의 흘리지 않았기 때문에 물도 거의 마시지 않았다.

해는 서쪽 하늘을 향해 서서히 기울어가고 있다. 잠시 휴식을 취하기 위해 가게에 들어가 시원한 음료수를 마셨다. 그런데 15,000동이란다. 10,000동이면 충분한데 말이다. 딸과 함께 주인이 막무가내다. 부녀지간에 내게 바가지를 씌우려고 작당을 한 모양이다. 이유인즉 시원하게 만들었기 때문이란다.

원래 8,000동인데, 시원하게 했기 때문에 10,000동이면 충분하다는 것을 내가 다 알고 있고, 모든 가게에서 그렇게 했는데, 너무 심한 것 아니냐고 따졌더니 주인 아저씨가 살짝 꼬리를 내린다. 그러면

12,000동을 달란다. 더 따질까 하다가 이쯤해서 애교로 봐주기로 하고 12,000동을 주고 돌아섰다. 딸이 보는 앞에서 손님을 속이려 하다니, 자식에게 뭘 가르치려고 하는 것인지 기분이 씁쓸하기만 하다.

'인간은 왜 정직하지 못할까?'

특히 적지 않은 베트남 사람들이 낯선 사람에겐 늘 속이려는 좋지 않은 버릇을 가지고 있는 것 같다. 이들을 어떻게든 이해하고 싶은데, 쉽지 않다. 그래도 이해하려고 노력해야 하겠지, 생각하며 힘주어 걸음을 내딛다.

홍링에 도착하자마자 숙소를 잡고, 근처를 한 바퀴 돌아보았다. 이미 해가 넘어가버린 뒤라서 가게들이 서둘러 문을 닫기 시작해서 별로 볼 것이 없었다. 눈에 띄는 식당에 들어가서 저녁을 먹은 후에 다시 숙소로 돌아오니 피로가 몰려든다.

'그래, 오늘도 잘 걸어왔구나!'

나는 조용히 무릎을 꿇고 예수님의 십자가와 하나님의 사랑에 대해서 묵상하였다. 그리스도의 십자가가 분열이 아니라, 연합과 회복의 자리인 만큼, 묵상의 삶 역시 고립의 삶이 아니라 연합의 삶이어야 한다. 십자가 안에서 모든 죄인이 서로 만나게 되고, 서로 용납하게 되고, 서로 사랑하게 되는 것이다. 사실 한 개인이 조용히 갖는 묵상의 목적도 사실은 그리스도 안에서 모든 피조물과의 연합을 위한 과정일 뿐이다.

묵상은 복잡한 차안(此岸)을 떠나 피안(彼岸)의 세계에 몰두하는 퇴행이 아니라, 차안에서 피안을 바라보며 다시 힘차게 차안으로 돌아오는 훈련이다. 그리고 차안과 피안의 중심에는 그리스도만이 있을 뿐이다.

토마스 머튼(Thomas Merton)은 이렇게 말한다. "묵상가는 현재 인간이 처한 상황의 실체에 가장 열려 있고, 그 신비에 가장 골몰하고, 고난의 심연에 가장 정통하고, 가장 높은 희망에 민감한 사람이다."

일찍 잠에서 깨어났다. 잠시 묵상하는 시간을 마치고, 하루의 일정에 대해서 생각해 보았다. 그리고 미숫가루를 타서 마시는 것으로 아침식사를 대신했다.

오늘의 목적지는 빙(Vinh)이다. 20킬로미터만 걸어가면 될 터이므로 일찍 도착해서 차분하게 쉴 생각으로 아침에 서둘러서 출발하려고 했다. 체크아웃을 하는데, 주인이 여권을 가지고 집에 간 것인지, 약간은 어려 보이는 여자 직원이 전화를 해서 여권을 가지고 오라고 한다. 뭐 대단한 것이라고, 집에까지 가지고 가서 보관할 필요가 있는지 모르겠다. 하기야 나한테는 그 무엇보다도 소중한 것이기는 하지만 말이다. 어쩌면 어제 밤에 공안(경찰서)에 가서 신고하고 곧바로 집으로 돌아간 것인지도 모를 일이다. 그래서 20, 30분가량 기다린 후에 여권을 돌려받고 출발하였다.

해가 얼굴을 숨긴 채 나타나지 않아서 시원한 가운데 걸을 수 있어서 힘이 덜 들었다. 그러나 계속해서 나아지지 않은 발목 때문에 걸을 때마다 몹시 고통스러웠다. 억지로 참아가면서 걷다 보면 목표 지점은 분명하게 그만큼 다가오고, 결국 모든 일이 자신과의 끊임없는 싸움이라는 사실을 다시금 깨닫게 되는 것이다.

세상을 살아가는 데 있어서 가장 피해야 할 것이 있다면, 스스로 포기하는 것이다. 자신을 둘러싸고 있는 주변의 환경이나 자신의 한계상황 때문에 고통의 한복판에 서 있다고 할지라도 꿋꿋하게 자신을 세워주며, 끝까지 붙들어 주어야 한다. 자포자기는 그 어떠한 이유로도 정당성을 얻을 수 없다는 사실을 길에서 배운다. 걸음을 옮기면 걸어가야 할 길은 그만큼 줄어드는 것이다.

조그만 가게에 들어가 미똠(Mi tom, 베트남의 즉석 라면)을 시켜 먹고 있는데, 조그만 강아지 두 마리가 재미나게 놀고 있다. 마치 세상의 모든 것이 제 것인 양 뛰어다니며 서로 엉기어 뒹구는 모습이 천연덕스럽고 앙증맞기까지 하다.

내 그릇에 있는 고깃덩어리를 젓가락으로 건져서 작은 강아지에게 던져주었더니 꼬리를 흔들며 다가와 맛있게 먹는다. 좀 큰 녀석은 겁이 많은 것인지, 의심이 많은 것인지 적당한 거리를 두고 바라보며 입맛만 다실 뿐, 가까이 다가오지를 않는다. 두 마리의 강아지가 뛰어다니며 장난을 치는 모습을 한동안 바라보았다. 역시 행복은 소유에 있는 것이 아니라 존재에 있고, 마음가짐에 있다는 사실을 되새겨 보게 된다.

쑤언안(Xuan An) 시가지 끝 지점에는 기다란 다리가 있다. 벤투이(Ben Thuy)라는 이름을 갖고 있는 다리인데, 길이가 630미터나 된다. 아마도 이 근처에 부두가 있었던 것 같다. 하기야 과거에는 주로 수로(水路)를 중심으로 교통이 발달했고, 그 수로를 이용해 교역이 이루어졌을 것이다.

긴 다리를 건너는 동안 사실은 불안한 느낌이 적잖이 들었다. 트럭이나 버스가 지나갈 때마다 다리가 심하게 흔들거려서 가슴이 조마조마했다. 이러다가 갑자기 다리가 끊어지는 게 아닌가, 하는 걱정이 다리를 다 건널 때까지 사라지지 않았다.

다리를 건너게 되면 빙(Vinh)이 4킬로미터 남았다는 이정표가 서 있지만, 사실 이곳에서부터 도시는 시작되고 있다고 봐야 할 것 같다. 먼지가 많이 날리는 도로였지만, 그래도 마지막으로 휴식을 취하기 위해 도로 옆에 있는 공터에 자리를 잡았다. 이제 다 왔다는 안도감 때문에 몸도 마음도 한결 가벼운 느낌이다.

빙이 그래도 제법 규모를 갖춘 도시라는 것을 가장 잘 알려주는 것이 호텔인 것 같다. 눈에 띄게 호텔이 자주 나타나고, 호텔의 수준도 달라 보이고, 규모도 제법 커 보인다.

다리를 건너 2킬로미터 가량 걸으니 오른편으로는 빙 대학이, 그리고 왼편으로는 군사지역 박물관이 서로 마주보며 웅장하게 서 있다. 특별히 빙은 군사적으로 중요한 지역인지 눈에 띄는 군부대 건물이 도시의 중심에 자리를 잡고 있다. 도시는 발전의 소용돌이 속에 있는지, 고층 건물을 짓는 건설 현장들이 여기저기 눈에 띈다.

왜 사람들은 한결같이 높은 건물들을 지향하는 것일까? 바벨탑을 쌓던 자들의 후손이라서 그러는 것일까? 아직은 땅도 넓은 것 같은데, 도시나 농촌이나 할 것 없이 새로 짓고 있는 건물들을 보면 하나같이 높이 올라가고 있으니 말이다.

프엉동(Phuong Dong) 호텔에 숙소를 잡았다. 넓고 높은 로비와 화사하고 깨끗한 분위기가 손님을 반긴다. 호수를 끼고 있는 작은 공원이 내려다보이는 창가에 앉아 커피를 마시며 한가로운 오후를 보낸다. 길 위에는 무수한 오토바이들이 서로 뒤섞여 달리고, 자동차들 역시 그에 뒤질세라 연신 경적 소리를 울려대며 빠르게 질주한다.

인간은 높이뿐만 아니라, 속도에도 취한 채 살아가고 있구나!

세상이 온통 젖어 있다. 그리고 계속해서 비가 내리고 있다. 급할 것도 없고, 서두를 필요도 없어서 오전 내내 숙소에서 책을 읽으며 시간을 보냈다. 창밖으로 비 내리는 광경을 지켜보는 것은 꽤 낭만적인 것 같다는 생각이 든다.

정오가 되면서 비가 그치고, 도로는 조금씩 마르기 시작했다. 서서히 짐을 챙겨들고 숙소를 나섰다. 작은 공원을 벗어나자 엄청나게 넓은 광장이 나타난다. 광장의 뒤편 한가운데에는 호치민의 동상이 어마어마한 크기로 서 있다. 바로 그 옆에는 베트남 국기가 바람에 펄럭이고 있다. 하노이의 바딘 광장보다 훨씬 넓은 광장. 사람들은 하나도 보이지 않고, 싸늘한 바람만이 가볍게 훑고 지나간다. 이곳 빙(Vinh)이 호치민의 출생지이기 때문에 상징적으로 어마한 규모의 광장을 만든 것 같다. 광장의 양 옆으로는 거대한 야자수들이 열병식을 하는 군인들처럼 장엄하게 줄지어 서 있고, 광장의 입구에는 분수대가 설치되어 있다. 그리고 광장의 중심은 넓은 잔디밭이다.

평소에 검소하고, 늘 인민들과 함께 하며 '호 아저씨(Bac Ho)'로 불리기를 원했던 호치민(Ho Chi Minh). 베트남 사람들의 가슴에 지금도 살아 있는 위대한 민족 지도자이며 영웅인 호치민. 너무나도 크고 웅장한 그 동상을 한동안 바라보노라니 이제는 감히 가까이 할 수 없는 타인일 수밖에 없겠구나, 하는 생각이 문득 스쳐지나갔다.

늘 가난한 사람들과 함께 하며 그 자신이 소박하게 살았던 호치민. 그가 만약 다시 태어나 이 광장을 걷게 된다면, 그는 어떤 생각을 할 것인가? 역사에 '만약'이라는 말이 성립될 수 없으니 죽은 자는 말이 없을 뿐이어라.

빙은 깨끗하고 나름대로 질서가 정연한 도시인 것 같다. 그리고 다른 지역의 도시들에 결코 뒤지지 않을 정도로 발전하고 있는 도시라는 느낌이 든다. 공항까지 이어지는 길은 새로 단장된 길인데, 거의 7,8킬로미터 정도 곧게 뻗어 있어서 정말 지루했다. 왕복 8차선 가량의 넓은 도로, 양편으로는 새로운 건물들이 경쟁하듯 올라가고 있다. 길의 중간에는 야자수가 우뚝 서 있고, 자동차들은 거침없이 달리고 있다.

공항은 작고 아담하다. 대합실에 앉아 비행기가 출발하기를 기다리며 길에서 보낸 많은 시간들을 되돌아본다. 길이 있으므로 걷기 시작한 도보여행. 그 길에서 내가 걸어가야 할 인생의 길들을 새롭게 발견하게 되고, 힘들더라도 내가 끝까지 걸어가야 할 길이 있다는 사실을 겸허히 받아들이게 된다.

생명이 있는 곳에 길은 영원히 끝나지 않는다.

일곱 번째 발걸음

빙(Vinh)에서 하노이(Ha Noi)까지

여행일시 : 2012년 12월 10일~12월 22일

빙(Vinh)에서 하노이(Ha Noi)까지

여행일시 : 2012년 12월 10일~12월 22일

"오, 주님!
당신은 우리를 당신을 향해서 살도록 창조하셨으므로
우리 마음이 당신 안에서 쉴 때까지는
편안하지 않습니다."
— 어거스틴(St. Augutine) —

아침 일찍 가볍게 식사를 마치고 짐을 어깨에 둘러메고 택시를 탔다. 공항에 도착하여 수속을 밟은 후에 비행기의 탑승을 기다리는 동안 그동안의 도보여행에 대해서 생각해 보았다. 길고 먼 시간들 속에서 어렵고 힘들었던 순간들이 주마등처럼 스치고 지나간다.

나는 그동안 잘 걸어온 것일까? 나의 걸음이 무슨 의미가 있는 것일까? 아무런 의미가 없다고 하여도 좋다. 아프고 힘들더라도 진실하게 주님만 바라보며 끝까지 걸을 수 있다면, 땅을 밟으며 걷는 순간들, 한 걸음 한 걸음 내딛는, 바로 그 하찮은 과정이 하나님의 뜻임을 알게 될 것이라 믿는다.

나의 몸을 작고 귀여운 비행기에 실었다. 나의 몸은 마지막 도보여행이 시작되는 빙(Vinh)의 하늘을 향하여 힘차게 날아올랐다. 30여분 정도의 비행 끝에 빙 공항에 도착하여 짐을 찾은 후에 신발 끈을 바짝 조여 맸다.

드디어 마지막이다. 마지막 구간의 첫발을 도로 위에 올려놓기까지 얼마나 마음이 무거웠는지 모르겠다. 시간이 흐를수록, 도로 위를 걸으면 걸을수록 홀로 걷는다는 것이 얼마나 어렵고 힘이 드는 일인지 실감하게 된다. 그 누가 대신해 줄 수도 없고, 적당히 요령을 부릴 수도 없는 것이 도보여행이다. 일체의 욕심을 버리고, 한 걸음씩 걸어 나가는 것 외에는 달리 방법이 없다. 묵묵히 걷다 보면 그날 정해놓은 목적지에 도달하게 되고, 그곳에서 짐을 풀고 휴식을 취하다가 다시 하루가 시작되면 다시 부지런히 걸어야 한다. 그래서 도보여행에는 프로가 있을 수가 없고, 베테랑이 있을 수도 없다. 모두가 아마추어이며, 아마추어라야 제대로 도보여행을 할 수 있다.

베트남은 하루가 다르게 발전하고 있다. 도로에는 자동차들이 눈에 띄게 늘어나 있고, 서로 경주하듯이 겁 없이 앞지르기를 하며 심하게 경적을 울려댄다. 베트남의 도로는 흡사 전쟁터와도 같다. 쉴 새 없이 울려대는 경적소리는 전투 편대가 저공비행을 하며 지상의 목표물들을 향하여 무차별적으로 포탄을 쏘아대는 것과 같아 잠시라도 한눈을 팔기라도 할라치면 정신을 빼내어가도 알아차리지 못할 정도다. 세상에 있는 어느 나라의 도로 위가 이보다 더 시끄러울 수 있을까 싶은 생각이 든다. 내가 보기에는 아무리 경적을 울려대도 비켜주거나 경적소리에 반응을 보이는 차량들은 하나도 없는 것 같은데, 무수한 저 소리들은 도대체 누구를 위해 울려대는 소리란 말인가? 소리의 크기도 너무나 커서 깜짝 깜짝 놀랄 때가 한두 번이 아니다. 특히 대형 화물차량들과 대형 버스들의 경적소리는 너무나도 커서 국도와 나란히 뻗어있는 철로 위를 지나가며 울려대는 기차의 기적소리보다 더 크고 집요하다. 도로의 갓길로 최대한으로 바짝 붙어 걷는 나의 존재가 차량들의 질주에 아무런 방해물이 되지 않을 테지만, 정작 그들이 질러대는 소리에 놀라는 것은 나 하나뿐인 것 같다. 알면서도 경적소리에 놀라 움찔할 때가 적지 않다.

도로는 훼손된 곳이 많아서 곳곳마다 보수 공사가 진행 중이고, 나날이 늘어가는 차량을 수용할 수가 없어 확장 공사를 하는 곳도 있다. 그러다 보니 흙먼지가 뿌옇게 일어나 눈에 보이는 모든 사물들은 다 명확하지 않다. 부옇게 흩날리는 흙먼지에 섞여 검은 매연이 도로 위를 얇게 출렁이고 있는 것 같다. 손수건으로 코와 입을 가로막아 보지만, 눈이 따가운 것은 어찌 손을 쓸 수가 없다. 연일 흙먼지를 뒤집어쓰고 있기에도 벅찰 텐데, 나뭇잎들은 쉬지 않고 내뿜는 검은 매연을 들어 마시면서 어떻게 그 생명을 지탱해내는지 모르겠다.

출발한지 10킬로미터도 지나지 않은 꽌하잉(Quan Hanh)을 지나서부터 발은 아프기 시작했다. 미리 준비를 하면서 몸을 만든 다음에 도보여행을 시작해야 하는데, 이번에는 바쁜 나머지 거의 준비를 하지 못했던 터라 쉬엄쉬엄 걸으면서 몸을 만들어갈 생각으로 나선 것이다. 그래서 무리하지 않고 자주 쉬면서 도로에 적응해 나가리라 마음먹었다. 그래도 걷다 보면 나도 모르게 걸음이 빨라지곤 한다. 급할 것도 없는데, 쌩쌩 달리는 자동차들 때문에 내 마음도 덩달아 바빠지는 모양인가 보다. 도로가 그다지 넓지 않고, 차량들은 많아서 갓길로 최대한 바짝 붙어서 걸어도 위험하다는 생각이 많이 들 정도다. 1번 국도는 기찻길과 나란히 뻗어있는 경우가 많은데, 그렇다 보니 갓길이 더욱 여유가 없는 것 같다.

오른편으로 갈라진 길을 따라가면 베트남에서 널리 알려진 끄아로

(Cua Lo)라는 해변이 나온다. 이곳의 해변에서부터 남쪽으로 이어지는 모든 해변의 물이 일 년 내내 맑고 푸른빛을 띠고 있어서 늘 많은 사람들이 찾는다고 한다.

도로변의 마을들은 여느 마을들과 크게 다르지 않은데, 집집마다 누런 옥수수를 말리고 있는 모습이 자주 눈에 들어온다. 그리고 넓은 밭에는 수확을 기다리고 있는 옥수수가 줄지어 서 있다. 이 지역에서는 옥수수를 많이 재배하고 있는 모양이다. 가난하고 굶주린 사람들에게 가장 귀중한 식량 가운데 하나인 옥수수가 요즘에는 가축의 사료나 연료로 사용되고 있다고 한다. 굶주림에 허덕이는 사람들이 여전히 많은데도 말이다. 요즘의 경제 논리는 때로 인간보다 더 중요한 그 무엇이 있다는 것을 말하고 있는 것처럼 보이기 때문에 늘 고개를 갸우뚱하게 된다. 인간이 모든 가치의 중심이 되는 세상을 정녕 만들 수 없는 것일까?

한동안 길을 걷노라니 새로 지은 것 같은 아주 깨끗한 호텔이 나타났다. 오늘은 그냥 이곳에 머물까, 한동안 망설이기도 했다. 다리가 아프기도 했지만, 작고 깨끗한 호텔의 외형이 나의 마음을 강하게 끌어당겼기 때문인 것 같았다. 그러나 용기를 내어 마음을 돌리고 계속해서 걸음을 재촉하였다. 안즈엉 브엉(An Duong Vuong) 사당으로 가는 길을 알려주고 있는 표지판을 바라보면서 길옆에 있는 작은 가게에 앉아 코코넛 주스를 마시며 휴식을 취했다. 안즈엉 브엉은 기원전 257년 반랑(Van Lang)을 정복한 후 자기 나라와 합쳐 어우락(Au Lac) 왕국을 세웠다고 전해지는 베트남 건국 초기의 역사와 관련이 있는 왕이다.

앉아서 쉴 때면 아프던 다리도 이내 깨끗하게 나은 것 같다가도 다시 일어나 걷기 시작하면 얼마 지나지 않아서 금방 통증이 찾아오곤 한다. 도로에 적응해 가는 과정이라 생각하며 아픔까지도 긍정적으로 받아들이려고 노력하였다. 세상의 모든 소중한 것들은 하나같이 아픔의 결과물들이다. 아이들이 갑자기 신체적으로 성장하면서 겪는 성장통도 마찬가지일 것이다. 어차피 피할 수 없고 맞닥뜨려야 할 아픔이라면 적극적으로 끌어안고 그 안에서 의미와 가치를 추구해 나가는 편이 훨씬 유익할 것이다.

견디기 어려울 때에는 흙먼지를 뒤집어쓸 대로 뒤집어쓴 채 도로변에 널브러져 있는 돌덩이 위에 걸터앉아 쉬기도 했다. 몇몇 사람들은 나의 모습을 보며 가볍게 인사도 해주었고, 오토바이를 타고 지나가던 몇몇 사람들은 태워다 주겠다며 어디까지 가느냐고 묻기도 하였다. 길에서 만난 친절한 미소와 호의를 뒤로한 채 나는 오직 두 다리의 힘에만 의존하여 걷고 또 걸었다. 그리고 해가 넘어가기 직전에 오늘의 목적지로 정해 놓은 지엔쩌우(Dien Chau)에 도착했다. 생동감이 넘치는 작은 도읍인 것 같다.

무겁게 느껴지는 짐을 풀어놓고 나면 피로감이 더욱 빠른 속도로 밀려들지만, 샤워를 하고 나서 책을 읽거나 하루의 일과를 되돌아보며 나를 성찰하는 시간을 갖는다. 자신을 돌아보는 시간 – 자기 성찰은 인간이 게을러지는 것을 막아주고, 성장이 지체될 때에도 희망이 있다는 것을 기억하게 하며, 규칙적인 자기 성찰은 세월을 허송하지 않게 해주기 때문이다.

"큰 일을 통해서 자신이 영웅임을 증명하려고 애쓰는 것보다 작은 일을 통해 일관되고 견실한 자세를 유지하는 것이 훨씬 낫다."고 한 어느 영성가의 말을 수없이 되새겨 보았다.

이른 아침부터 요란하게 울려대는 스피커 소리 때문에 베트남의 하루는 일찍 시작되는 것 같다. 식사를 마치고 객실에 앉아 책을 읽으며 잠시 조용한 시간을 가졌다. 세상에는 왜 고통이 끊이지 않는 것일까? 그리고 선하게 살아가는 사람들마저도 그 고통에서 벗어나지 못하는 것일까? 사랑의 하나님께서는 세상의 임금과 군주와 군대와 권세에 빌붙어 달콤한 것을 빨려는 하나님의 자녀들한테서 젖꼭지를 떼어내기 위해 때로는 고통과 고난도 허락하신다는 것을 성경과 인류의 역사는 보여주고 있다. 하나님의 백성들이 오직 하나님만을 신뢰해야 한다는 사실을 깨닫도록 하시기 위해서 말이다. 모든 시대의 모든 시련과 재난 속에서도 하나님만은 신실하시다는 사실을 깨닫고 받아들이며 살아가는 일이 결코 쉽지 않겠지만, 날마다 하나님을 발견하고 하나님의 뜻을 이루기 위해 노력해야 할 것이다. 진정 그리스도의 제자로 살아가기를 원한다면 말이다.

토마스 아 켐피스(Thomas A Kempis)는 이렇게 말한다. "기뻐할 준비가 되어 있는 것처럼 고통당할 준비도 되어 있어야 한다. 충만하고 부유할 때처럼 가난하고 궁핍할 때도 기뻐해야 한다." 모든 그리스도인들이 결코 잊어서는 안 될, 얼마나 균형 잡힌 생각인가?

발의 여러 부분이 아픈 가운데 걸음은 시작되었다. 주저앉고 싶은 마음이 자주 들지만, 애써 참아가며 한 걸음씩 앞으로 내딛는다. 어제보다 날씨는 서늘하고 하늘이 잔뜩 흐려 있어서 걷기에는 그야말로 좋은 날씨다. 문제는 도로 위에서 피할 수 없는 삼중고(三重苦) - 차량들이 질러대는 시끄러운 경적 소리와 시커먼 매연, 그리고 안개처럼 뿌연 흙먼지 - 를 다스리며 걸어야 한다는 것이다. 특히 무시무시한 크기의 경적 소리는 정신적으로 상당한 압박을 주는 것 같다. 참으로 적응하기 어려운 부분이다.

자주 쉬면서 걷는 편이 다리에 무리가 가지 않을 것 같아 3킬로미터 정도씩 걸은 후에 한 차례씩 쉬기로 했다. 한번은 콘크리트 벤치에 앉아 숨을 돌리고 있는데, 50대로 보이는 남자 두 사람이 다가와 앉는다. 극히 일상적인 대화가 오갈 뿐이지만, 외국인에 대한 그들의 호기심을 무질러버릴 수는 없어 친절하게 응대하다 보면 시간이 훌쩍 지나가 버린다. 가야 할 길은 멀기만 한데 말이다. 아쉬운 마음을 뒤로 한 채 배낭을 둘러메고 다시 걸음을 재촉한다.

수확이 끝나버린 논에는 풀들이 무성하게 자라 소들이 한가로이 거닐며 풀을 뜯고, 물이 출렁이는 무논이나 웅덩이에는 새하얀 털옷을 차려입은 오리들이 떼를 지어 헤엄을 치기도 하고, 물속에 고개를 처박고 먹이를 사냥하느라 정신이 없어 보인다. 평화로운 모습이다. 평화는 결코 인위적으로 만들어내는 것이 아니라, 그대로 놔두는 것, 그래서 가장 자연스런 상태가 되는 것이 진정한 평화가 아닐까, 하는 생각을 하면서 무거운 걸음을 옮긴다.

애초에는 이엔리(Yen Ly)라는 마을에 머물 생각이었으나 이슬비가 내리기 시작하여 조금 더 걷기로 마음을 바꿨다. 다리가 아프기는 했지만, 견딜 만할 것 같아서 걸음을 더 옮겨보기로 하였다. 중간 중간에 새로 지은 것 같은 미니 호텔들이 있어서 그만 멈출까, 망설이기도 했지만, 내친걸음에 꾸잉르우(Quynh Luu)라고도 불리는 꺼우잣(Cau Giat)까지 걸었다.

마을의 한복판에 있는 사거리 모퉁이에 자리를 잡고 있는 호텔에 숙소를 정했다. 도로 곁에 위치해 있는 호텔인지라 문을 닫고 객실에만 있어도 자동차들의 소음 때문에 시끄럽기는 마찬가지다. 어차피 대부분의 숙소들이 도로변에 위치해 있기 때문에 그 어느 호텔을 찾더라도 상황은 대동소이해서 소음에서 자유롭지는 못하리라.

그냥 무겁고 피곤한 몸만 부릴 수 있어도 좋으리….

1층에 있는 어둡고 허름한 식당에서 저녁을 먹는데, 서너 명의 여직원들이 몰려와 이것저것 묻더니 호기심이 많은 직원은 아예 내 식탁으로 자기의 밥그릇을 가지고 와 앉는다. 손님의 기분 따위에는 아랑곳하지 않는 그들의 호의와 호기심을 마냥 좋게만 받아들여야 하는지 조금은 헷갈리기도 했지만, 마지막 한 톨의 밥알까지 맛있게 먹으며 그들과 이야기를 나누었다. 한국의 드라마의 영향인지 발음이 좀 엉성하기는 하지만, '안녕하세요?'나 '감사합니다.' 정도의 말을 하는 직원들도 있었다.

한국의 매스컴들은 한류(韓流)니 뭐니 하며 상당히 소란스러운데, 내가 만나 이야기를 나누어 본 경험에 의하면, 날마다 베트남 텔레비전에 방영되는 한국의 드라마를 보고 너무나도 많은 베트남 젊은이들이 비현실적이고 허황된 꿈을 꾸고 있다는 느낌을 받았다. 그리고 한국 사회를 불륜과 부도덕이 판을 치고, 비현실적인 이야기로 가득한 세상으로 알고 있는 사람들도 적지 않았다. 문화 콘텐츠를 만들어 외국에 소개하거나 수출하려면 이제는 화려한 형식에만 치우칠 게 아니라, 충실하고 건강한 내용도 담을 수 있도록 노력해야 하지 않을까 싶다. 그들의 정신이 건강하게 변해가도록 말이다.

누군가 거대한 힘으로 시간을 붙잡아 버리기라도 한 것일까? 동이 터 오르다가 만 것처럼 세상은 희뿌옇다. 도로 위를 질주하는 차량들만 없다면, 마을들은 마치 깊은 몽환(夢幻) 속에 빠져 있는 것처럼 보일 것이다. 이슬비가 가늘게 내린다. 무엇이 부끄러운 것인지 바나나 나무의 넓은 잎사귀를 사방으로 둘러치고 붉은 빛이 감도는 기와를 뒤집어쓴 채 옹기종기 모여 앉은 벽돌집들의 모습이 정겹다. 이러한 주택의 모습이 베트남 전통 가옥의 형태로 자리를 잡고 있는 것 같다.

또다시 반복해서 걸어야 하는 일상은 극히 단조롭다. 그 단조로움은 이내 지루함으로 바뀌고, 지루함은 곧 고통으로 전이된다. 걸음을 옮겨 나갈수록 발바닥에서부터 점점 신체의 위쪽으로 전해져오는 통증을 어떻게든 받아들여야 한다. 사람들은 무슨 일을 하든지 그 일의 결과만을 생각할 때가 많기 때문에 일상의 삶 속에서 되풀이되는 과정 자체가 결과에 못지않게 소중하다는 사실을 놓쳐버릴 때가 많다.

하나님은 오늘 나에게 마련해 주신 생활 속에서 그분의 뜻을 드러내신다. 지금 내 앞에 펼쳐놓으신 사람들과 장소와 상황이 바로 하나님의 뜻이며, 사소해 보이는 실생활 속에서 그분의 뜻을 감지하고 그에 따라 행동할 줄 알아야 한다. 그러나 이해할 수 없는 상황들과 까다로운 사람들을 만나게 되면, 그 상황을 피하려고만 한다. 나에게 가장 좋은 것만을 추구하며 살아가고 있는 내 모습을, 평범하게 내딛는 사소한 걸음 속에서 찾게 되는지도 모른다. 하나님의 진리는 너무나도 단순하게 보인다는 바로 그 이유 때문에 일상생활에서 이것을 간과하거나 무시하는 것은 아닐까?

이슬비가 가늘게 내리기는 하지만, 바람이 앞에서 불어오기 때문에 고개를 푹 숙인 채 걸어야 했다. 비옷을 입을 정도는 아니었지만, 걸음을 멈추고 잠시 쉴 때에는 쌀쌀한 느낌이 몸속으로 가득히 몰려 들어왔다. 몸이 움츠러들고, 떨렸다. 그래서 충분하게 쉴 수가 없었다.

황마이(Hoang Mai)라는 지명은 내가 갖고 있는 지도에는 나와 있지 않았다. 꺼우잣(Cau Giat)에서 15킬로미터 정도를 걸었을까, 허술하고 지저분하기 짝이 없는 톨게이트가 도로 중간에 버티고 서 있다. 통행료를 내기 위해 차량들이 좁은 길로 들어가야 하는데, 그 좁은 틈에서도 차량들은 서로 먼저 통과하려고 아슬아슬하게 끼어들기를 한다. 그래서 차량들은 뒤엉겨 더욱 진행이 느려진다. 무엇 때문에 그와 같은 행동을 하는 것일까? 조금씩만 서로 양보하면 모든 차량들의 소통이 더 원활해질 텐데, 내가 더 먼저 가려고 발버둥 치다가 모두 다 늦어지는 이 안타까운 모습이 이 땅에서 언제쯤 사라지려는지 나그네의 마음은 무겁기만 하다.

이 무질서한 톨게이트를 지나게 되면 나타나는 마을이 바로 황마이라는 마을이다. 도로 상에서 만나게 되는 여느 마을들과 크게 다르지 않다. 오른편으로 몇 걸음 옮기면 황마이 시장이 자리를 잡고 있는데, 시장 입구에는 국화꽃을 파는 사람들이 유독 많다. 시장은 역시 가장 활기가 넘치는 곳이다.

줄곧 혼자 걸으면서도 외롭다는 생각은 한 번도 해보지 않았다. 한 걸음 한 걸음 앞을 향해 걸어 나가는 데에만 몰두했고, 느린 모습으로 변해가는 풍경들을 바라보노라면 예기치 못한 새로운 느낌이 솟아나기 때문이었다.

이슬비가 점점 굵어지기 시작하여 그만 걸음을 멈추기로 했다. 정확한 지명을 알 수는 없지만, 떤띠엔(Tan Tien)이라는 지역인 것 같다. 도로 옆 편에 있는 커다란 주유소 뒤편에 우뚝 서 있는 호텔에 여장을 풀었다. 아마도 주유소에서 운영하는 것 같다. 썰렁한 느낌이 드는 호텔이었으나 분위기는 나름 좋은 편이다. 객실의 창문을 여니 바로 가까이에 바위산이 우람한 모습으로 서 있다. 저 산을 바라보며 저녁을 기다리는 것만으로도 마음이 넉넉해질 것 같은 느낌이 들었다. 가슴 가득 파고 들어오는 산의 건강함! 산은 말이 없으나 늘 그 모습 그대로 서 있다.

바람이 쌀쌀해져서 창문을 닫은 채 창가에 앉아 유리창 너머로 보이는 바위산을 바라보며 생각에 잠겨보기도 하고, 책을 읽으며 한가로운 시간을 보내기도 했다. 혼자서 먹는 저녁 식사지만, 배가 고팠던 터라 아주 맛있게 먹었다.

가는 이슬비로 시작한 빗줄기가 점점 굵어진다. 비옷을 뒤집어 쓴 채 걷노라니 불편하고, 공기가 통하지 않아서 속옷이 축축하게 젖는다. 도로의 폭이 형편없이 좁기 때문에 갓길은 흙으로 되어 있는데, 도로보다 약간 낮다. 도로에 떨어진 빗물이 흘러내려와 진흙탕 길로 변해 버린다. 질퍽하고 미끄러운 길을 걸어야 하는 하루, 신발에 달라붙은 진흙 때문에 발걸음을 옮길 때마다 모래주머니를 매달고 걷는 것과 같은 무게를 느껴야 한다. 자동차들은 인정사정없이 흙탕물을 튕기며 지나쳐가고, 마음은 급하기만 한데 생각처럼 걸음은 쉬 떼어지지 않는다.

세상은 깨어나지 않는 새벽처럼 어둑한 느낌이 들 정도다. 모든 사물이 분명하지 않다. 한가로이 자연 풍광을 바라보며 사색에 잠겨본다는 것은 불가능한 일이고, 그저 미끄러지지 않도록 몸뚱이를 조심스럽게 한 발짝씩 옮겨놓을 뿐이다. 자동차들이 달려올 때면 흙탕물을 뒤집어쓰지 않도록 더욱 조심하는 것이 그 길 위에서 내가 취할 수 있는 유일한 행동이었고, 오직 1킬로미터마다 서 있는 지표석을 확인하는 것이 기쁨이라면 기쁨이었을까….

배고픔을 달래기 위해 죽을 한 그릇 사먹기 위해 멈추었고, 다시 걷다가 굵은 빗방울을 잠시나마 피해 보기 위해 길옆 가게에 앉아 커피 한 잔을 마셨다. 비는 멎는 듯하다가도 끝내 멎지 않고 지속적으로 내렸다. 운동화는 흙으로 뒤범벅이 된지 오래다. 물집이 잡힌 발가락이 아프기는 했지만, 어제 심했던 무릎의 통증이 다소 완화된 것 같아 걷는 데에는 그다지 큰 어려움이 없었다. 내 몸이 서서히 길에 적응해 나가고 있는 것이리라.

어느덧 점심시간이 되어 가는지 많은 학생들이 우르르 학교를 빠져나온다. 점심 식사를 하기 위해 귀가하는지 도로에는 자전거를 탄 학생들로 긴 행렬을 이루고 있다. 넓은 주차장을 소유하고 있는 넓은 식당에서 쌀국수 한 그릇을 먹었다.

내가 걷는 길은 더럽고, 미끄럽다. 차량들은 흙탕물을 튕기고, 비는 하염없이 내린다. 끊임없이 비를 맞으며 걸어 오늘의 목적지인 띵자(Tinh Gia)에 도착했다.

빗속을 걸으면서 육체와 정신에 대해서 생각해 보았다. 인간의 고귀한 정신을 담고 있으면서도 제대로 평가받지 못하는 육체! 사실 인간의 모든 죄와 악한 행동은 정신에서 비롯되는 것이 아닌가 말이다. 육체는 그저 정신이 시키는 대로 순종할 뿐임에도 늘 죄의 온상이요 덩어리인 것처럼 천대 받고 있는 것은 아닌지…. 사실 부패한 것은 육체가 아니라 정신이 먼저이며, 정신이 깨끗한데 육체만 더럽게 되지는 않는다. 그래서 성경에서 심히 부패한 것이 바로 마음, 곧 정신인 것을 가르쳐 주고 있지 않는가? 정신, 생각, 마음이 무너질 때 이것을 감싸고 있는 외형인 육체도 무너지게 되는 것이리라. 그러므로 실수하고 범죄에 빠지는 육체를 탓할 것이 아니라, 그 모든 것을 조장하고 키우는 그릇된 마음을 탓하고 경계해야 할 것이다.

오늘 하루, 열악한 상황 속에서도 내 생각을 담아 불평 없이 나를 이곳까지 이끌어준 내 육체에 감사해야 하겠다. 내 육체에도 하나님께서 불어넣어주신 소중한 생명이 있지 않은가!

오전에는 하얀 우유를 흩뿌려 놓은 듯한 희뿌연 안개 속을 터벅터벅 걸었고, 오후에는 햇볕이 강하게 내리쬐는 백색의 도로 위를 비틀거리듯 걸었다. 비가 멎자 기온은 맹수에게 쫓겨 달아나는 초식 동물처럼 급하고 처절한 속도로 올라가서 조금만 걸어도 땀이 흘러내려 부지런히 손수건으로 땀을 훔쳐내야 했지만, 가끔씩 파란 하늘을 볼 수 있다는 것이 유일한 기쁨이었다.

오늘은 길일(吉日)인지 결혼식을 하는 집들이 아주 많았다. 시끌벅적한 음악이 흘러나오는 곳은 모두 다 결혼식이 거행되고 있는 곳이었고, 하객으로 보이는 젊은이들이 오토바이를 타고 도로의 절반쯤 차지한 채 이동하는 모습도 인상적이었다.

마을마다 집집마다 무슨 놈의 개들이 그렇게도 많은지 모르겠다. 도로 위를 어슬렁거리는 놈들도 있고, 집안에 있다가 낯선 사람을 보면 집밖으로 달려 나오며 앙칼지게 짖어대는 놈들도 있다. 한낮에 마당 앞이나 도로 옆에 드러누워 늘어지게 낮잠을 자는 놈들도 있다. 대개 개들은 낯선 사람을 보면 부리나케 달려 나오며 짖어대다가도 멈춰 서서 정면으로 쳐다보며 공격 태세를 취하기만 해도 꼬리를 내린 채 뒷걸음질치고 만다. 그러다가 등을 돌리면 또다시 짖어대곤 한다. 자기 집 앞을 결코 넘어서지 못한 채 말이다. 역시 개들도 홈그라운드 이점을 알고 있고, 그것을 잘 활용하는 동물인 것 같다. 하지만, 이런 개들은 좋은 품종의 개가 아니다. 좋은 품종의 개들은 결코 함부로 짖어대지 않으니까….

그래도 개들이 갑자기 짖어대며 달려들 때면 무척 신경이 쓰이고 긴장을 해야 하기 때문에 짜증이 나기도 한다. 더러운 쓰레기 더미를 뒤지던 그 놈들이 달려들어 물기라도 한다면 무슨 일이 생길지 누가 알겠는가? 위생과는 철저하게 담을 쌓고 살아가는 것 같은 베트남 사람들, 개인위생에 대한 개념이 점점 나아지고 있기는 하지만, 여전히 비위생적인 환경들이 산적해 있으니 스스로 조심하는 것이 상책일 것 같다. 개는 묶어서 기르는 것이 좋을 것 같다는 생각이 든다.

길을 걷다보면 크고 작은 다리를 자주 건너게 되는데, 건널 때마다 마음이 시원해지는 느낌을 받는다. 무슨 이유 때문일까? 강물이 맑거나 깨끗한 것도 아닌데, 분명 기분이 전환되는 것 같다. 아마도 이 땅에서 저 땅으로 건너가게 해주기 때문이 아닐까 싶다. 물로 갈라져 서로 오갈 수 없는 땅과 땅을 연결해 주는 다리처럼 그런 존재가 되고 싶다는 생각을 해 본다. 특히 이 땅에서 나그네로 살아가는 동안 이 땅의 많은 영혼들을 생명으로 나아가는 길과 연결해 주는 작은 다리로 살아갈 수 있다면 얼마나 좋을까? 그렇게 살아가고 싶다는 소원을 품어본다.

유진 피터슨(Eugene H. Peterson)은 "하나님을 아는 것과 하나님을 섬기는 것은 우리 삶에서 쉽게 분리된다. 우리는 온전한 인간으로 살아가도록 창조되었지만, 믿음과 행함의 유기적인 일치가 깨어지는 순간 온전한 인간으로 살아갈 수 없게 된다."고 하였다. 믿음과 행함. 온전한 그리스도인으로 살아가기 위해 이 둘 사이의 간극을 이어주고 메워주는 튼튼한 다리를 내 일상의 삶에 날마다 세워가야 하리라.

아픈 다리를 질질 끌면서 거의 40킬로미터 정도를 걸었다. 타잉화(Thanh Hoa) 시내를 불과 4,5킬로미터 정도 남겨두고 더 이상 걸을 수가 없어서 숙소를 찾아 짐을 풀었다. 숙소의 바로 앞에 넓은 도로를 사이에 두고 홍득(Hong Duc)이라는 대학이 꽤 넓은 대지 위에 펼쳐져 있다. 때마침 수업을 끝낸 젊은이들이 정문을 빠져나와 도로 위로 우르르 쏟아져 나온다. 건강한 젊은이들을 바라보기만 해도 저절로 힘이 솟는 것 같다. 환하게 웃으며 귀가하는 이들을 보면 베트남의 미래가 조금은 밝아져 보인다.

타잉화의 아침은 레러이(Le Loi) 광장에서부터 시작된다. 레러이 광장은 타잉화 시내를 중심으로 뻗어있는 쩐푸(Tran Phu) 거리와 레러이 대로가 만나는 사거리 모서리에 자리를 잡고 있다. 온갖 사물들이 아직은 제 모습을 드러내기도 전부터 부지런한 사람들은 어둠을 털어가며 광장에 모여들어 저마다 운동을 하며 아침을 기다린다. 젊은 사람들보다는 나이 든 노인네들의 숫자가 월등한 것을 보면 나이가 들어야 비로소 건강의 소중함을 깨달아 건강관리에 신경을 쓰게 되는 모양이다. 사람들은 대개 소중한 것들을 잃어버리고 난 후에야 그것의 가치를 깨닫게 되는데, 건강도 마찬가지가 아닐까 싶다.

날이 밝으면 도시는 많은 사람들로 활기를 띄기 시작한다. 시장을 보러 가는 주부들과 직장을 향해 발걸음을 재촉하는 직장인들, 그리고 등교하는 학생들로 인하여 북적거리고, 특히 도로 위에는 오토바이와 자전거의 행렬로 혼잡해진다. 어딜 가나 베트남에서 사는 도시인들은 하루의 아침을 무질서할 정도로 뒤죽박죽인 채로 시작한다.

꽝쭝(Quang Trung) 거리, 쩐푸(Tran Phu) 거리에 이어 바찌에우(Ba Trieu) 거리로 이어지는, 시내를 관통하고 있는 거리를 걷다가 오른쪽으로 방향을 틀면 응우엔치타잉(Nguyen Chi Thanh) 거리가 이어지는데, 이 길 옆으로는 기찻길이 나란히 놓여 있다. 시가지가 거의 끝나가는 지점에서 쌀국수와 함께 쭝빗론(Trung vit lon)을 시켜 아침식사를 하였다. 시가지가 끝나면서 1번 국도는 다시 우회도로와 만나게 되는데, 우회도로를 이용하면 거리가 4,5킬로미터 정도 단축된다.

안개가 잔뜩 끼어서 시야가 불투명하다. 그래서 도시를 한눈에 조망할 수가 없다. 왼편으로는 함종(Ham Rong)산이 버티고 서서 도시를 내려다보고 있는데, 산 앞 언덕에는 커다란 불교 사원이 자리를 잡고 있다. 멀리서 보기에도 유독 눈에 띄는 건물이다. 마(Ma)강을 가로지르는 황롱(Hoang Long) 다리를 건너게 되면, 타잉화 시내를 완전히 벗어나게 된다. 다리는 두 개의 땅을 이어주기도 하지만, 한편으로는 두 지역의 분명한 경계를 구분지어 주기도 한다.

이른 새벽에 출발하였기 때문에 자주 쉬면서 걸으리라 마음을 먹었다. 그늘진 풀밭에서나 도로 옆에 있는 그늘진 돌멩이에 걸터앉아서 쉬기도 하였고, 식당이나 가게에서 음료수를 마시며 휴식을 취하기도 하였다.

한번은 후미진 그늘 밑에서 쉬려고 하는데, 언제 알아차렸는지 식사 중이던 가족들이 가까이 오라고 큰소리로 부르며 반겨주었다. 못이기는 척하고 다가가 그들과 섞여서 진한 녹차를 마시며 이야기를 나누었다. 참으로 친절하고 정이 많은 가족이라는 생각이 들었다. 그러나 도보여행을 하면서 이러한 가족을 만나는 것은 극히 드문 일이었다.

오늘 걸은 도로의 전 구간은 확장 공사로 인하여 먼지를 뒤집어 쓴 채 걸어야 했다. 차량들은 상황이야 어떻든 전혀 아랑곳하지 않고 무리하고 위험한 앞지르기를 하고, 그로 인하여 흙먼지는 더욱 많이 일었다.

점심 무렵에는 너무나도 피곤해서 가게의 의자에 앉아 음료수를 마시다가 나도 모르게 그만 잠에 빠져들기도 했다. 잠에서 깨어난 후에 머리카락이 하얗게 센 주인아저씨가 다가와 많은 것들을 물어서 오랜 동안 이야기를 나누었다.

도대체 무엇 때문에 걷는지, 걸으면 무슨 유익이 있는지, 걷는 중에 위험한 일은 없었는지, 쉴 새 없이 물으면 나름대로 최선을 다해 답해 주었다. 때로는 자세히 설명을 해 주어도 이해하지 못하는 부분들이 있었다. 사람마다 의식의 깊이와 경험의 차원이 다르기 때문에 저마다 자기만의 세계를 가꾸어 나가는 것이 아닐까, 하는 생각이 들기도 했다.

그리고 사람들은 자기가 듣고 싶은 말만 듣는다는 불편한 진실을 접하게 되는 것 같아 마음이 씁쓸했다. 서로가 마음을 활짝 열고 나누는 대화는 서로에게 놀라운 변화를 가져다 줄 텐데, 자신의 마음은 굳게 닫아 둔 채 상대방만 마음을 활짝 열어주기를 바라는 인간의 이중성과 자기모순, 모든 갈등과 다툼의 원인이 아닌가 싶다.

계속해서 질문을 퍼붓더니 급기야는 베트남 사람들의 어려운 삶에 대해서 장황하게 탄식을 늘어놓기 시작하는 것이 아닌가? 빈부격차와 자녀교육의 어려움 등에 대해서 적지 않은 불만을 가지고 있는 것 같아 보였다. 지금 베트남이 발전하는 가운데 있기 때문에 차차 나아지게 될 것이라고 해도 연신 고개를 가로저을 뿐, 그 사람은 경제 발전의 어두운 이면을 벌써 알고 있는 것 같아 보였다.

그러면서도 한국과 한국 사람을 무척 부러워하는 감정을 숨기지 않았다. 텔레비전 드라마를 통해서 한국의 문화와 상황들을 자주 접하고 있다고 하였는데, 그것은 어디까지나 특정한 소수의 이야기인 경우가 많고, 세계 어디를 가든 갖가지 문제와 어려움 없이 살아가는 국가나 개인이 얼마나 있을 것인가? 하루하루 자신에게 주어진 삶에 감사하며 진실하게 살아가는 일상 속에서 만족과 기쁨을 구하며 살아가는 것이 행복하고 부유한 삶이 아닐까….

도렌(Do Len)강을 건너니 하쭝(Ha Trung)이라는 마을이 시작된다. 온 마을을 완전히 다 뒤집어 엎어놓은 것 같은 도로 공사장! 이 마을은 정말 심각한 정도의 흙먼지를 뒤집어쓰고 있어서 숨을 내쉬기조차 어렵고 먼지에 한 겹씩 가려진 가옥들도 지저분하다. 이렇게 대책 없이 공사를 해도 되는지, 도무지 이해할 수가 없다. 차량들은 쉬지 않고 먼지를 일으키며 달리고, 서로 뒤엉기었다가 풀어지고, 풀어졌다가 다시 뒤엉기기를 되풀이한다. 전시(戰時) 상황도 아닐 테고, 급히 작전을 수행하기 위해 군사도로를 내야 할 정도의 위기 상황도 아닐 텐데, 이렇게 도로공사를 하다니….

이 마을에서 하루 저녁을 지내려고 했지만, 포기하고 계속해서 걸어야 했다. 아니, 그렇게 할 수밖에 없었다. 도로 변에 있는 어떤 숙소에 들어가 방을 살펴보았는데, 도저히 침대 위에 눕고 싶은 마음이 들지 않을 정도로 지저분했다. 이 마을 사람들은 도대체 어떤 생각을 하며 살아가고 있는지 궁금해지지 않을 수가 없었다. 먼지 속에서, 먼지와 함께 살아가는 데에 너무나도 익숙해져버린 사람들 같다는 생각이 들었다. 그래서 슬펐다.

끊임없이 이어지는 도로의 공사판을 가로질러 걷고 또 걷는다. 희뿌연 먼지의 터널 속을 헤엄치는 것과도 같은 이 무모한 보행을 어떻게 설명해야 할 것인지…. 오늘 같은 날에는 내 스스로도 내 보행의 의미에 대해서 어떻게 설명할 방법이 없다. 무모하고 어리석은 철부지 어린아이의 걸음에 지나지 않으리라….

도로변의 모든 풀들과 나무들은 하얗게 먼지로 옷을 입고 있다. 사시사철 두텁게 먼지 옷을 걸치고 있으면서도 말라 죽지 않고 무성하게 자라고 있는 초목들의 질긴 생명력이 그저 놀라울 뿐이다. 간혹 기차들이 길게 기적소리를 울리며 지나가고, 햇볕은 따갑게 내리쬔다.

타잉화 성을 벗어나자 도로는 한결 조용해진다. 그리고 닝빙(Ninh Binh) 성에 접어들자마자 무질서하던 공사판은 어느 정도 수습이 되어 하얀 흙먼지도 눈에 띄게 줄어든다. 이제야 사람들의 표정이며 그 얼굴에 새겨져 있는 작고 섬세한 삶의 모습들이 눈에 들어오기 시작한다. 군데군데 우뚝 솟아 있는 바위산들이 제각기 아름다움을 뽐내며 푸른빛을 은은하게 토해내고 있다.

닝빙에는 아름다운 자연경관들이 많아서 해마다 세계 각지에서 찾아드는 많은 관광객들의 발걸음이 끊이지 않는다. 그러나 그 아름다운 자연경관들이 개발이라는 논리 앞에서 점점 부서져가고 있어서 안타까운 마음을 숨길 수가 없다. 아름다운 바위산들 주변에는 수많은 시멘트 공장들이 세워져 있고, 그 주변의 많은 산들이 반쯤씩 깎여 보기 흉한 모습을 드러내고 있다.

그다지 큰 도시는 아니지만, 땀디엡(Tam Diep)에만 접어들어도 타잉화 성에서 느꼈던 것과는 사뭇 다른 활력이 느껴진다. 새롭게 지어진 건물들도 많고, 도로 양편으로 줄지어 서 있는 가게들도 조금은 질서를 찾아가고 있는 것 같은 모습이다. 동자오(Dong Giao)라는 시장 맞은편에 있는, 새로 문을 연 작은 호텔에 짐을 내려놓고 숨을 돌린 후에 시장을 한 바퀴 둘러보았다.

오후의 시장은 아침과는 달리 한산한 느낌이 들고, 크고 작은 가게들마다 온갖 물건들로 가득하다. 모든 물건들이 정신없이 뒤섞여 있는 것 같은데, 주인들은 손님들이 찾는 물건들을 뒤죽박죽인 것 같은 더미 속에서 귀신처럼 잘도 찾아낸다. 오랜 경험이 아니고서는 아무리 좋은 두뇌로도 그 사물들이 놓여 있는 위치를 가늠해내지도 못할 것이다. 삶은 기적과 놀라움의 연속이다. 진열대에 가지런히 잘 진열해 놓는다면 손님들이 직접 고를 수 있어 더 좋을 텐데…. 오히려 변화를 꿈꾸지 않고 살아가는 사람들의 비효율적인 삶에서 소박함과 정을 느끼게 되는 것 같다.

멀리 보이는 산들은 아름다운 모습으로 서 있는데, 내가 걷는 길에는 흙먼지가 심하게 일어나 멀리 있는 산들의 모습이 투명하게 보이지 않는다. 숨을 쉬기조차 어렵게 느껴지는 도로 위를 마스크도 쓰지 않은 채 오토바이나 자전거를 타고 다니는 사람들은 도대체 어떻게 된 것일까? 그들의 폐는 모든 노폐물들을 신속하고 깔끔하게 정화시켜주는 특수한 기능을 갖고 있는 기관이라도 되는 것일까? 자신의 건강에 대해서 너무나도 신경을 쓰지 않는 것 같다는 생각을 떨쳐버릴 수가 없다.

땀디엡의 끝자락에 자리를 잡고 있는 버스 터미널 대합실에 앉아 한동안 휴식을 취했다. 사무실에는 여직원 혼자서 뭔가 컴퓨터 화면을 뚫어지라 바라보고 있을 뿐, 아무런 반응이 없다. 물론 대합실에 드나드는 사람도 하나 없어서 넓은 공간을 홀로 독차지할 수 있어서 더욱 좋다. 바람이 조금씩 다가와 더위를 조금씩만 걷어가는 대합실 의자에 앉아 분주하게 지나다니는 사람들을 유심히 바라보았다. 사람들에게는 저마다의 걸음걸이가 있고, 저마다의 색깔이 있고, 저마다의 표정이 있다.

하나님의 가장 위대한 걸작품, 그것은 바로 인간!

세상에는 다양한 모습들이 존재하기에 아름답고 지루하지 않는 것이리라. 그러므로 서로의 차이나 다름이 상대방을 깔보거나 무시하는 기준이 되어서는 안 될 것이다.

기온은 점점 올라 30도를 넘어서기 시작했는지 조금만 걸어도 땀이 흘러나온다. 정오쯤 되어서 닝빙 시내에 접어들었다. 닝빙은 관광도시답게 호텔이나 식당들이 많다. 개천을 따라 이어진 넓은 길을 따라 걷노라니 모처럼 한적한 느낌이 들고, 나무들이 만들어준 그늘 밑을 시원한 바람과 함께 걷는 시간이 행복하다. 그늘 밑을 걸으면 한낮의 태양도 그리 두려운 존재가 아닌 것 같다.

닝빙 시내의 중심을 가로지르고 있는 쩐흥다오(Tran Hung Dao) 길이 시작되는 다리에서 하노이 한인교회의 장돈희 집사님을 만났다.

하노이까지 함께 걷기로 했기 때문에 이제부터는 여러모로 마음도 편하고 즐거운 여행이 될 것 같다. 혼자 걸을 때에는 고행인 것 같더니 둘이 함께 걸으니 비로소 여행을 하는 것 같다는 생각이 들기도 한다.

시내 중심에서 벗어나기 직전에 점심을 먹기 위해 식당을 찾았다. 닝빙 지역의 특별한 음식인 염소 고기와 누룽지 탕수육으로 오랜만에 든든하게 점심을 먹었다. 혼자서 도보여행을 하는 동안 식사를 할 때마다 느껴야 했던 약간의 쓸쓸함과 어색함. 둘이서 함께 하는 식사, 함께 나누는 즐거움으로 인하여 마음이 한결 환해지는 것 같았다.

이제는 서로 기대면서 걸어도 좋으리….

도시의 중심을 조금 벗어나자 흙먼지가 풀풀 날리기 시작한다. 그러나 그동안 경험했던 도로에 비하면 굉장히 상태가 좋은 편이기는 하다. 도로도 넓은 편이고, 갓길도 넓은 편이어서 자동차들이 질주하며 뿜어내는 검은 연기와도 조금 떨어질 수 있어서 다행이라는 생각이 든다. 파리만 날리는 허름한 식당에서 쓴맛 외에는 다른 맛이 전혀 느껴지지 않는 커피를 마시며 잠시 휴식을 취했다. 다시 일어나 걸으니 금세 넓은 들판이 펼쳐진다. 사방이 확 트인 길이라서 마음이 넓어지는 느낌이 들고, 쉬지 않고 살랑살랑 불어오는 바람결이 시원하고 보드랍다. 더위를 식혀주기에는 더없이 좋은 바람, 모처럼 걷기에 이상적인 상황이라는 생각이 들었다.

하남(Ha Nam) 성의 주도(主都)인 푸리(Phu Ly)를 24킬로미터 정도 남겨둔 작은 마을에서 걸음을 멈추었다. 저녁이 되자 하늘에는 수줍은 듯 초승달이 떠올라 어딘지 모를 쓸쓸함을 자아내는 것 같다. 하지만, 이제 나도 더 이상 혼자가 아니다. 할아버지 혼자서 일을 하고 있는 조그만 식당에서 저녁을 먹었다. 우리가 주문한 것과는 전혀 다른 음식, 할아버지 마음대로 내다 주는 음식을 아무런 불평 없이 받아먹었다. 벽에는 전쟁 참전 용사로 받은 표창장이 빛바랜 모습으로 붙어 있다. 그리고 거실 겸 식당으로 쓰고 있는 방의 한쪽에는 분위기와는 전혀 어울리지 않는 초대형 LCD 텔레비전이 놓여 있다.

문명과 문화는 때로 엇박자로 연주된다. 특히 문명이 급속한 속도로 변화를 요구하는 사회에서는 그러한 현상이 더욱 자주 일어나는 것 같다. 사람들의 숨결에 따라 서서히 변하는 문화는 왁자지껄한 문명에게 질식되어 너무나도 쉽게 자취를 감춰버리기도 한다. 그리고 기세등등한 세계화의 기치 아래서 인간은 빠른 속도로 획일화되어간다. 그리고 인간은 행복에서 점점 멀어져 간다.

도로변에 있는 숙소는 자동차가 지나갈 때마다 심하게 흔들거려서 처음에는 마치 지진이 난 줄 알았다. 자동차 때문에 움직인다는 사실을 알았지만, 시간이 지나도 익숙해지지 않았다. 움직임이 느껴질 때마다 불안하기도 하고, 긴장이 되기도 하였다. 이곳에서는 이렇게 부실하게 건물을 지을 수도 있는 모양이다. 금세라도 무너져 내릴 것만 같은 불안감을 안고 밤을 맞았다. 비행기의 일등석 좌석에 누워 있는 것이라고 호사스런 생각을 해 보았다. 여전히 불안하기는 했지만….

하루 종일 비가 내릴 것이라는 일기예보를 접했기 때문에 마음의 준비를 단단히 한 후 걸음을 옮기기 시작했다. 하늘은 잔뜩 흐려 있는데, 아직은 비가 내리지 않아서 걷기에는 더없이 좋은 날씨인 것 같다. 밤새 기온이 많이 내려간 탓에 서늘한 바람이 불어와 좀 빠른 속도로 걸어도 전혀 땀은 나오지 않았다. 머지않아 비가 내릴 것 같은 음습한 분위기였기 때문에 나도 모르게 걸음의 속도가 빨라지는 것 같았다.

그렇게 10여 킬로미터를 지난 후에 조용한 카페를 찾았다. 주의를 기울여 찾지 않는다면, 그냥 지나쳐버릴 수밖에 없는 후미진 골목 안에 자리를 잡고 있는 카페였다. 마치 장사를 그만 둔 가게처럼 보여서 들어갔다가 그만 돌아서려고 하는데, 젊은 청년이 따라오더니 장사를 한다고 해서 자리를 잡고 앉았다. 잠시 후에 젊은 아낙이 나와 주문을 받으려고 해서 커피 두 잔을 시켰다. 젊은 청년은 우리 곁을 떠나지 않고 계속해서 혼자 이야기를 하느라 정신이 없다. 주로 한국 드라마와 한국 배우들에 관한 이야기다. 마치 넋이 빠진 사람처럼 보이기도 했고, 열심히 일할 생각은 하지 않고, 한국의 드라마에 나오는 주인공들의 삶을 꿈꾸고 있는 것처럼 보였다. 이 얼마나 허황된 꿈인가!

커피를 마시며 휴식을 취하고 있는데, 이내 차갑고 세찬 바람이 불어오기 시작하더니 줄기차게 비를 뿌리기 시작했다. 온 몸 가득 냉기가 파고들었다. 삽시간에 쏟아져 내린 빗물이 낮은 땅으로 흘러들어 곳곳에 물이 가득한 웅덩이들이 생겨났다. 쉽사리 그칠 것 같지 않은 비였다.

비가 그치기를 마냥 기다릴 수 없어 비옷을 꺼내 입었다. 그리고 빗속으로 걸어 들어가기 시작했다. 바람이 더욱 거세게 불어와 냉기는 더욱 심하게 느껴졌고, 신발에는 물이 가득하여 걸을 때마다 질퍽거리는 소리가 났다. 앞에서 강하게 불어오는 바람 때문에 고개를 최대한 숙이며 운동화 코끝만 바라보며 걸음을 재촉해 나갔다. 걸음은 더욱 빨라지고, 휴식을 취하기 위해 멈춰야 할 곳마저 여의치 않아서 쉬지도 못한 채 정신없이 걸었다.

어제까지만 해도 무덥던 날씨가 갑자기 차가운 날씨로 바뀌어버린 탓에 갑작스런 추위에 쉽게 적응하지 못하고 몸은 더욱 움츠러들었다. 그러한 와중에도 트럭들은 쏜살같이 질주하면서 도로의 가장자리, 갓길과 접한 곳의 움푹 파인 웅덩이에 고여 있는 흙탕물을 강하게 튕기곤 했다.

서서히 허기가 느껴져 더 이상 걸을 수가 없었다. 일단 걸음부터 멈추어야 했다. 그야말로 허름하고 지저분한 느낌마저 드는 도로 곁에 있는 식당에 들어가 쌀국수의 한 종류인 분보(Bun bo)를 한 그릇씩 시켜 먹었다. 그 사이 거센 빗줄기는 그 세력을 잃고 가늘게 흩날리기 시작했다. 빗속을 급한 마음으로 쉬지 않고 걸었던 탓에 무릎이 아팠다. 자주 쉬면서 천천히 걸어야 몸에 무리가 생기지 않는데, 비바람이 몰아치는 상황 때문에 생체 리듬을 고려할 수 없었던 보행의 속도로 인하여 걸음을 멈춘 이후에도 무릎은 상당히 아팠다. 욕심은 금물이다. 특히나 오래 걷기 위해서는 더욱 욕심을 버리고, 자신의 보폭과 보속(步速)을 일정하게 유지해야 한다.

푸리(Phu Ly)에 접어드니 비도 멎고, 하늘이 환해지기 시작했다. 푸리에서 기업을 하시는 하노이 한인교회의 강훈채 집사님이 도로에까지 마중을 나와 반갑게 맞아주어서 힘을 얻었다. 그곳에 있는 공장에 함께 가서 한국 음식으로 저녁을 먹고, 그곳에 마련되어 있는 깨끗한 기숙사에서 편안한 저녁을 맞이했다. 비는 그쳤지만, 바람은 세차게 분다. 유리창에 와 닿는 바람 소리가 며칠을 굶주린 맹수의 울부짖는 소리 같이 날카롭고 청빈하다.

한 걸음이 얼마나 소중한지 모른다. '천리 길도 한 걸음부터'라는 우리 속담이 어쩌면 그렇게도 꼭 들어맞는지…. 무수한 거리를 이동해 온 원동력은 바로 한 걸음에 있다는 사실을 경험을 통해 뼈저리게 체득하게 되었다. 사람들은 그 한 걸음을 가볍게 여기기 때문에 미리서 겁을 먹고 매사에 한 걸음도 나아가지 못하고 주저앉을 때가 얼마나 많은지 모른다. 문득 김광규 시인의 〈달팽이의 사랑〉이라는 시의 한 구절이 생각났다.

짤막한 사랑 담아둘
집 한 칸 마련하기 위하여
십 년을 바둥거린 나에게
날 때부터 집을 가진
달팽이의 사랑은
얼마나 멀고 긴 것일까

비록 느리더라도 한 걸음, 한 걸음 내딛다 보면 저만치 앞서가게 되고, 언젠가는 목표로 삼았던 지점에 도달하게 되는 것이 인생의 이치이다. 너무나도 단순하기 때문에 분명한 진리마저도 경시당하고 마는 것이 요즘의 세태인지도 모른다. 하지만, 혼자서 걸어보면 모든 진리가 단순함으로 수렴된다는 사실을 조금은 깨닫게 될 것이라는 생각이 든다.

12월 19일. 오늘은 우리나라 대한민국의 대통령을 뽑는 날이다. 불의와 거짓이 난무하는 한국 사회를 조금이라도 새롭게 만들어갈 수 있는 정직한 사람이 대통령으로 당선되었으면 좋겠다. 경제 논리와 무한 경쟁의 논리 속에서 그 설 자리마저 잃어가고 있는 도덕과 가치의 문제가 제자리를 찾는 것이 행복한 사회를 세우는 초석이라고 굳게 믿기 때문이다.

구약성경의 열왕기에 등장하고 있는 이스라엘과 유다 왕들의 가치관과 행동양식에 따라 그 백성들의 삶이 얼마나 많은 영향을 받았는지 잘 알 수 있다. 지도자가 방탕하면 백성들도 방탕한 삶에 쉽게 젖어들게 되고, 지도자가 정직하면 백성들도 정직한 삶을 살기 위해 애쓰게 된다. 올바른 지도자를 뽑는 것이 왜 중요한 일인지 백성들 스스로 깊이 깨달아야 하고, 그러한 각성 안에서 국민들은 올바른 투표권을 행사해야 할 것이라고 생각한다.

요즘에는 한국의 많은 교회들마저 세상의 바르지 않은 모습을 닮아가고 있으니 두렵고 부끄러운 마음이다. 성경은 세속적이고 가시적인 부와 권력을 추구하지 말 것을 분명히 가르치고 있는데, 교회의 적지 않은 지도자들이 앞장서서 그 길을 달려가고 있으니 이 얼마나 두렵고 부끄러운 일인가? 나를 둘러싸고 있는 상황들이 마치 죄를 죄가 아닌 것처럼 교묘하게 유혹하지 못하도록 깨어 자신을 돌아보며 더욱 채찍질해야 하겠다. 죄는 기분을 상쾌하게 하는 것이 아니라 마음을 쇠약하게 하는 것이기 때문이다.

부유함이 아니라, 가난한 심령이라야만 소유할 수 있는 천국을 누리기 위하여 하나님으로부터 오는 신비한 궁핍의 은혜를 구하며 사는 것이 참된 그리스도인의 삶이 아닐까? 모든 종류의 가난, 그 자체가 세상에서는 결코 미덕이 아니겠지만, 깨끗하고 정직한 자의 가난은 예수 그리스도를 닮아가는 사람들에게는 분명히 큰 미덕일 것이다. 그 길을 걸어가는 것이 좁은 문을 향하는 길이기에 많은 사람들로부터 외면당하고 있지만, 그 길만이 생명의 길이라면 날마다의 삶 속에서 보다 분명한 결단을 하며 살아야 하지 않겠는가! 나의 걸음이 비틀거리지 않도록 잠시 쉬어가야 할 모양이다.

푸쑤이엔(Phu Xuyen)은 원래 하떠이(Ha Tay) 성이었는데, 몇 년 전에 하노이로 편입되어 이제는 행정구역상으로 당당히 하노이가 된 지역이다. 꺼우제(Cau Gie)라는 곳에서 1번 국도를 따라 달리던 자동차들이 새로 만들어진 자동차 전용도로로 빠져나가기 때문에 복잡하던 도로는 잠시 한산해진다. 가끔씩 오가는 시내버스들과 트럭들, 그리고 오토바이들만 다니기 때문에 도로의 흐름이 눈에 띄게 원활해진다.

그러나 그것도 잠시일 뿐이다. 수도인 하노이에 가까워질수록 도로의 사정은 더 열악해진다. 도로에 바짝 붙어 있는 왼편의 철길과 오른편의 집들로 인하여 보행자가 안심하고 걸을 수 있는 공간은 전혀 없다. 보행자 스스로 알아서 조심해서 걸어야 한다는 것을 금방 알아차려야 한다. 흙먼지를 흩날리며 달리는 차량들과 오토바이들, 이러한 환경 속에서 날마다 살아가야 하는 사람들의 정서가 결코 안정적일 수 없겠다는 생각이 든다. 지친 다리를 쉬기 위해 편안하게 앉아 커피라도 한 잔 마실 만한 커피숍도 없고, 먼지가 풀풀 날리는 도로변에 놓인 플라스틱 간이의자와 언제든 이동이 가능한 플라스틱 탁자가 한가롭게 손님을 기다리고 있을 뿐이다. 그래서 적당히 쉬어가야 할 때와 장소를 놓치게 되고, 평소보다 더 먼 거리를 이동한 후에야 휴식을 취할 수밖에 없다. 그러다 보니 신체의 리듬도 자주 흐트러지게 되고, 누적된 피로로 인하여 다리가 더욱 아파오곤 하는 것이다.

그래도 목적지인 하노이에 점점 가까이 다가가고 있다는 사실 때문에 스스로 분발하게 된다. 안개비와 먼지로 인하여 멀리 바라볼 수는 없지만 발을 헛디뎌 넘어진 적은 한 번도 없었다. 멀리 흐린 원경(遠景) 속에 하노이의 높은 건물들이 아물거린다. 하노이는 더 이상 신기루가 아니다. 머지않아 나의 두 발이 그 땅을 밟게 될 것이다. 그 땅 위에 서게 될 것이다.

사람들은 큰 도시를 향하여 모여든다. 도시는 무슨 힘으로 온갖 부류의 사람들을 불러 모으는 것일까? 그들의 모든 요구를 다 충족시켜 주지 못하면서 말이다. 사람들은 무슨 꿈을 안고 날마다 혼잡하고 무질서한 도시로 파고드는 것일까?

바로 그러한 도시로 나의 발걸음도 들어서고 있다. 트엉띤(Thuong Tin)과 반디엔(Van Dien)을 지나면 길고 긴 자이퐁(Giai Phong) 거리가 이어진다. 그리고 계속해서 이어지는 레주언(Le Duan) 거리를 따라 걷다 보면, 오른 편에 버이머우(Bay Mau) 호수가 나온다. 잠시 길을 이탈하여 그 호수를 중심으로 가꾸어진 공원길을 걸으며 한낮의 여유를 누려본다. 몇몇 사람들은 낚싯대를 드리우고 물고기를 잡느라 여념이 없고, 젊은 연인들은 손을 잡고 이야기를 나누며 천천히 걷기도 한다.

다시 레주언 거리를 따라 조금만 걸으면 하노이 역에 이르게 된다. 오후의 하노이 역은 무척 한산한 편이다. 레주언 거리는 일방통행로이기 때문에 맞은편에서 달려오는 차량들을 바라보면서 걸어야 하는 불편이 있지만, 이제 조금만 더 걸으면 이번 여행의 종착지인 바딘(Ba Dinh) 광장에 도달하게 될 것이기에 아무런 문제가 되지 않는다.

그러나 걸음을 멈추었다. 그리고 호흡을 가다듬어 본다. 나를 둘러싸고 있는 이 세상에 소리 없이 밤이 찾아온다. 나는 조심스레 침대 위에 올라가 습관적으로 무릎을 꿇었다. 유진 피터슨(Eugene H. Perterson)은 "아버지 앞에 무릎을 꿇고 비는 신체적인 행위는 경외의 행위이며, 스스로 무방비 상태에 처하는 행위"라고 하였다.

그는 계속해서 이렇게 말한다. "무릎을 꿇고 있을 때 나는 도망칠 수 없다. 내 생각을 주장할 수 없다. 순종하는 마음으로 상대의 뜻을 겸손히 받아들이겠다는 다짐의 표현이다. 이것은 일로부터 물러나는 행위다. 그럴 때 나는 그 일이 나 없이 어떻게 이루어지는지, 내가 자리를 차지하지 않고 내 목소리를 내지 않을 때 그 일이 어떻게 이루어지는지를 볼 수 있다. 무릎을 꿇을 때 나는 더 이상 근육을 굽히지도 못하고, 으스대며 걷거나 움츠리지도 못하며, 그늘에 숨거나 무대 위에서 허세를 부리지도 못하게 된다. 나는 더 작아져서 더 많은 것을 깨달을 수 있게 된다. 비겁하게 피하는 태도나 공격적으로 지배하려는 경향이라는 굴절 렌즈 없이 현실을 직시할 수 있는 자세를 취하게 된다. 나 자신이 세운 목표는 잠시 제쳐 두고 하나님 앞에 가만히 서게 된다."

나는 하나님 앞에서 무방비 상태가 되고 싶었다. 그리고 그저 말없이 하나님 앞에 가만히 서 있고 싶었다. 도보여행을 하는 3년 사이에 사랑하는 어머니께서 하나님 품으로 가셨고, 사랑하는 누님이 하나님 품으로 가셨다. 특히 누님을 위해서 나는 얼마나 애절하게 기도하며 매달렸던가? 그러나 달라진 것은 아무 것도 없었다. 몸과 마음으로 받아들여야 했던 아픔과 고통의 시간들이었다. 그리고 내가 깨달은 것은 십자가에 달려 죽어가는 아들 예수를 바라보면서도 침묵 속에 계셔야만 하셨던 하나님의 사랑은 그보다 더 아프다는 것, 그것이 나를 위한 하나님의 사랑이라는 것…, 내가 가치 있는 존재여서 하나님의 사랑을 받는 것이 아니라, 하나님으로부터 사랑을 받기 때문에 세상에서 가장 가치 있는 존재라는 사실을 깨닫는다. 그것이면 충분하지 않은가?

그렇게 시간이 흘러갔고, 내 눈에서는 나도 모르게 눈물이 흘러나오기 시작했다.

아침에 날씨가 싸늘해서 추위가 느껴졌다. 하노이 역 대합실에 앉아 휴식을 취하고 있는데, 하노이 사랑의 교회의 이중렬 장로님이 플래카드를 만들어 들고 마중을 나왔다. 이제 남은 거리는 약 2킬로미터 정도. 추위를 막기 위해 배낭 속에서 옷을 꺼내 걸쳐 입었다.

레닌 공원에 서 있는 레닌 동상 앞에서 젊은 학생들이 공을 차며 신나게 놀고 있다. 그 앞을 가로질러 디엔비엔푸(Dien Bien Phu) 거리를 따라 걷다가 군대 박물관 앞에 있는 커피숍에서 따뜻한 커피를 한 잔 마셨다. 쌀쌀한 바람이 불어 몸이 자꾸만 움츠러드는데, 진한 커피 향이 가슴에 와 닿는다.

날씨가 싸늘해서 그런지 사람들의 발걸음은 어딘지 모르게 빨라 보인다. 입안에서 커피 향이 다 사라지기도 전에 배낭을 둘러메고 다시 발걸음을 내딛었다. 한 걸음씩 천천히 걸어서 마지막 목적지인 바딘 광장에 도착했다. 1858년 프랑스군의 베트남 침공을 시작으로부터 1954년 프랑스군이 디엔비엔푸(Dien Bien Phu)에서 패함으로써 끝나게 되는, 100여년에 가까운 프랑스 식민통치에 종지부를 찍기 위해 1945년 9월 2일 독립선언식을 개최했던 역사적인 현장에 마침내 나의 두 발을 올려놓았다. 오전 11시. 마중나온 가족들과 함께 뜨겁게 포옹을 한 후, 함께 조용히 무릎을 꿇었다.

이제 모든 여정은 끝이 났다. 호치민에서 하노이까지 – 약 1,800킬로미터에 이르는 대장정에 마침내 종지부를 찍었다.

많이 걸어왔구나. 이제까지, 그리고 이곳까지, 이 길을 잘 견뎌왔구나. 절뚝거리는 걸음으로 한 발 한 발, 모진 바람 맞아가며 홀로 걸어왔구나!

그러나 결코 혼자가 아니었을 시간들에 대해서 감사한다. 이미 주님께서 걸어가신 길을 그분과 함께 걸어왔을 터이므로 나는 감사한다.

나의 도보여행은 끝이 났지만, 나의 길은 아직 끝나지 않았다. 그분이 계신 곳에서 나에게 주어진 길은 영원하다.

저자 김승봉은 숭실대학교에서 국문학을 공부한 후, 장로회신학대학교 신학대학원과 연세대학교 연합신학대학원에서 신학을 공부하였습니다. 〈월간문학〉으로 등단한 시인이자 문학평론가로 시집에 『새는 새장에 갇혀서도 제 목소리로 노래한다』와 논문에 『윤동주 문학에 나타난 사상과 기독교 역사의식』이 있으며, 칼럼집으로 『주와 함께 길 가는 것』 등이 있습니다.

2003년 여름 가족과 함께 베트남에 들어가 현재까지 북부 산악지역의 소수종족들을 대상으로 선교 활동을 하고 있으며, 가족으로는 아내 신인숙과 하민(딸), 일현(아들)이 있습니다.

김승봉의 도보여행기

베트남, 약속의 땅을 걷다

초판인쇄 2013년 8월 30일 **초판발행** 2013년 9월 05일

지은이 **김승봉**
펴낸이 **이혜숙** 펴낸곳 **신세림출판사**
등록일 **1991년 12월 24일 제2-1298호**

100-015 서울특별시 중구 충무로5가 19-9 부성B/D 702호
전화 **02-2264-1972** 팩스 **02-2264-1973**
E-mail : **shinselim72@hanmail.net**

정가 **12,000원**

ISBN 979-89-5800-137-9, 03810